《围棋与名城》丛书

围棋与湘潭

何云波 主编

山西出版传媒集团　书海出版社

图书在版编目（CIP）数据

围棋与湘潭／何云波主编．—太原：书海出版社，2023.10

ISBN 978-7-5571-0119-0

Ⅰ．①围… Ⅱ．①何… Ⅲ．①围棋－体育文化－湘潭 Ⅳ．①G891.3

中国国家版本馆 CIP 数据核字（2023）第 180465 号

围棋与湘潭

主　　编：何云波
责任编辑：张　洁
助理编辑：王逸雪
复　　审：崔人杰
终　　审：梁晋华
装帧设计：谢　成

出　版　者：山西出版传媒集团·书海出版社
地　　址：太原市建设南路 21 号
邮　　编：030012
发行营销：0351-4922220　4955996　4956039　4922127（传真）
天猫官网：https：//sxrmcbs.tmall.com　电话：0351-4922159
E－mail：sxskcb@163.com　发行部
　　　　　sxskcb@126.com　总编室
网　　址：www.sxskcb.com

经　销　者：山西出版传媒集团·书海出版社
承　印　厂：山西出版传媒集团·山西人民印刷有限责任公司
开　　本：720mm×1020mm　1/16
印　　张：19.25
字　　数：269 千字
版　　次：2023 年 10 月　第 1 版
印　　次：2023 年 10 月　第 1 次印刷
书　　号：ISBN 978-7-5571-0119-0
定　　价：68.00 元

如有印装质量问题请与本社联系调换

《围棋与名城》丛书编委会

编委会主任

林建超

编委会执行副主任

姚 军　王 光

编委会副主任

朱国平　聂卫平　孙光明　常 昊　雷 翔　王 谊　华学明

顾 问

王国平　王汝南　华以刚　陈祖源　何云波

编委会成员

俞 斌	刘 伟	刘 菁	陈凌凯	杨 诚	张 蔚	张 平
张润海	郭志强	赵清俊	张眉平	张建军	杨学军	李绍健
韩文鑫	刘 斌	安 营	周星增	刘世振	丁 波	陶启平
朱建平	王永山	王晓庆	卢俊和	杭天鹏	杨自强	吴海明
祝云土	邓中肯	曹元新	戴滨辉	卢阳阳	王其红	张 亮
华 斌	喻 平	洪维平	刘海泉	聂 慎	马 望	渠汇川
刘 霞	刘文选	洪镜海	何云波	陈巨伟	容坚行	陈志刚
吴金权	覃洪兵	黎浩海	白起一	林如海	王成艺	熊方军
危建华	何任叔	李方明	陶晓昌	王旭东	李云生	张 丰
杨 琪	宋 群	周 为	罗腾岳	郭海军	陆 斌	

《围棋与湘潭》编委会

顾 问

谢伯端　杜亚捷　李　伟

主 编

何云波

副 主 编

欧阳遏舟　童修竹

编 委

（以姓氏笔画为序）

文建伟　文建洪　文　彬　邓　平
刘安定　刘前斌　刘继宁　成　青
任　晨　何歌劲　何云波　张振德
张　波　张　勇　张　洋　陈湘涛
汪星光　李钢峰　欧阳遏舟　庞迎波
罗小玲　郑跃军　赵德权　徐意诚
宾洪君　唐　翌　唐文峰　唐述平
袁　娜　童修竹　熊　循

前　言

　　组织全国各地的围棋协会，编写出版反映各地著名城市的围棋历史、文化、人物、故事和发展现状的系列丛书，是新一届中国围棋协会为深入学习贯彻习近平总书记重要指示所抓的大型围棋文化工程。2004年10月，习近平同志在浙江省衢州市调研时首次提出"围棋文化"的概念，并明确指出："围棋文化要进一步提高运作水平，开展一些有影响的活动。"这是迄今党和国家主要领导人关于加强围棋文化建设的明确指示要求，具有重要而深远的指导意义。编写《围棋与名城》丛书，正是按照习总书记的要求，自觉坚守中华文化立场，挖掘、传承、弘扬围棋文化，讲好中国围棋故事的实际行动。

　　《围棋与名城》丛书旨在挖掘、整理全国各地有价值、有特色的围棋文化，讲好当地围棋故事，使之成为城市的一张特殊名片。丛书是一项基础性、系统性、开创性的文化工程，是全国围棋文化建设的重要组成部分，它的重要意义在于：第一，是推动围棋文化全面发展的基础性工作。围棋文化的发展方向众多，其中一项基础性工作，即地方围棋文化的挖掘、整理、研究。这项工作过去没有系统地、有组织地进行过。在围棋事业快速、多样化发展的今天，这种基础性工作越来越显示出它的重要性和必要性。第二，是国家围棋文化建设与地方围棋文化建设相结合的工程。讲好中国围棋故事是讲好中国故事的重要组成部分，中国围棋故事是由各地围棋故事组成的。第三，是推动中国围棋名城建设的品牌性、标志性项目。我们要打造围棋名城，首先要把名片做好，一本既有史料价值又有指导意义的围棋书就是金名片。第四，是实现围棋文化成果与人才培养双丰收的根本性措施。围棋文化要出成果，更要出人才。围棋文化人才潜在的数量很大，编写《围棋与名城》是对各地围棋文化人才的一次发现、检验、提高，有利于建设中国围棋文化人才库。

《围棋与名城》有明确的定位。一是围棋形态的史志书；二是当地领导者、围棋工作者、围棋教育者、围棋爱好者使用的教科书；三是方便查询、方便使用、方便宣传、方便传播的工具书；四是本城市作为"围棋名城"的说明书；五是讲好当地围棋故事、具有可读性的故事书。

丛书各册主要包括四方面内容：第一，历史。围棋在本地发展的历史脉络；第二，文化。围棋在本地发展过程中形成的独特文化以及与文学、书画、戏曲等其他文化互为载体的关系；第三，人物。古往今来的围棋人，包括下围棋的人、支持围棋事业的人、从事围棋行业的人，等等；第四，现实。就是围棋的现实发展，包括赛事、活动、普及、交流，等等。每本书都与城市的社会、经济、文化、体育发展相结合。

在编写过程中，我们要求各分册编委会严格把握五条标准，即：一、政治标准。就是以党的十九大精神，习近平新时代中国特色社会主义思想，特别是关于文化体育的论述为指导和要求。二、史志标准。所有的史料要经得起推敲。三、学术标准。涉及棋谱、课题的研究时，要达到学术要求。四、专业标准。就是围棋的专业标准。比如，提到的比赛、活动要符合体育总局、中国围棋协会的政策、要求、规范。五、出版标准。文字准确、精炼，图片清晰，体例、格式等符合出版社要求。

从2014年我组织调研到2019年主抓召开编写工作会议，历时7年，第一批43部书稿终于进入出版流程。在丛书编写过程中，各地体育部门、围棋协会的负责同志，以及具体的编写人员都本着积极奉献、责任担当、深入刻苦、包容大度、勇于创新、客观求实的态度，整合各方力量，调动各方积极性，很好地完成了各自的任务。山西人民出版社从承办会议到编辑设计，做了大量工作。作为身处伟大时代的围棋人，我们一起克服了很多困难，为解决棋迷的需要、国家的需要、时代的需要做出了贡献，承担了自己的责任担当，履行了自己的历史使命。我们要持之以恒，继续研究，不断改进，更好地完善这一无愧于时代，无愧于后人的重要基础性工程，为中华优秀围棋文化的传承发扬做出更大贡献。

中国围棋协会主席　林建超

2021年6月12日

目 录

绪论：围棋与湘潭文化精神 ·················· 何云波 / 001

第一章　历史文化篇 ························· 001
第一节　湘潭：河山一棋局 ··················· 003
第二节　湘潭与湖湘围棋传统 ················· 017
第三节　曾国藩的棋局 ······················· 028
第四节　当代湘潭围棋：复兴与振兴之路 ······· 043

第二章　当代人物篇 ························· 061
第一节　湘潭围棋史上第一位职业棋手——张佩佩 ··· 063
第二节　张紫良的围棋之路 ··················· 066
第三节　肖泽彬：少儿围棋世界冠军 ··········· 070
第四节　曾泽润：围棋之光 ··················· 074
第五节　"两省棋王"刘前斌的围棋之路 ········· 078
第六节　文氏兄弟的黑白情缘 ················· 080
第七节　谢伯端：纹枰碧水悟钓禅 ············· 082
第八节　何云波：黑白世界的自在人生 ········· 088

第三章　组织机构与围棋教育篇 ··············095

- 第一节　湘潭市棋类协会简介 ··············097
- 第二节　湘潭市围棋协会简介 ··············100
- 第三节　主要围棋培训机构 ··············102
- 第三节　湘潭税务围棋运动四十年 ··············111
- 第四节　湘大围棋：风景这边独好 ··············117
- 第五节　湘潭区县围棋状况 ··············128

第四章　棋迷故事篇 ··············139

- 第一节　我与湘潭的棋缘 ··············141
- 第二节　围棋带给我们快乐 ··············147
- 第三节　棋中三"痴" ··············150
- 第四节　思维的力量 ··············156
- 第五节　我的围棋平常心 ··············167
- 第六节　我的"职业围棋"生涯 ··············171
- 第七节　湘潭棋友趣闻录 ··············183
- 第八节　湘乡围棋界的"应昌期" ··············192

第五章　湘潭围棋文萃 ··············195

- 第一节　棋说 ··············197
- 第二节　晚清湘军系统围棋活动探析 ··············199
- 第三节　毛泽东的大棋局 ··············219

第四节	中国革命战争中的毛泽东围棋战略思想	222
第五节	毛泽东军事策略与围棋	227
第六节	湘潭：湖南围棋事业发展的主干之一	244
第七节	围棋三字经	249
第八节	黑白无间道，原野正苍苍	250
第九节	在黑白世界与你相遇	261
第十节	湘潭：弘扬围棋文化 打造"围棋名城"	266

当代湘潭围棋大事记 ·········270

后　记 ·········281

绪论：围棋与湘潭文化精神

何云波

一

湖南又称潇湘、湖湘。因为一条水：湘江；因为一个湖：洞庭湖。

湘江到了株洲，本来可以直接北去，却往西拐了一个大弯，绕到湘潭来了。真是天地造化，据说"湘潭"之名即来源于此，潭者，湘江之曲也。还有一更普遍的说法，湘潭得名于昭山一段湘江中的湘州潭，即昭潭，潭者，水深之地也，"昭"则与周昭王有关。

湘江第一湾（周立春/摄）

湘潭地处湘中，这块土地上很早就有了人的踪迹。湘潭曾发掘了三个考古遗址，位于湘潭县杨嘉桥镇金棋村的老虎坑遗址，还有湘潭县锦石乡苍场村的堆子岭遗址，均距今约7000年，是湘江流域新石器文化谱系一个重要的组成部分。位于湘乡市龙潭乡童家村的岱子坪遗址，距今约5000年，是目前发现的长江中游龙山文化最南的一个遗址。

湖南本为荆楚之地，据说盘古的后代——三苗部落，自古住在鄱阳湖和洞庭湖之间，算是土著。而黄帝和炎帝中原大战，炎帝败，炎帝部落南迁，活动于以长沙、湘潭为中心的区域，炎帝死后，"崩葬长沙茶乡之尾"。"茶乡之尾"，即今炎陵县（旧属湘潭），至今犹存炎帝陵，供人祭拜。湖南人还有一部分由东夷迁来，是战败的蚩尤的后裔。本土、中原、吴越文化，就这样交汇了，它由此构筑了独特的湖湘地域文化。

战国后期，楚国从黔中郡划出长沙郡，湘潭属长沙郡。西汉，刘邦封吴芮为长沙王，湘潭属长沙国。

魏晋南北朝，湘潭各境又先后属长沙郡、零陵郡、衡阳郡。

隋朝，长沙郡更名潭州。唐朝潭州长沙郡领长沙、湘潭、湘乡、益阳、醴陵、浏阳六县。湘潭县，唐天宝八载（749年）设，县治在洛口（今易俗河镇）。

明朝设长沙府，辖长沙、善化、浏阳、宁乡、益阳、湘阴、安化、湘潭、湘乡、醴陵、攸县十一县和茶陵州。清朝基本上沿袭明制。

1949年8月，湘潭和平解放，1950年7月，湘潭市人民政府正式成立。

1983年8月，湘潭地市合并，将原湘潭地区的浏阳县划归长沙市，醴陵、攸县、茶陵、酃县（今炎陵县）划归株洲市，湘潭、湘乡两县划归湘潭市。

湘潭在明清之际，因为城市沿水拓展，一时"工商十万，商贾云集"，湘潭走向鼎盛，成了连结上海、汉口和西南地区的商业枢纽，有"小南京""金湘潭"之称。"千年十八总、传世金湘潭"，总者，码头也，可以想见当年的繁华。不过到了晚清至民国，随着粤汉铁路的开通，"水运"逐渐被"陆运"取代，而湖南行政中心长沙开埠，逐渐取代了湘潭的商业地

清嘉慶二十二年丁丑（1817）刊刻湘潭城市全圖

清代湘潭城市全图

位。后来，湘潭的一个小镇株洲在火车的时代日益发达，独立出去，到后来甚至有盖过湘潭之势。长株潭遂三足而立，互为倚重。

湖南本属荆州，因远离中原，属蛮夷之地，故有"荆蛮"之称。很长一段时间，这里是贬谪流寓之地。从屈原、贾谊，到唐代的柳宗元、杜甫……他们又给这片土地带来了一种文化的气息。特别是从宋代开始，随着周敦颐开理学一脉，胡安国、胡宏父子在碧泉书院传道授业，朱熹、张栻在湘江边会讲，随着石鼓书院、碧泉书院、岳麓书院、城南书院的先后开张，书声琅琅，弦歌不绝。"吾道南来，原是濂溪一脉；大江东去，无非湘水余波。"湖湘遂成理学重镇。湘潭，也成了湖湘文化的重要发祥地之一。

"胡开潭学，朱张继响"，湘潭文脉、学脉的发端，得感谢胡安国、胡宏父子。想当年，在朝为官的胡安国（1074—1138年），为避金兵南侵，应湘潭籍弟子黎明和杨训之邀，在1129年的某一天，来到一汪泉水旁，便停了下来。这潭名碧泉潭："苍然群木之下，翠绿澄净，藻荇交映"，泉而成溪，"溪虽清浅，而有长江万里之势"，让胡安国徘徊不忍去，喟然兴叹："水哉！水哉！惟其有本也，故不舍昼夜，仲尼所以有取耳。吾老矣，二三子其相吾志"（胡宏《有本亭记》）。

胡安国在此定居下来，作《春秋传》，后来成了宋明士子科举考试的指

绪论：围棋与湘潭文化精神

定参考书。为了让"二三子其相吾志",他又兴办了碧泉书堂。1138年,胡安国归道山,其子胡宏(1102—1161年)继承父志,创理学之"性本"一派,又办碧泉书院,一时士子云集。理学大师、后来执掌岳麓书院的张栻也曾来此问学。碧泉书院,也就成了湖湘学脉的发祥之地,正所谓:汩汩碧泉继春秋绝响;苍苍云岭奠湘学鸿基。

湖湘学脉有几个重要的节点:周敦颐之道州濂溪、湘潭之碧泉书院、长沙之岳麓书院,衡阳之石船山与船山先生、近代湘乡曾国藩之富厚堂。其中湘潭占其二。"湘中灵秀千秋水,天下英雄一郡多",湖湘文化的中心曾经就在涵括长沙、湘潭的潭州。近代湖南的人才群体,也多是以长沙、湘潭为中心,方圆一、两百公里,他们构成一个湖湘文化圈。如近代的曾国藩、左宗棠、郭嵩焘、谭嗣同、黄兴,分别是湘乡、湘阴、浏阳、长沙县人,而当代的三位著名领袖:毛泽东、刘少奇、胡耀邦,分属湘潭、宁乡、浏阳。湘潭还出了文化名人王闿运、杨度、齐白石,开国元勋彭德怀,开国大将陈赓、谭政……一时人才辈出,辉耀神州。

湘潭,还有湖湘的围棋,也就在这块土地上始而星星之火,继后蓬蓬勃勃地发展起来。

二

湖南的围棋,在唐代以前,基本上不见踪影。到唐代,在潇湘山水的寺庙间,随着齐己、浩初师、儇师等一批诗僧、棋僧的出现,随着刘禹锡等文人与他们的枰上对弈、诗诵唱和,"个是仙家事,何人合用心?"(齐己《和郑谷郎中看棋》),"留防桂苑题诗客,惜寄桃源敌手仙"(齐己《谢人惠十色花笺并棋子》),棋也,仙也,棋道、禅道,棋与诗相互辉映,潇湘大地一时子声丁丁然。

棋声流水古松间,齐己为湖南益阳人,出家浏阳大沩山同庆寺,复栖衡岳东林,后又入蜀。湘潭南望衡岳,北倚长沙,西去益阳,东临江西,在齐己、儇师们仗棋行游潇湘和神州大地的过程中,大约也在湘潭这块土地上播下了围棋最初的种子吧!

湘潭有文字记载的棋局是在宋朝。当胡安国、胡宏父子结庐湘潭碧泉，胡安国长子胡寅，在朝中做到了礼部侍郎，后也定居到了南岳，但常来湘潭探望父母，与兄弟相聚。胡寅好弈，兄弟相聚，大约也少不了棋局吧。"或倚以憩惫，或坐以对弈""酒新良可饮，棋妙不须围""千岩窈窕万松豪，把酒观棋得终日"。胡寅还作有《观棋》："平地纵横十九余，古今争向此中消。"棋局如世局，胡氏父子、兄弟也许正是在棋局中既消磨了时光，又得悟人生之大道。

到明代，在潭州这块土地上，在中国文化史上留下重要印痕，且又好弈的，当属明代茶陵诗派的重要人物李东阳。李东阳（1447—1516），茶陵州人。天顺甲申进士，后任太子少保，礼部尚书，文渊阁大学士。有《怀麓堂集》一百卷。李东阳好弈，有《雪夜观水精棋戏作》云：

> 雪月光中夜未阑，楸枰乱落水精寒。
> 情贪白战停杯久，眼入空明下子难。
> 长怪官曹无暇日，偶从愁里得奇观。
> 撚须呵手非吾事，聊复灯前凭几看。

李东阳的棋，属于"胜固欣然败亦喜"的文人一路，这也是中国围棋的一大传统。棋士之棋，棋带有职业、饭碗或赌彩的性质，不可不讲胜负。而文人之棋，因为棋艺不高，索性看淡胜负，讲究以棋为雅玩，为自娱，在棋中悟道。李东阳作《棋说》，谓"世之善喻者，必以弈。以弈观世，鲜有不合者也"。

清代《绮霞江馆集》曾载有湘潭士人郭泽春之轶事：

> 郭泽春，字子谷，湘潭人。光绪初副贡生，保举通判。午谷喜阅王益吾祭酒《东华续录》，坐客常满，日与人弈而无高著。通方术，有禅悟，时与沈璠子粹相参证。泽春卒，子粹挽之云：近来数典熟乾嘉，神情似侠，才干宜官，坐客尽轩渠，百事优为棋品下；每为寻君入城

郭，医理同参，禅锋相对，故人如木叶，三秋摇落雨声悲。

弈不能高漫自娱，亦侠亦官，亦方术，亦禅悟，医理同参，禅锋相对，承接的是中国文人士子的传统，围棋，作为琴棋书画四艺之一，在这里扮演的也是雅玩雅艺的角色，所谓中国士人雅致生活之弈棋雅尚是也。

三

晚清，中国围棋，以竞技而论，总的来说处于日渐衰落的状态，但在湖湘之地，因为一个人：曾国藩，因为他的"湘军"，围棋在一个特有的群体中，又颇为普及、盛行。

曾国藩（1811—1872年）出生于湘乡荷叶塘白杨坪（旧属湘潭，今属娄底市双峰县）。作为湘军的创立者和统帅，与李鸿章、左宗棠、张之洞并称"晚清四大名臣"。官至两江总督、直隶总督、武英殿大学士，封一等毅勇侯，1872年去世，谥文正。

曾国藩嗜棋，棋艺虽然可能不高，清野史中曾载曾国藩曾招周小松弈棋，周让曾九子，而把曾棋裂为九块，曾因此大怒而不赠一文。但"技不能高漫自娱"，本就是中国文人士子的围棋传统，"技不能高"并不影响弈者沉溺其中。《曾国藩日记》中有大量下棋的记载。"早饭后，围棋一局"，"午饭后，旋围棋一二局"，成了日记中最经常的表述。有时一天最多达五、六局，并且下棋还兼观棋，如同治二年（1863年）二月的日记：

曾国藩像

初八：早起，大风怒号，竟日不止，营内棚席皆坏，不能治事。饭后写对联七副。旋与柯小泉围棋二局，又观柯与薛君围棋二局，余亦与薛再一局。中饭后与沅弟訚谈。申刻又围棋二局。①

十四日：与屠晋卿、薛炳炜各围棋二局，又观渠二人一局。……中饭后与沅弟谈，旋又围棋二局。②

二十五日：在船共围棋六局，每局约二刻许。③

曾国藩下棋之狂热，可见一斑。

对曾国藩来说，下棋主要是为娱乐、休闲。从道光二十年（1840年）进京，在京为官的那段时光，有时沉溺于围棋中，他也会时时自省："可恨！好光阴长是悠忽过了。又围棋一局，此事不戒，何以为人？日日说改过，日日悔前此虚度，毕竟从十月朔起，改得一分毫否？"④"酒后，观人围棋，几欲攘臂代谋，屡惩屡忘，直不是人。"⑤时时告诫自己戒棋，但刚发完誓，第二天依然如故，由此也可见围棋的魅力。围棋确如那木野狐，魅惑人如狐啊！

咸丰元年（1851年），洪秀全在广西桂平金田村起事，太平军兴。清军之八旗、绿营兵早已衰朽，太平军势如破竹。1853年，为镇压太平天国，曾国藩在家乡湖南开始训练湘勇，1854年2月，湘军倾巢出动，开始与太平军长达十年的征战。在戎马倥偬的战事中，围棋成了最好的调剂生活、打发时光、缓解焦虑、养其静气之物。曾国藩在战事不利，"悲愤之至"时下棋，在"天雨纷纷，不胜郁闷"时围棋，在"牙痛殊甚，不能治事"时围棋，在"愁闷无聊"时，甚至"陈氏妾病故葬于茅岭冲山中"时亦围棋，当然当捷报传来，战事将了时，更要围棋一局了。

在紧张的军务中，围棋本为休闲，但劳累过度，所谓"日来疲困，不克自振，荒于围棋"⑥有时也让他自责。但总的来说，军旅中的围棋，还是

---

① 《曾国藩日记》（二），唐浩明编，岳麓书社2015年版，第395页。
② 《曾国藩日记》（二），唐浩明编，岳麓书社2015年版，第396页。
③ 《曾国藩日记》（二），唐浩明编，岳麓书社2015年版，第401页。
④ 《曾国藩日记》（一），唐浩明编，岳麓书社2015年版，第132页。
⑤ 《曾国藩日记》（一），唐浩明编，岳麓书社2015年版，第133页。
⑥ 《曾国藩日记》（二），唐浩明编，岳麓书社2015年版，第425页。

缓解了他的许多焦虑，戒棋云云，也就少见了。况且，围棋还让他时时想起兵家之战理，还有为人之道。如他思考"上知下愚"的道理："是夜，思孔子所谓'性相近，习相远'、'上智下愚不移'者，凡事皆然。即以围棋论，生而为国手者，上智也；屡学而不知局道，不辨死活者，下愚也。此外，则皆相近之资，视乎教者何如。教者高则习之而高矣，教者低则习之而低矣。"曾氏幕府人才济济，号称"晚清第一幕府"，恐怕即与其因势利导，善于用人有密切关系吧。围棋亦通兵法。咸丰六年正月十三日，曾国藩致信罗泽南，就近期的军事局势，提到"凡善弈者，每于棋危劫急之时，一面自救，一面破敌，往往因病成妍，转败为功；善用兵者亦然。今江西之势，亦可谓棋危劫急矣。"以围棋喻兵势，正是曾国藩围棋思维在军事上的体现。①

曾国藩一生有大量的棋友。《曾国藩日记》中记载的就有60多位。这些棋友中，有的是老友，如刘蓉、欧阳小岑（兆熊）、郭嵩焘，有的是湘军中的幕僚和将领。欧阳兆熊的家乡就在湘潭县锦石乡苍场村阳家湾，与碧泉村相邻，边上就是堆子山考古遗址。欧阳兆熊道光十七年举人，工诗文，通医术，是曾国藩的棋友，也曾为曾国藩治病（现在活跃于湘潭围棋教育界的欧阳红浪、欧阳遏舟兄弟就是其后人）。

曾国藩军中的一大批将领都是读书人。湘军中围棋的流行，有一方面跟作为主帅的曾国藩"上有所好"有关，另一方面围棋既是"雅艺"，又通"兵法"，也很容易获得这些"文人将军"的共鸣。他们在湘军系统内部，形成了一种共同的"交际语言"："这样的一个群体，也因此体现出明显的'围棋色彩'，在晚清局势动荡不停，围棋整体发展日渐低迷之际，形成了一个局部的小气候。虽然对围棋的整体技战术水平提高并未有较明显的贡献，但对围棋氛围的浓厚和保持还是发挥了不可或缺的作用的。"②

---

① 吴强《晚清湘军系统围棋活动探析》，《中国围棋论丛》第4辑，杭州出版社2019年版，第273页。

② 吴强《晚清湘军系统围棋活动探析》，《中国围棋论丛》第4辑，杭州出版社2019年版，第274页。

湘军的根在湘乡、湘潭，在湖南，以曾国藩为代表的湘军系统围棋的流行，也在一定程度上推动了湘潭围棋的普及与发展。

在"晚清四大名臣"中，湖南占其二，还有一个就是左宗棠（1812—1885年）。左宗棠是湘阴人，但曾在湘潭周氏岳家居13年，那也是他蛰伏、读书、思考、旁观天下大势的13年。左宗棠是曾国藩的诤友，两人虽无直接对弈的记录，但他们以围棋言兵，喻天下大事的思维则一也。

晚清到现代的湘潭名流中，亦不乏围棋爱好者，如"旷代逸才"杨度（1875—1931），大画家齐白石（1864—1957年）。杨度迷棋，有伤臂而下棋不止的故事。齐白石画有《竹院围棋图》并题诗曰：

阁辟纵横万竹间，且消日月两轮闲。
笑侬尤胜林和靖，除却能棋粪可担。

宋代士人林和靖说"世间事皆能之，唯不能挑粪着棋"，可在这不能"着"之"棋"中，他又有独得之悟。"坐读棋牖下，眠看酒恰中"，"弹弓园圃阴森下，棋子厅堂寂静中"，自有拈花微笑之妙。而白石老人，"除却能棋粪可担"，自认更胜林和靖一筹，难道更有深意？

四

1893年，在湘潭的一个小村庄——韶山冲，诞生了一个日后要改变中国乃至世界格局的人物。

这个人名叫毛泽东，字润之。

少年心事当拿云，少年毛泽东就立下拯救苍生的壮志。

毛泽东说他一生"独服曾文正"，大约，曾国藩的那种骨子里生出的理想主义怀抱和"好汉打脱牙和血吞"的实践精神，这种湘潭人的执着、霸蛮、坚韧，也在毛泽东身上打下了深深的印痕。少年毛泽东，自我期许要做"大政治家"和"大宗教家"，欲通过掌握"大本大源"来重造中国。他感慨于"国民性情，虚伪相崇，奴隶性成，思想狭隘"，殷殷召唤"安得有大哲学革命家,大伦理革命家,如俄之托尔斯泰其人,以洗涤国民之旧思想,开发其新思想。"①他由此走出小山村,孜孜于除旧布新,重整河山。"问苍茫大地,谁主沉浮",在最艰苦卓绝之时,仍不坠青云之志。

至于毛泽东主席是否会下围棋,曾经有不同的说法。但从曾在毛泽东身边的工作的人的一些回忆中,毛主席显然是会下棋,也下过棋的。在韶山毛泽东纪念馆陈列的主席生前用过的物品中,就有一副围棋。但与曾国藩不同,毛泽东下棋的时候并不多,他更多的是以围棋的智慧,来说明一些军事战略决策和战术实施的道理。他在《中国革命战争的战略问题》《论持久战》《抗日游击战争的战略问题》等文章中,都曾以围棋为例,说明局部战争与全局策略的关系,说明建立革命根据地(如同围棋之做眼)的重要性,阐述围棋之"围"与战场上包围与反包围的辩证关系。"略观围棋兮法于用兵,三尺之局兮为战斗场"(马融《围棋赋》),在毛泽东的军事思想中,可以看到围棋思维的影响。

围棋在湘潭,以历史文化传统而论,不算久远,也难言深厚。但围棋在文人士子中的流行,近代湘军围棋的盛行,革命领袖对围棋战略战术的论述,客观上带动了湘潭围棋后来的发展。

五

1949年,新中国成立,百废待兴,中国围棋也开始了复兴之路。1957年,国家有了正式的全国性围棋比赛,在这大背景下,湘潭的围棋活动,也开始开展起来。1959年,湘潭市举行首届围棋比赛,巧合的是,获得冠军的是湘潭著名的齐派画家郭小石。难道,自称"除却能棋粪可担"的白石老人,在棋上也找到了自己的传人。

不过,总的来说,20世纪六七十年代的湘潭围棋,更多的还是处在自发状态,但一直薪火相传。直到1988年,湘潭市棋类协会正式成立,围棋有了自己的组织,各种比赛、活动也热闹而有序地开展起来。在这过程中,

---

① 参见孟泽《少年 故乡 人文》,见:《君自故乡来》,湘潭大学出版社2017年版,第79页。

在不同的时期，涌现了一批代表性的业余高手，如张建国、文建宏、王新宛、郑跃军、刘前斌等，一些青少年棋手也成长起来，如丁一舟、曾泽润、陈寅伯、肖泽彬等，他们中有的成了职业棋手，如张佩佩、张紫良、肖泽彬、曾泽润。而这些青少年棋手的成长，离不开湘潭围棋培训教育的从无到有，从小到大，离不开一批围棋教练的辛勤、无私的付出。而湘潭围棋，除了省会长沙，在湖南地级市中，始终名列前茅，这也得益于湘潭良好的围棋氛围，深厚的群众围棋基础。就像湘潭棋迷的下棋之地，尽管屡经变迁，但至今犹存的闲云阁，每天下棋者众，在一片子声丁丁中，湘潭的棋迷以此为家，外地的棋迷也大为羡慕。

湘潭围棋的发展，也离不开一些部门领导的支持和围棋爱好者的努力，就像当年的第十一中学，就像湘潭市和湘潭县两级税务系统，就像湘潭大学。湘潭大学作为全国综合性重点大学，是湘潭教育与文化的一个高地。而因为其围棋文化研究的丰硕成果，也成了湘潭、湖南乃至中国围棋的一张文化名片。2020年3月，湘潭大学被中国围棋协会批准为全国师资培训试点单位。6月，湘潭大学围棋文化研究中心被批准为校级研究基地。2021年4月26日，湘潭市围棋协会成立，中国围棋协会林建超主席出席成立大会并做报告《围棋与红色文化》。湘潭围棋有了自己独立的组织，又迈上了一个新的台阶。

《围棋与湘潭》有幸被纳入中国围棋协会策划组织的《围棋与名城》丛书中，围棋在湘潭，既有深厚的名人渊源，也有广泛的群众基础，有一系列围棋文化研究成果，《围棋与湘潭》即试图把历史与现实、普及与提高、竞技与文化结合起来，总结湘潭围棋的过去与现状。本书第一章"历史文化篇"发掘湘潭围棋的历史文化传统，曾国藩、毛泽东等名人与围棋的关系，探索当代湘潭围棋的复兴与振兴之路；第二章"当代人物篇"追踪在湘潭围棋发展中留下种种印痕，做过各种贡献的棋手、企业家、学者们的围棋之路；第三章"组织机构与围棋教育篇"介绍湘潭棋类组织、围棋培训机构、各区县包括行业系统如湘潭税务、湘潭大学等，他们的围棋活动，为湘潭围棋做出的贡献；第四章"棋迷故事篇"为棋人自述其与围棋结缘、与棋界交往的种种故事及围棋带来的人生感悟；第五章"湘潭围棋文萃"从已出版的书刊中精选与湘潭围棋相关的一些文献，为湘潭围棋曾经的和现在的风景留住一些底片。

  《围棋与湘潭》既从人文角度，追溯湘潭文化渊源，又力求讲好湘潭围棋故事。这里，无论是那些职业和业余棋手们的围棋之路，还是身为领导干部的徐意诚讲述当年湘潭市十一中的棋人棋事，谢伯端回忆他当年爬在窗户上仍不忘为当局者"指点江山"，宾洪君自述其"围棋三痴"，陈湘涛叙述其人生中围棋所带来的"思维的力量"，还有作为学者的何云波讲述与湘潭围棋的结缘，围棋教练刘继宁点赞湘乡围棋界的"应昌期"们……这里面让我们不时感到围棋给人带来的种种快乐与感动。就像被人视为"棋痴"的湘潭大学唐翌教授，像"九段面馆"的老板拟想中的"围棋菜谱"，像被人称为"油鼓子"（汽油桶）的科级干部老胡，在湘潭队参加全国红色城市围棋赛时，被邀请做啦啦队去加油，到后自感身体不适，为不影响比赛，不告而别，一个人又把车开回湘潭，原来已是癌症晚期，当晚就直接进入医院直到辞世……那天，我就跟老胡同车，后来知道此事，心情竟久

君子莲城市雕塑（周立春/摄）

久难以平静。

　　人生难得有棋痴，只因未到热恋处。是的，围棋既是一种高雅的文化，它也深深植根于人的生活中，与人生命的欢乐与悲伤紧紧相连，让人梦绕魂牵。围棋既是高贵的，也是大众的；既是精神的，也是物质的；既是传统的，也是现代的。湘潭的围棋，正是深深扎根于广大棋迷中而有了旺盛的生命力，扎根于传统中，又在新世纪焕发出新的光彩。

　　精美湘潭，人文胜地。

　　湘潭人民曾用生动幽默的民谣"龙牌酱油灯芯糕，槟榔果子水上漂，十里荷塘百里香，砣砣妹子任你挑"总结湘潭盛行一时的"特产"，希望未来，以《围棋与湘潭》的编撰、出版为契机，围棋也能更深度地参与到湘潭经济、文化建设中，为湘潭创建"围棋名城"打下基础，让围棋也能成为湘潭市的一张文化名片，为湘潭城市精神的建构、文化与产业的发展，做出应有的贡献。

第一章　历史文化篇

第一节　湘潭：河山一棋局

湘潭，是中国人民的伟大领袖毛泽东的故乡。这里是人文荟萃之乡，更是源远流长的湖湘文化的思想重镇。

一

湘潭的建置沿革，细说起来，还真不是三言两语可以道尽的。但如果要极为简洁地表述，还是明朝嘉靖年间湘潭知县陈应信主修的《湘潭县志》中的《沿革》表达最为通畅：

> 《禹贡》荆州之域，周时分封属楚，秦为湘南县，汉属长沙郡；东汉析置湘乡县，隶零陵郡；孙吴又析置建宁县，属长沙郡；梁改为湘潭，因昭潭名也；晋属衡阳郡，隋属衡州；唐分置攸县，仍属衡州，元和中乃属潭州；五代及宋仍旧；元升为湘潭州；元末伪将陈友才据潭州路，本州属焉；入国朝仍为湘潭州，洪武二年复为湘潭县，属长沙。

湘潭，这个地名最初的出现，在中国历史上南北朝的萧梁时期。天监二年（503），梁武帝封萧退为湘潭侯。不过，有趣的是，那时的湘潭并不在今天湘潭的境域内，其主体在今天的攸县与安仁一带。也正因为如此，清光绪年间修县志，在解释湘潭这个地名时，就有撰稿学者说："潭，覃也，延也。"意思是，湘潭是湘水边延展开来的一片土地。因为湘潭的境域并不直接靠在湘江，那湘水之潭就无以为用。不过，早年也有学者认为，即使是南北朝时期的湘潭，其西北角上已经囊括今天昭潭一带地域了；故湘潭之名，实由湘江之昭潭而来。作为光绪刊县志总纂的王闿运，他倒也是主张湘潭就是以湘江中之昭潭为名的。他在光绪十三年八月三十日船过昭山，遂在日记中记载："半夜潇潇，至三更少止，橹行劳久，三时许乃天明，始至昭山耳。昭山以上，潭而不流，又湘潭所由名也。"其实，在明嘉靖三十二年刊陈应信《湘潭县志·沿革》中即载有"梁改为湘潭，因昭潭名也。"

到了唐天宝八年（749），行政区划调整，今湘潭区域正式被赋予了湘潭之名，县治也由衡山附近北迁到了洛口，即今易俗河，本地不再属于衡山县。在元和元年（806），湘潭县不再隶属于衡州，改属潭州长沙郡，隶于江南西道。五代时，湘潭县隶马殷所据之楚国。湘潭这一行政区域，自唐代起，除了在宋朝划出靠近岳麓山的两个乡域给予长沙望城县，直至中华人民共和国建立时，一千多年以来竟一直稳定不变。

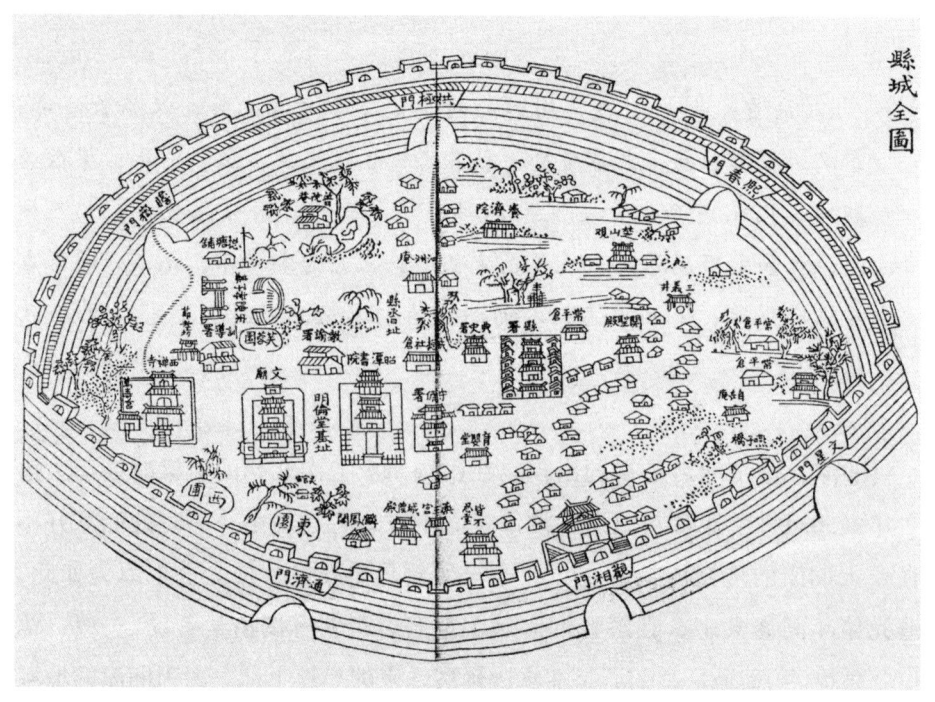

清代湘潭县城全图

明代湘潭古城墙

　　如果要追溯此地更久远的历史，则在秦汉间设置为湘南县，后期的治所设在今湘潭县石潭的古城。不过那时的湘南县地广人稀，不仅几乎包括了今天湘潭市的整个区域，还实际上涵盖了今双峰与涟源一带。到了东汉朝，湘乡以乡侯之地划出，湘南也一度划为湘南侯国。三国时期最初则以湘水为界，东为吴，西为蜀，后全入吴。晋怀帝永嘉元年（307）自荆州分置湘州，本境属其所辖之衡阳郡。隋省湘乡、湘西二县并入衡山县，此为本境主体。从三国两晋到隋唐间，湘南县被分解后，今湘潭区域的名称与隶属关系多次变更，先后有过湘西、衡山之名，直到唐时期定名为湘潭，才开始了湘潭恒定的一统局面。不过，在历史上，湘潭倒是多属于长沙或潭州。潭州并不是湘潭州的简称，而是长沙行政建置的称谓。在历史上，长沙先后有临湘、长沙与潭州之称。湘潭只在元朝直接设为州，即称湘潭州，不过为期不长，到了明洪武二年便又降州为县了。

　　湘潭之为县，自唐朝起，便地称繁盛，县为巨邑。宋代天下分裂，战祸频仍，但湘潭这时反倒因五方人员流入而兴起。最典型的事例是理学家

第一章　历史文化篇

的代表人物胡安国、胡宏父子由福建崇安老家经荆门而渡洞庭南迁，定居碧泉，落籍湘潭。胡氏父子在这里创立以性本论为主旨的湖湘学派，其弟子彪居正、张栻后又移师岳麓，加速了湖湘文化的昌盛。到了明代万历年间，湘潭的商业堪称发达，影响及于海内，遂有"小江南"之称。小江南，即是小南京，今天的人们还经常这样比附。明清易代之际，由于湘潭是南明何腾蛟阁部的军事势力范围，在顺治六年惨遭清军屠城，全城将及十万之民，竟被屠之一空，残存者仅为百多人，何腾蛟也在此殉难。但是，据有湖湘地理之利与商业都市底蕴的湘潭，数十年后又重新崛起，发展为天下第一壮县、湖湘之金湘潭。咸丰年间，在广东兴起的太平天国运动，师征南京，取道湖南，对湘潭并未造成危害。倒是因治丧回乡的曾国藩在家乡组织团练，湘潭也就成了初起湘军的造船厂与水军训练基地之一。湘军自衡阳誓师北伐，刚过湘潭，咸丰四年（1864）三月底，太平军西征还师，从宁乡绕道塔岭而来，突然占领湘潭。湘军回师，与居于坐势的太平军在湘潭展开了一场长达九天的水陆大战，太平军以丧师两万告败。从此，湘军走出湖南，艰难东进，最终攻下太平军的大本营南京，使易手的半壁江山重归一统。湘潭又因湘军的崛起带来了新一波的繁荣。只可惜在近代铁道兴起之时，粤汉铁路走湘潭东隅而行，湘潭失去了陆路交通的优势，衰败之象初现。抗战初期，沪上与江浙精英西迁，曾以长沙、湘潭为避乱之首选。可惜好景不长，日军飞机的轮番轰炸与日军陆战部队的逼近，留踞湘潭的军政文教单位以及工商各界被迫再度西迁，湘潭终于结束了短暂的战时繁荣而归于沉寂，直到1949年中国共产党领导下的中国人民解放军和平解放湘潭。

20世纪50年代，湘潭的行政建置又出现了新的变化，此后二三十年内，株洲区镇从湘潭县划出，湘潭本身又先后升格为地区、地级市。湘潭县主体区域又划出雨湖、岳塘两个城市区与韶山一个县级市。原曾先后隶属益阳与邵阳的湘乡县，在划出双峰与娄星区以及涟源部分地带之后，其主体部分先后划归湘潭地、市管辖，后来又演变为县级的湘乡市。

在中古时期，曾产生过一个特别的三湘概念。即在长沙府范围内有三个以湘字打头的县邑湘乡、湘潭、湘阴，它们以所处地势的高低被分别称为上湘、中湘、下湘。这既是地理的称谓，更是文化的称谓。只要我们去翻阅古籍，便可发现，不管是各家族谱，还是文人的诗文题跋，少有行政区划之称，而多以某湘自谓。这种称谓，又恰与行政区划等义。

这三个地方，由于地理邻近而衔接，都处于湖湘行政区域的核心地带，自然在文化上都归属于湖湘文化，有着相当多的共性。但细究起来，它们在文化上还是有各自的独立个性。湘乡以其方言佶屈聱牙而有名。其实他们所讲的话只是比我们更靠近祖先的语言而已。水转山不转，山民们固守着先人的性格与精神，历代累积叠加，便有了更多的倔强。这种倔强，就产生了湘军人物打落牙齿和血吞的蛮性。湘潭人呢？因为有了湘潭商业都市的熏染，五方杂处的交流，就有了更多的自信与更大的追求。而湘阴处于洞庭湖之滨，吞江纳海，便易产生走出江湖之士，如左宗棠、郭嵩焘之属。

由于湘潭的地名概念在今天已融入存在了上千年的湘潭县、湘乡县的主体区域，故我们今天来谈湘潭的文化与人物，就不能不兼及中湘与上湘的囊括表述。

二

谈一个地方的文化总是离不开对这个地方的人物的分析，而对人物的分析又总是离不开对他们生活的山水环境的分析。什么是湘潭境？宋代的明照禅师早就做了经典的解说。他说："如何是湘潭境？山连大岳，水接潇湘。"这个是以山水的上游走势来说的。中国的地形谁都知道是西高东低，而地处中部的湖南，地形则像一个大畚箕，东南西部高，北部低洼，而湘、资、沅、澧基本成南北走向而分布其间。湘潭南部与衡山相接，山势上承南岳衡山，河道直接潇湘来水，这样就给湘潭这一丘陵地带有了一个高的平台。至于北下洞庭，便有一日千里之势了。湘水逶迤，望衡九面，山环水转，曲径通幽，不仅柳宗元爱此山水，刘禹锡更是赞不绝口："潇湘间无土山，无浊水，民秉是气，往往清慧而文。"经历了湘军战阵的统帅曾国藩因父丧而回家守制，应后来的湘潭人物杨度所在的衡湘杨氏家族之请，挥笔写下修谱序言，乃感慨而发声："湘岳清淑之气磅薄而郁积，生斯土者类多英哲；即异地名流侨寓于此，往往发名成业，绵云礽于弗替；盖地灵人杰蕴酿数千百年而益彰其盛，非偶然也。"

当你离开这种大视野，游行与徜徉于湘潭这方山水时，便有了更多的情趣。明末清初四川籍的文人刘及叔曾经来到湘潭县拜访他的友人郭金台，也许作为外人的他，眼里更能观察到这方山水的神奇。他对这里的山水有着一段动人的描绘：

溯洄至湘，恬目缓趣，若张锦屏，列图画，远近大小，引人夷犹永日也。若亭园池沼，聚观涉趣，手可探而卧可游也，若饥之于食、渴之于饮，四时百物之蓄满于地，无所得而无不得也。而况春山之艳香国，秋岸之醉枫林，渔樵之狎游人，烟雨之迷远艇，思会境生，文缘情至，诗系浮湘，湘许我乎？

郭金台应请为刘及叔的诗作《浮湘集》作序，他同样用散文的笔调谈到了自己的家乡：

湘之山无不蜿蜒连蜷，滨江而迤出；湘之水无不淡衍澄碧，抱山而曲流。其地可游，其游皆可为诗。

这种描写是对包括了涓水、涟水在内的湘江流域的歌颂，而这正是湘潭的先辈们所成长与生活的环境。

湘潭人张埰，字中五，号湘渔，清康熙五十九年（1720）举人，曾官浙江慈溪知县。他在《重修傅仙峰仙祠引》中说：

吾乡之傅仙峰，山之最高者也。可以望衡麓，俯湘流。前人构祠绝巘，岁旱祷雨辄应。意者果仙乎？抑人之精诚所属，神物凭之，遂能兴云雨而降祯祥乎？祠荒圮久矣，乡前辈潘公文珍重修之。公耽幽性僻，每遇山水佳境，可竟日忘归，兹峰尤所乐游焉。自潘公没而祠复就圮。其嗣君潘子又良能文有学行，近日居峰下，一时名流造又良者咸蹑屐峰头，高望而遐瞩，飘飘然作游仙之想，而山灵知不寥寂矣。又良弟曰东霞，精歧黄之学，余时通往来，一日语余曰："傅仙峰者，吾乡之最高处也。天朗极目湘南数百里，山川左萦而右峙，郡邑浮乎前浦，村落布如棋局。芙蓉秀削，耸壑升霄，绝境奇踪，神开鬼辟，真仙灵窟宅也。

山川如画，村落如棋。这是多么令人陶醉！

1916年6月26日，自湘潭步行回韶山的青年毛泽东，在银田寺旅寓写下《致萧子升信》，这样描写着湘潭：

一路景色，弥望青碧，池水清涟，田苗秀蔚。日隐烟斜之际，清露下洒，暖气上蒸，岚采舒发，云霞掩映，极目遐迩，有如画图。

1936年，美国记者斯诺在延安会见了彭德怀，他在《西行漫记》中写到彭德怀时，有一段关于湘潭的描述，显然出自彭德怀对自己家乡的介绍：

湘潭是湖南风景最好的一个地方，深深的稻田和茂密的竹林绣成一片绿色的田野。人口稠密，一县就有一百多万人。

这种诗意的境界，融磅礴与清秀于一体，天然地适合琴棋书画的生存与发展。

三

清初湘潭人张垣，字前五，号潭邨，由附生取钦天监天文生，乾隆九年甲子（1744）顺天乡试钦定回避卷中式举人。选桂阳州学正，升云南河西知县，以老不赴。在桂阳时，于学署门上大书一联："金银气以不贪识，文字交因无好亲"。著有《潭上草堂集》4卷、《湘潭杂咏》1卷、《湘潭四考》1卷、《梅荪诗集》1集。他回到自己的家乡，营建居宅，撰有《始建山房记》，开篇即说：

> 居潭上之南塘，门临东陌，欲作向南小斋，苦积石，周遭无善地。偶读柳州杂记，悟其搜罗布置之宜，始命石工施斧，凿得平地三十馀笏，画半以为堂，空其半为种花坐啸之地。其不可凿者，随石势之高下，建亭一、阁一。入其中，不复知身在乱石间也。惟存二石，一作榻，一刻棋局，墙外古梅老桂香送堂前，亭趾薜萝复生，更得天然趣。登阁而望，群山苍莽，涧壑争流，隔岸茅檐松竹蓊郁，春晨秋晚田歌牧笛往来上下，阁中之琴韵书声如相和答。山中人得以坐而忘机，悠然作袈、王在辋川想已。颜其堂曰"枕石山房"，依堂小室曰"寻乐处"，亭曰"自然"，阁曰"平山"。湘渔兄、画里弟，各赋诗以纪胜。一时诸君子聚饮于斯者，咸有咏焉。

凿石为棋，头戴青天，将棋局布置于山水之间，这是何等惬意之事！这或许就是湘潭人的棋局生涯。作者最后深情地说："语曰：'璞必劳于琢而后美玉出，人必勤于学而后功业成。'为地主者可以知所自处矣。山房距湘江三十里，成于癸卯之春。"

癸卯，即清乾隆四十八年（1783）。没想到作此文后，张垣又直接做了《石棋局记》一文，全文如下：

> 余每过名区，见石之如砥者，恒刻为棋局，问曰某仙弈处；石之如案者，问曰是翻经处，是抚琴处，即恍然如见古人焉。故山房之成也，亦于石之如砥如案者，名之曰"琴床"、曰"棋局"。琴床无可似，棋局则刻为井纹以似之。久之苔痕蚀翠，草带承跗，过者群叹天然云。然断弈六年矣，虽有枰而无子也。故与局相忘复十二载，忽远人贻子二合，置之案头。客来自寻石局，未能禁也。迺云幕开枰，风檐落子。

儿曹窃视，其精神志意已劳扰胜负之场矣。余惊而投之潭，书二绝于壁曰："石局纵横不设棋，当年原惜寸阴移。儿曹莫学忘忧客，枉却机心那自知？""非排坐隐夸高隐，厌歌清谈向手谈。绿草成茵花覆局，别饶风味静中参。"客拂然曰："投棋曷若毁局？彼动静方圆，未荒十年相业。不宗李泌之智而效王隐之愚乎？"余未遑与深辨，第十八年之操持，则欲以终吾身、传吾子也。至于局，则已与相忘矣，而又何毁焉？倘日有愧古人也，吾当拨琴三弄以谢之。

这种结局似乎大煞风景。其实细细思来，玩味则还在棋中。作者说"然断弈六年矣，虽有枰而无子也。故与局相忘复十二载"，这里是把棋与局混然于一体了。揣其文意，局者，则在朝之为官也，故与局相忘复十二载，指在断弈之时，已经不从政十二年了。断弈后又过了六年光景，便有客人携来棋子，这便是"第十八年之操持，则欲以终吾身、传吾子也。"这里的"第"，不是次第之意，而是"这"的意思，即离开世上棋局（从政）之后的十八年坚持，是以操守终其身，并以传其子。他与来客在云幕下开枰，以风为檐，潇洒落子，这是何等浪漫的情景。可是，不独弈棋者劳形胜负之场，且让儿孙们围棋观战，给后来人无形中做了一个示范。还是让他们珍惜光阴吧，他毅然地将棋子丢落到深潭里。这一下，刚刚与主人斗出兴趣的下棋客人不高兴了："投棋不与毁局，你何不干脆把石棋盘毁了更彻底！"还说，唐朝宰相李泌用心于棋局，但并没有因为下棋而荒废了他的相业，反倒是在下棋中找到了治国的智慧。不学李泌之智，你何必学王隐之愚？

这里有两个典故。王隐之愚说的是，王隐，字处叔，晋代人，约公元317年前后在世。王隐拙于文辞，相传他所撰《晋书》，其中凡可观者，皆其父文笔。王隐曾对好弈的祖纳说："禹惜寸阴。不闻数棋。"祖纳回答："聊用忘忧也。"王隐又劝说他：许多有才气的人都是因为没有著述而了然无闻，你就著史书吧，"何必博弈而后忘忧哉"？祖纳倒是向皇上奏请让王隐著史。皇上因为政事太多，无暇顾史，没有批准。太兴初，朝廷任王隐与郭璞为著作郎撰晋史，王隐又遭到诽谤而罢职，直到后来依征西将军庾亮，才完成了史著。不过，其史学成就后人评价并不高。

至于李泌之智，则说的是唐代的李泌与围棋的事。李泌七岁那年，一个机缘受到唐玄宗召见，玄宗想考考他的才华，命宰相张说给他出题。张说要他以"方圆动静"为题作赋，并提示："方若棋局，圆若棋子，动若棋生，静若棋死。"谁知道小李泌脱口而出："方若行义，圆若用智，动若骋材，静若得意。"进退得当，刚柔相济，小小年纪就能道破人生与政事的真谛。玄宗惊为奇才，将李泌送入东宫给太子当伴读。后来李泌做了十年宰相，卓有建树。他写下了这样一篇《长歌行》："天覆吾，地载吾，天地生吾有意无。不然绝粒升天衢，不然鸣珂游帝都。焉能不贵复不去，空作昂藏一丈夫。一丈夫兮一丈夫，千生气志是良图。请君看取百年事，业就扁舟泛五湖。"

主人张垣到底不想毁掉棋盘，看来他并不是真正忘却了世间的棋局。或许李泌在他心中也是一个崇拜的榜样，李泌不也是"业就扁舟泛五湖"了？该仕则仕，该隐则隐，以入世之心做事，以出世之心做人，这是李泌的大智慧。李泌的归隐地就在湘潭的邻县衡山，衡山上至今仍存有的"极高明"三个摩崖大字，据说就是李泌的手笔。张垣写下《石棋局记》，个中真味，也许是他的子孙最能体会。

张垣之兄张埴，字贡五，号香潭，也是一位棋中圣手。他在《锦湾观涨赋》里写道：

> 季春末，张子宿于邑之隔河，逢水涨，买舟渡锦湾，与友人留连竟日，赋此：一夕云昏，骤雨覆盆，长江浪吼，绝壑涛奔。牂柯没迹，略彴过痕。茅檐浮于隔岸，蓬户泊于柴门。乳燕下溪而争浴，鲦鱼吹藻而互吞。张子与客方弈，推枰而起曰：其登舟乎？否则涨将没足也。于是行装速携，肴核杂具。野艇疾呼，乱流而渡。客作欸乃之声，予亦耶许以助。少顷，微风倏来，鱼贯交接。柔橹疾如双翎，布帆轻如一叶。问搔首之旧楼，指潜蛟之深穴。巨石冲流，环波怒溢，下瞰江

心,倒影千尺。袒赤膊以拏空,干青霄而壁立。若奔猊与饮驼,声叱咤而不绝,巍乎巀嶪,斯湘流之砥柱也。

这里写的锦湾,就是今天游人如织的窑湾,这里说的冲流巨石,就是望衡亭所在的石嘴垴。其时湘江尚未有防洪大堤,春涨之时,张埴竟还在东坪与友人围棋。直到水将没足,这才推枰而起,横舟渡江,随后便领略到了环波怒溢的凶险景象。也正是这种棋局对弈后的险遇,激起了他胸中的激情,趁势写下了有如《赤壁赋》般的美文。

湘潭石氏,是一个清廉官员与名士辈出的家族,其最著者有明末之石万程,清之石仑森、石承藻。清雍正时之石观,字禺若,号湖邱,也是一个人物。石观自少即慷慨有大志,在诸生时即以豪杰之名闻于海内。雍正元年,皇帝下诏举贤良,当时他正以优贡在京考选顺天府。涿州知州许自召保举石观前往陕西军前效力。他以儒生出入戎马间十数年,以功补甘肃靖远县知县,任满以功升固原州知州。在任上威德远播。

> 公(石观)立身行己无不以古人自期许,而气节之高远恒不可一世。居官时每独行其志,其于当道未尝规规然以求合。后竟以慷慨罢官。去官之日,公正与客奕,终局,从容解印绶,神色自如,其恬退盖如此。公以清廉居瘠地,家为之中落。解绶后遂无归志,游寓维扬吴越间,以生平玩好自随……然居旅邸,长以经史自怡,耄年犹勤学不倦。夙工临池,暇作小楷,道逸之笔中年握管者不能及。性喜肓史,属文得左氏之髓。所至慕义者咸乐为东道主而公夷然不就也。后久居杭城,其次孙蒙泉公莅任洛川,迎之,欣然就道。在任逾年,晨起早膳,忽敛襟端坐而逝。神采蔼若平时,年八十有八。(石谱《湖邱公传》)

人德与棋德总是相得益彰。石观为官清正,做到知州已属辉煌。好官总会遇到危难,突然罢官。消息传来之时,正与他人对弈。他不动声色,将棋下完，从容解印。有了这个心态，他后来侨寓扬州与苏州旅邸，仍然始终保持了勤学与临池的优雅风范。最后以高寿终于自己孙子的任所，也算功德完满。

类似的例子还可以在清康熙间湘潭籍大清官大能臣陈鹏年身上找到。陈鹏年58岁时在北京武英殿修书：

>京师地震，神武门楼鸱吻堕，时与左通政陈允恭、中书科陈恪饮于华州馆舍檐下，檐瓦堕，允恭与恪皆大惊起，公坐如故。宋布衣和曰："此学问有定力，生死祸福不乱也。"

陈鹏年遇惊不乱，不是在下棋而是在饮茶或饮酒，但这与石观下棋遇事神色不动有异曲同工之妙。

晚清民国时湘潭人易宗夔写了一本《新世说》，其中有《曾涤生上学》一篇，载曾国藩在岳麓书院求学时"日必围棋一局，前敌交绥，或遇小挫，亦无太息咨嗟之状，于是审其量，足以镇安朝野。"人们在观赏弈棋中看到了曾国藩的量，后来曾氏治军果然。

湘潭姜畲杨度，在清末民初为中国政治舞台上的风云人物，先有保皇之名，后则为中国共产党地下党员，堪称"旷代逸才"。光绪二十三年丁酉（1897）五月日记里也有他下棋伤臂而不止的故事：

>五日，晴。同颖晨来，刻不能安。家作角黍，甚善。与笃哥弈东亭，楼窗坠，着左臂，痛甚，令仆以酒揉之，弈如故。撰先君事略竟。

弈棋是杨度交游友人的常事：

>光绪二十三年丁酉（1897）正月四日，阴。饭后，肩舆至仲旸家少坐，则已遣迎重弟至，设酒俱饮。仲旸述伯谅言和尚碑字可大小，阅历之言。复过陈梅叟，正与客对弈，观其近作。园梅犹未盛开，讶

问，乃云贫家春迟。至获农家少谈，将昏乃归。

他在光绪二十六年庚子（1900）九月十四日的日记中记载：

晴。舁至县庆昌荣、利义生。闻葆生归，过之，尚未起也。呼出，云昨夜博大胜。得午诒书，并自重庆来电，闰月之望，由蜀入秦，邀余游秦。彼尚在小臣之列、千里奔告，礼亦宜之。余乃湖南一布衣耳，身处田间，本无心于名利。不召自至，又何为乎？进退以礼，非比举棋，出而不正，亦何补于天下，不如无出矣。宝生入城。余早睡，与元生共榻。十五日，晴。饭后已午，博徒数辈至，余乃出。至利义生少坐，舁还，至家已夕。

以棋之进退以喻政界之进退，看来杨度也是一个棋界的智者。

光绪二十六年庚子（1900）十月二十七日，晴。葛获农来，郭养源来。将午，妇车始至。妇人送者为母与嫂，丈夫送者为兄仲陪。诸客渐集，既见祢庙，将夕矣。飨妇人送者于内堂，飨丈夫送者于东厅。方送酒，宝生来，于是东厅布四席，饮至初更方散。正旸去，诸客渐去，惟宋、三郭、葛、黄留宿。与宝生围棋，不胜。

这里记载的是杨度弟弟杨钧（重子）婚礼日的事情，当晚杨度与宝生下棋。这个宝生就是齐白石五出五归在广西的东道主、湘军将领郭松林的公子、曾任钦州廉州兵备道的挚友郭葆生。

湘潭籍大画家、世界文化名人齐白石与杨度是儒学大师王闿运名下的同门友，他也是一个棋手。齐白石写下了七绝《竹院围棋》。不过，他的棋局与文人比，像他的画一样多了蔬笋气：

阖辟纵横万竹间，且消日月两轮闲。笑侬尤胜林和靖，除却能棋粪可担。

其实,湘潭有文字记载的棋局至少还可以上溯到宋朝。宋建炎绍兴间,胡安国长子胡寅,字明仲,号致堂,行念三;他在朝中做官做到了礼部侍郎,兼侍讲,直学士院,并且定居到了南岳,但仍常往来于湘潭探望父母,与兄弟相聚。他的一首《游云湖》诗长达120句,充满着对湘潭山水的眷恋之情,前12句是这样的:

> 衡湘久来往,眼到山辄对。爱山真自性,久看眼未碍。今朝渡石潭,兰桨乱青带。初升岸稍高,忽喜地更大。行行两垣间,沙路得平快。豁然见良畴,小览百里外。

这位文官也是棋中君子,他的诗作中写围棋的锦句有:"或倚以憩惫,或坐以对弈""算爵商壶矢,忘杯泥夹棋""抚石斋坛古,围棋烧劫迁""酒新良可饮,棋妙不须围""痼疾资医缓,心专慕弈秋""静有客棋真掩映,悄无僧话更清闲""千岩窈窕万松豪,把酒观棋得终日""弈局不争先后手,醉乡常值圣贤人"。这最后一联真是大气,颇合湘潭的千年气度。他的《观棋》之作写得空灵高妙:

> 平地纵横十九余,古今争向此中消。
> 乾坤二策归皇极,愚智殊途祖帝尧。
> 竞胜鲜能思自活,临机谁肯暂相饶。
> 旁观有著如当局,敢道今无国手超。

湘潭名人辈出,他们不论是在棋中还是在棋外,几乎无一不受中国围棋艺术的熏陶或影响。湖湘背景下的湘潭棋局,如此地摆开架势,一个个精彩的篇章将一一呈现。

(何歌劲)

第二节　湘潭与湖湘围棋传统

湖南有三湘四水。"三湘"有多种说法，一说潇湘、蒸湘、沅湘，二是湘潭、湘乡、湘阴；还有湘南、湘中、湘北之说。四水即湘江、资江、沅江、澧水，湘、资、沅、澧最后都汇入洞庭湖，湖南遂又有湖湘之称。

在四水中，湘江从南到北，贯穿整个湖南，它最长，流域面积最广。湘江的上游名潇水，发源于蓝山，经江华、江永、道县、双牌，在永州萍岛，与源自广西的湘江支流汇合，然后一路北去，经衡阳、株洲、湘潭、长沙，最后汇入洞庭湖。洞庭湖入长江，长江入大海……

湘江流域，也成为湖湘文化的重要发祥地，同时也贯穿起了整个的湖湘文化的文脉与学脉，而围棋，在这块土地上，起初是涓涓细流，一路下来，最后成蓬勃之势。湘潭的围棋，也与湖湘围棋传统，有了千丝万缕的联系。

一

湘水弯弯，弯到湘潭的一处地方，名窑湾，窑湾留下许多历史文化遗迹：陶侃墓庐、唐兴寺、唐兴桥、天主教堂、杨梅洲船厂、秋瑾故居……据说当年东晋名臣陶侃（259—334年）就曾在此屯兵，在江边建有"望岳""钓鱼"二亭。后来亭毁，1932年，人们在陶公亭原址又建新亭，据说登高远眺，南岳衡山似隐约可见，遂有"望衡"之名。

陶侃本鄱阳郡人，曾任武昌太守、荆州刺史，后都督八州军事，封长沙郡公。何法盛《晋中兴书》中曾有"陶侃投博弈戏具于江"的记载：

陶侃为荆州，见佐吏博弈戏具，投之于江。曰："围棋，尧、舜以教愚子；博，殷纣所造。诸君并国器，何以此为？"

陶侃忙于国事，自无心于博弈之物。围棋真正与湖湘结缘，是到唐代了。在唐代，在潇湘山水的寺庙间，曾留下过一批著名的棋僧、诗僧的身影，齐己就是其中有代表性的一个。

齐己为湖南益阳人，出家大沩山同庆寺（今浏阳），复栖衡岳东林，后欲入蜀，经江陵，高从诲留为僧正，居龙兴寺，自号衡岳沙门。齐己知弈亦好弈，有《和郑谷郎中看棋》诗云：

个事仙家事，何人合用心。
几时终一局，万木老千岑。
有路如飞出，无机似陆沉。
樵夫可能解，也此废光阴。

据黄俊《弈人传》介绍，齐己还有一棋友，欧阳彬，湘人，官侍郎，僖宗幸蜀，从之嘉州。彬能弈，齐己有《寄欧阳侍郎》诗云：

又闻繁总在嘉州，职重身闲倚寺楼。
大象影和山面落，两江声合郡前流。
棋轻国手知难敌，诗是天才肯易酬。
毕竟男儿自高达，从来心不是悠悠。

围棋往俗里说，是一种争胜负的赌具，费时误事，且如同酒色，令人心不净；往雅上说，则有超逸脱俗之妙，令人神清气爽、物我两忘。佛门多清闲，一天到晚念经礼佛，未免太过单调，棋枰则成了最好的打发光阴之物。而唐代的诗僧、棋僧除齐己外，还有僎师、浩初师，都是湖南人。

潇湘大地上一下子冒出这么多诗僧、棋僧，不知道是否与潇湘的山水之灵有关。

刘禹锡有一首《海阳湖别浩初师》，前有小引，谓"潇湘间，无土山，无浊水，民乘是气，往往清慧而文。长沙人浩初生，现因地而清矣，故去荤洗虑"，潇湘山水也就赋予了其清气与灵性。"与泉石为笃，故携之以嬉。及言旋，复引与共载于湖上，弈于树石间。"这才有了那令人神往的诗境与弈境：

  近郭看殊境，独游常鲜欢。
  逢君驻锚锡，观貌称林峦。
  湖满景方霁，野香春未阑。
  受泉移席近，闻石辍棋看。
  风止松犹韵，花繁露未干。
  桥形出树曲，岩影落池寒。
  别路千嶂里，诗情暮云端。
  他年买山处，似此得辚官。

载舟湖上，弈于树石间，棋中悟道，山水中参悟佛理，棋与山水，仿佛也就具有了某种灵性。佛门弟子中，甚至还出现了棋坛高手。刘禹锡的一首诗《观棋歌送儇师西游》，便刻画了一个嗜棋如命且棋艺高超的棋僧形象。"长沙男子东林师，闲读艺经工弈棋"，儇师本长沙人，后削发为僧。但他似乎心思并不在佛，而在棋枰中，"有时凝思如入定，暗复一局谁能知。今年访予来小桂，方袍袖中贮新势。"坐禅入定，心里暗暗地却在复局。僧袍中藏的也不是佛经，而是围棋的新着法，新定式。打遍三湘无敌手，闻京城有"知音"，遂起西游之心。京城长安多弈棋好手，儇师或放下锡杖驻足观棋，或亲自上阵弈棋争道，"此时一行出人意，赌取名声不要钱"，目的不在赢得钱物，而在赌取声名也。

唐代的政治与经济中心是在长安，而佛教，随着南派禅宗在南方的活动,南方成为南禅的主要传播地,南岳衡山就留下过许多禅师的身影。而禅宗的见性即佛,凡夫即佛,担水砍柴,无非妙道,行住坐卧,皆是道场,喝酒喝茶随时过,看山看水实畅情,正为僧人好棋提供了令人惬意的理论依据。而文人礼佛参禅,与方外之人谈棋论道,也一时成为一种风气。刘禹锡不过其中之一而已。

二

宋以文兴。

宋代理学,承接孔孟原始儒家,兼容佛、道,成为儒学发展之一个重要阶段。

而宋代理学的发祥,却是在"南蛮"之地。在湖南道州(今道县)的一个小村庄营道楼田堡,有一条小溪名濂溪,后来成为宋代理学开山之祖的周敦颐(1017—1073年)即诞生在这里,周敦颐也得濂溪先生之名。周敦颐以儒学为基础,融合佛、道,提出了无极、太极、阴阳、五行、主静、至诚、无欲、顺化等理学的基本概念,构建了一套理学的理论体系。周敦颐收程颢、程颐为弟子,而理学也被"二程"发扬光大,后由朱熹"集大成",宋代理学由此成为显学。

周敦颐著有《通书》《太极图说》《爱莲说》。人以地名,地以人显。吾道南来,濂溪汇入潇水,潇水尽处是湘江。周敦颐多次沿湘江北上,经过湘潭。据说,在胡安国、胡宏父子的归葬之地湘潭隐山,有一株垂丝香柏就是胡安国亲手所栽,而另一株"连理银杏"是曾经过此地的周敦颐所植。周敦颐的七世后人移居于此,这里也就有了"三贤祠"(三贤即周敦颐、胡安国、胡宏),有了周家宗祠。而后来左宗棠也在离此不远之处,在其妻周家的桂再堂,度过了十三年的时光。湖湘文脉,也就这样代代相传。

在穷理问道之余,周敦颐应该也曾接触棋之道。《拊掌录》载:

> 周濂溪判合州时,尝与人对弈。有一老人旁观,口吐涎,香气袭人。公惊曰:汝龙也,何故来此?老人曰:何以知之?吾闻龙涎极香。

汝口中所落者是。须臾大雨雷电，老人化龙从溪而去。公取方石二十四片镇溪口，今通晓桥是也。

类似的仙弈或仙人观棋的传说，在古代中国的许多地方都有。周敦颐的棋艺究竟如何，我们也不必在意。这故事的包含的棋史信息在于，在湘南之道州，宋代已有围棋之传说，客观上说明围棋在这一带已流行开来。《弈人传》还记载过零陵郡一个好棋的士大夫的故事：

唐绩，字公懋，零陵人。少警敏，嗜学，能文善弈，元符进士。《宋史 艺文志》：绩撰有《棋图》五卷，《金谷园九局谱》一卷。①

元符为宋哲宋赵煦年号（1098—1100年），围棋在潇湘之源的流行，意味着，源于黄河文明的棋弈文化，已在这一块"南蛮"之地上生根发芽。

到明代，围棋在这一块土地上，继续传播。其中有一个代表人物李东阳。李东阳（1447—1516），茶陵州人（茶陵县旧属湘潭，1983年划归株洲），是明代中后期茶陵诗派的核心人物。他既是诗人、书法家，又是政治家。明英宗天顺八年（1464）进士，授编修，累迁侍讲学士，充东宫讲官，孝宗弘治八年（1495）为礼部侍郎兼文渊阁大学士。《弈人传》记李东阳曰："为文典雅流丽，朝廷大著作多出其手。工篆隶书，碑版篇翰，流播四裔。奖成后进，推挽才彦，学士大夫出其门者，悉灿然有所成就。立朝五十年，清节不渝。既罢政家居，请诗文书篆者填塞户限，颇资以给朝夕。一日，夫人方进纸墨，东阳有倦色。夫人笑曰：'今日设客，可使案无鱼菜耶？'乃欣然命笔。其风操如此。"②李东阳有《怀麓堂集》一百卷。他多才多艺，酷爱围棋，还曾撰《棋说》一文，并有多首咏棋诗歌留世。

李东阳在《棋说》中，有感于棋人多容易沉溺于胜负、得失之中，"及

---

① 黄俊《弈人传》，岳麓书社1985年版，第106页。
② 黄俊《弈人传》，岳麓书社1985年版，第138页。

其地交意逼,主于必胜,其势莫肯先却焉。故或役心命志,如蛛游蜩化而不自知。其胜者施施然,若辟土地朝秦楚。不胜则赧颜戟指,无所不止。"强调弈者,适也:

> 古之不善弈者曰苏子瞻,其言曰:"胜固欣然,败亦可喜。"用是知不工于弈者,乃得弈之乐为深。人之达于是者,可与言弈也。世之善喻者,必以弈。以弈观世,鲜有不合者也。①

胜固欣然,败亦可喜,苏东坡承接唐代文人围棋之余绪,继承发扬了文人围棋之传统,并被一代代的文人士子奉为圭臬。李东阳亦不例外。李东阳还有多首围棋诗作,多为棋友赠答唱和之作。其中有一首《江上弈棋与宝庆》

> 江上陈兵二垒同,都将一笑定雌雄。
> 乌林得计周郎捷,淝水乘骄谢傅功。
> 蕉底梦回风雨散,橘中人老岁年空。
> 一枰敛尽斜阳色,独立青山在眼中。

"宝庆"为谢世修,时为宝庆知府。宝庆即今湖南邵阳,在湘中腹地,相传三国时诸葛亮曾在此驻兵,闲时围棋。清代《宝庆府志》记载:棋盘崖在宝庆府城南五里,相传武侯宴兵着棋于此。有石盘广六尺,棋痕尚存。

李东阳还有《题邵翁棋墅卷》:

> 弈棋虽细事,可以观小德。
> 非无胜负争,亦足较曲直。
> 胡为纷纷者,箪豆不掩色。

---

① 黄俊《弈人传》,岳麓书社,1985年版,第138页。

雄夸每绝叫，巧伺或深匿。
不然出忿语，与此同一格。
寄言同浴人，慎勿讥裸裼。
贤哉东陵叟，爱此时自适。
指麾儿子辈，已足支大敌。
旁观但坐啸，信手聊戏剧。
安得从之游，清谈澹终夕。
能令夸者默，亦使忿者释。
我语君不闻，神交向空寂。

邵翁不知名字，也不知何方人士，而从家有棋墅，并绘为图，拿出来显摆，肯定为大棋迷无疑了。诗人与之旁观坐啸，清谈终夕，"我语君不闻，神交向空寂。"棋上也就可以近道了。

三

时间过去一百余年，隐居在湘江边的一位大哲人，又重续了一段与高僧的棋缘。

他叫王夫之（1619—1692年），湖南衡阳人。因晚年隐居衡阳石船山，人称船山先生。在明末清初的那个乱世，他走过了与许多文人士子相似的人生历程：早年求学取功名，而后投笔从戎抵抗清军，晚岁退隐著书。作为思想家，在明亡之后，试图重整道统，重建儒学的道德理想主义。"为天地立心，为生民立命，为往圣继绝学，为万世开太平"，负起重振乾坤之责任。船山也就成了湖湘学人中的一面旗帜。

但另一方面，不如意的现实，又常常让他们生出归隐之心，诗酒琴棋，成为他们的消愁解闷之物。在水乡周庄的中国体育博物馆中，至今还保存了船山先生用过的棋子。这棋子是真是假姑且不去管它，船山好弈却是千真万确的。小时候，据说他的父亲家教甚严，座中不许杂陈戏具，唯黑白子例外。晚年与佛门中的惟印大师交往，居南岳，在落叶人踪、云碓静水中诗文唱和。"偶然一叶落峰前，细雨微烟懒扣舷；长借岳云封几尺，潇湘春雨座中天。"岳顶云雾，潇湘春雨，这其中仿佛便已隐含了无限的人生兴味，棋也就别有洞天了。船山曾对方外棋友惟印说：

> 公以弈为游戏，与余品皆最劣。然终日欣然对局不倦，王积薪必无此乐也。一行和尚冷眼觑破，只知着着求先，故不能出普寂圈缋中。古今人当推我与公为最上国手，辄复前韵，以一绝终之："看局如瞑烟，下子如流水。着着不争先，枫林一片紫"。

世局如烟，棋如流水，着着不争先，枫林一片紫，真令人有扣舷独啸，不知今夕何夕之感。潇湘的流水、细雨，也似赋予了棋以无限的灵气与温润。

清代，是中国古代围棋的鼎盛时期，棋手辈出。湖南围棋虽然在竞技层面并无一流国手，但围棋在士大夫群体中还是颇为盛行。在潇水边的道州，出了大书法家何绍基（1799-1873）。何绍基为道光年间进士，书法为有清二百余年第一人。绍基喜弈，好游山水，常以棋局相随。何绍基曾孙何星叔寓居上海，徐去疾《围棋入门》说他"能书善画，兼精弈棋"。

何绍基诗、书、弈皆能，有《舟中即景八首》，所谓船窗初日，波心明月，天末晴云，江浦长风，良宵命酒，明窗小楷，击楫高歌。《伏案围棋》即为其中之一：

> 篷底秋枰乍合围，送春天气汗沾衣。
> 晴村野鸟时窥局、静夜江神许叩扉。
> 云意懒时人意捷，雨声喧处子声稀。
> 凡才漫逐中原鹿，从古边隅好建畿。

潇湘夜雨，曾被列为山水画中著名的八景之一，也激发过无数诗人的想象，留下许多动人的诗句。如果夜雨中伴有棋子丁丁声，那就该更添一分温馨了。特别是在不晴不雨的闷热天气，一场喜雨，棋子声、雨点声声声在耳，"快拼灯下棋敲碎，喜听阶前雨滴深"，也就构成了一种令人流连的境界。

与此同时，当太平天国兴乱，湘乡人，曾为进士、文官的曾国藩（1811-1872年）在晚清朝廷风雨飘摇之际，创立湘军，最后平定战乱。曾国藩在戎马倥偬中，一边指挥战事，一边围棋不辍。同时，他还带动了一批将领、幕僚，战事之余，在另一个战场上杀得不亦乐乎。也许，棋盘上的战斗，对他们来说，既是休闲娱乐，也从中悟出了不少兵家战理吧！

湘军中围棋的盛行，也带动了湖湘士大夫和民间围棋的普及、流行。《湖南通志》记载一个名陈五近的好弈者：陈五近，攸县人，精于易，与长沙陈子良齐名。幼时梦至一所，有二老人对弈，见五近至，一老者曰：子知弈乎？试与吾对。才着左角数子，曰：吾授子以布局之法，自是无敌矣。醒而与同辈弈，无对者。

攸县，旧亦属湘潭。说明在晚清，围棋最流行还是在长沙、湘潭这一块地方。《弈人传》还记载长沙人黄冕，在道光、咸丰年间为宦，足迹遍及江苏、江西、云南。"冕善弈，称二手。吾湘弈学导源于冕，冕之弈传于余金诏，遂大开湘弈之风。今其孙镁，曾孙鸿绪辈皆能弈。"

黄俊将黄冕称作是"大开湘弈之风"的人物。而冕之弈传于余金诏，《弈人传》对余金诏亦有一介绍：

> 余金诏，金坛人。黄冕妻侄。幼孤贫，依冕，从之学弈，承其流风，弈品至三手。光绪中叶，主持湘中弈坛垂三十年。凡流寓湘中及湘中能弈者，莫不师金诏，大兴则有余明震、余明颐其人，青浦则有沈德宽、沈湘生其人，阳湖则有姜汝谟、姜汝济其人，闽则葛怡年，上元则王瑞生，武进则吕子宾，宁乡则张芝年，长沙则朱定奎，善化则熊廷钧，武陵则刘泰元。时海宇初平，名流雅集，弈会称盛，每注小采，赌胜负，金诏藉供日饮，然取之綦廉，无伤雅韵，至今弈流犹

称道之。金诏耳聩,人呼为余聋子云。①

余金诏身为湖南名手,弟子不仅限于湖南,还遍及全国。大约,这算是湖南围棋走向全国的开端吧。

晚清,湘军走向中国政治舞台的中心,湘学亦逐渐为国人所认识。与此相应,围棋也有了一定的影响。曾主讲城南、岳麓书院20余年的长沙人王先谦,著述宏富,亦能弈。"先生耽晚道,意泰犹纵横。我如东坡翁,有味在无争。敲门嗔俗客,啄木故丁丁。"这是典型的士人之棋。长沙有王先谦,湘潭则有徐芝、郭泽春。《绮霞江馆集》载:

> 徐芝,字石泉,晚号实铨,湘潭人。由举人官湖北兴国州知州,有惠政。归田后,主讲昭潭书院,士心翕服。善琴嗜弈,喜为诗。沈璠子粹曾从芝于鄂。归后尝往其家听琴,或与之弈。芝卒,子粹挽以联云:自从公游洞庭江汉而归,棋一局,酒一瓢,昨日犹来听琴去;能随处尽父母师儒之责,民有碑,邑有乘,先生原不藉诗传。

棋一局,酒一瓢,琴一张,诗一阕,正是文人士大夫生活的生动写照。

如果说,从古以来,潇湘下棋之人似乎都是集中在寺院与书院。民国时,书院完成了它的历史使命,日渐从人们的视野中淡出。在岳麓山下的岳麓书院所在地,出现了一所新式的大学——湖南大学。在这所大学的校园里,有一位光绪年间的举人,在这里当上了教授。他在长沙城南,筑一座小楼,名"弈楼"。日夕适性于黑白两奁之中,客至则对弈,对弈则尽欢。闲来著文,诗文曰《弈庐诗集》《弈庐文集》,又著棋史,名《弈人传》。"浇胸块垒棋为酒",聊以自娱。

他叫黄俊。《弈人传》二十卷,为历代弈人五百余人作传,采录历代棋艺著述,资料繁富,可惜未能刊行。直到1985年,岳麓书社才将它正式出

---

① 黄俊《弈人传》,岳麓书社,1985年版,第274页。

版，一部奇书得见天日，成为围棋文化中的一项重要成果。

与黄俊同时，长沙还有一位奇人，叫黄铭功。黄铭功，湘阴人，少习举业，青年时代，投身于新文化，二十九岁学弈，嗜之酷，晨夕不倦，技艺大进，人号弈痴。曾于左宗棠祠发起成立湘弈社，弈人群集，一时称盛。先生撰《棋国阳秋》，说棋史，论弈理，兼及弈林人物与逸事。黄俊为之作序，述交往与下棋情景："君左手持杯，与熊对饮，右手拈子，与余尽局。酒倾咽津津声，子落枰丁丁声，相和也。"

诗思长桥蹇驴上，棋声流水古松间。王禹偁曾作《黄州新建小竹楼记》，"小楼两间，与越波楼通。远吞山光，平挹江濑。夏宜急雨，有瀑布声；冬宜密雪，有碎玉声；宜鼓琴，琴调虚畅；宜咏诗，诗韵清绝；宜围棋，子声丁丁然。"小楼夜听潇湘雨，棋子厅堂寂静中，湖湘包括湘潭的围棋，也就是在湘水依依、子声丁丁中，给人留下无尽的意味与想象。

（何云波）

第三节 曾国藩的棋局

在今湘潭境域，历史上有一个人，能以地名代指这个人名，那就是曾湘乡曾国藩了。现市境包含有湘潭、湘乡两个旧邑，一个县邑出了一个在全国有影响的人物，有时会把这个人的姓氏与邑名连在一起来称呼他。这就是所谓的"地以人传"。曾国藩出生于湘乡，说起曾湘乡，那谁都知道就是他了。这待遇，伟大领袖毛主席都没有，因为从来没人说过"毛韶山"。尽管曾国藩的故居现在不在湘潭境内了，到了娄底双峰，但"曾湘乡"这个名字，却是行政手段划不走的。

曾国藩（1811—1872），字伯涵，号涤生，原名子城，乳名宽一，派名传豫，逝世后被谥"文正"。晚清重臣，湘军的创立者和统帅者。官至两江总督、直隶总督、武英殿大学士，封一等毅勇侯，成为清代以文人而封武侯的第一人。是著名的军事家、理学家、政治家、书法家、文学家，晚清"湘乡文派"创立人。对曾国藩的研究，从未中断过。涉及政治、军事、洋务、外交、理学、文学、诗联书法诸多方面，尤其是人才思想和家教思想最为引人注目。但是本文只说他一个特别的兴趣爱好，那就是他最喜欢的围棋。

曾国藩铜像

围棋是中国的国粹，是中国传统文化中有广泛影响的娱乐竞技活动。

围棋的发展兴盛是随着时代而变的。纵观清朝二百七十年的历史，围棋史可圈可点。到1840年，鸦片战争爆发，中国的国门被西方坚船利炮打开，从此进入一个半封建半殖民地的时代，不过，围棋还是保持着强盛的发展势头。同治年间，有两位高手，分别是陈子仙和徐耀文，他们留下了一段佳话。晴川（今湖北汉阳）对弈，汇集名流，盛况空前。围棋史学家邓元鏸在《国朝弈家姓名录》中称陈子仙为"大家"，徐耀文为"名家"，并在《弈评》中说："陈子仙如剑客侠士，饶有奇气；徐耀文如名医诊疾，脉络分明。"清朝棋坛，前有"梁（魏今）、程（兰如）、范（西屏）、施（定庵）四大家"，后有所谓"十八国手"之目，陈子仙是"十八国手"之列，只是其他十七位国手至今不能完全考证，大概是任渭南、董六泉、僧秋航、潘星鉴、沈介之、李湛源、周星垣、林越山、施省三、李昆瑜、赖秀山、程德堂、黄晓江、楚桐隐、申立功、金秋林、周小松等。邓元鏸也曾高度评价过十八国手，特别是最后的周小松，更是着墨甚多。

曾国藩生活的时代，正是围棋气氛活跃的时代，他与周小松还有过交往，可见，他的围棋兴趣不是孤立和偶然的。

一

研究晚清史其实并不难，因为年代并不久远，一二百年间的事，许多物证还保存在世。如当事人的日记、信函什么的，是强有力的证据。但是，晚清以来，科技开始发达了，印刷业比以前更加兴旺，笔记和野史也同样盛行，对曾国藩这样的大名人，坊间自然出现许多传闻，也有关于围棋的，是否可信，不得而知。

《清代轶闻》一书有过这样的记述：曾国藩最喜欢下围棋，但水平一般，有次邀大国手周小松来对弈，大国手出场，按理自然是要出场费的。曾国藩既然邀了，也答应会重重有赏。开始下棋时，周小松让曾国藩九子，下至最后，把曾的棋分割成九片，每一块仅做活。曾国藩恼羞成怒，打赏分文未给。周小松连路费都没捞到，自然也会到处宣讲曾某要赖，当时，有人还作过打油诗嘲笑："可笑曾赖子，输棋不给钱……"还有人作对联以讽刺："乐道手谈，胜败莫为曾赖子；求精棋学，充盈当做杜陵人。""曾赖子"就是直接骂曾国藩耍赖了，"杜陵人"是个典故，西汉有杜陵人杜夫子为"天下第一名手"，有人讥笑他在下棋上乱花功夫浪费光阴，他却答道："我精通了围棋之道，可以弥补孔夫子之不足。"这是代周小松说酸话了，堪为一笑。不过这轶闻让曾国藩背上一个"曾赖子"的绰号，只是这绰号流传并不广，对曾氏的声誉并没有多大影响。

上面这则轶闻让人想起明朝的朱元璋与徐达下棋的故事：明开国皇帝朱元璋非常喜欢下围棋，当时他手下有一位名臣徐达，也是一位弈林高手。可是每次君臣对弈，徐达总是败在他手下。对此朱皇帝心知肚明，是徐达有意让自己的，然而皇帝有时又很自信，未必这徐达就能赢自己。一次，朱元璋又叫徐达去莫愁湖花园楼中下棋，弈前一再向徐达说明：胜负决不怪罪你，但要尽量施展棋艺，以真正决一胜负，于是开始。一盘棋下了一天，这时，朱元璋节节逼进，眼看胜券在握，喜滋滋脱口而出："爱卿，这局以为如何？"徐达微微一笑道："请万岁纵观全局！"朱元璋连忙起身细看棋局，不禁失声惊叹："啊！朕实不如徐卿也！"原来朱元璋发现徐达的棋子竟布成"万岁"二字。当即，将这座"对弈楼"和整个莫愁湖园子赏给徐达，这楼从此得名"胜棋楼"。据说，徐氏世代掌管莫愁湖湖产直到近代。至今"胜棋楼"内还挂有徐达像。再想想周小松和曾国藩对弈的事，当然非君臣可比，但周小松若有徐达那样的情商，那事情绝不会是耍赖这样的结局。你把一个一品大员、朝廷柱石曾国藩的棋分成九块，这是赤裸裸的羞辱，曾的面子往哪里搁？

当然，这事也可以看出，曾国藩的棋艺水平确实不高。当时还有一个说法，说他"瘾大棋臭、棋风欠佳"。曾国藩嗜棋如命这是事实，从他日记中是可以看出来的。但他日记很少记录胜负，也从不讨论棋技，他也没有工夫去深造，棋艺水平当然有限，肯定不能把他当成周小松那样的国手来看待。不过野史中喜欢找他毛病来发挥，如某个记载：曾患癣病，终身不愈。每与人弈棋将输，则半身伏案上，一痒就挠，棋桌上满是皮屑，人莫不厌苦之。他患牛皮癣是真的，下棋时皮屑搞到棋盘上，也或有之，但这么说出来，是有损他之嫌了。

还有个记述，说他与某武员下棋，至相互辱骂，几至挥拳。他自己倒也记录过："观人围棋，几欲挥臂代谋。"挥臂代谋，当是出手挪子而非挥臂打人，所以是否挥拳尚难定论，但情动于中，可见他对围棋之情感投入，不顾及个人身份地位则是可能的事。

曾国藩有个幕僚叫吴汝纶，也是他门下"曾门四子"之一。是他得意弟子。经常陪他下棋，某人曾问过吴汝纶："近日与曾帅对弈，感觉如何？"吴连连摇头，答曰："臭棋篓子一个！我的棋也跟着变坏了。"吴汝纶对老师那是极度崇拜的，也确实传承了曾国藩的桐城文派学问，但关于围棋一道，一点也不给老师留情面，直接说是"臭棋篓子"，可见曾国藩棋艺棋品实在不堪恭维。

不过，轶闻也有说曾国藩下围棋之善举的，上面提到对之"几至挥拳"的武员就是湘军名将鲍超，这人是四川的，是他手下一员猛将。有记载说，下完棋后，曾国藩"明日乃嘉其有胆气，保荐之。"看到鲍超有胆气，知其是将才，不以为忤，反而保荐他，让他终成一代名将。这是周小松没有的待遇了。

还有人说他通过下围棋识人、用人，认为这是他一种高明的办事方法。曾国藩在安庆时，常与幕僚李善兰下棋，李善兰是个数学家、天文学家、力学家，于数学多有建树，下棋时，李便借机向曾提及欧几里德《几何原本》刊印之事。曾国藩曾说过："余生平有三耻：学问各途，皆略涉其涯矣，独天文算学，毫无所知，虽恒星五纬亦不识认，一耻也；每作一事，治一业，辄有始无终，二耻也；少时作字，不能临摹一家之体，遂致屡变而无所成，迟钝而不适于用，近岁在军，因作字太钝，废搁殊多，三耻也。"他认为自己不懂天文算学是第一大耻，又深信"洋人之器，必精于算学"之说，所以李善兰说及这事，他自然答应。这就促成了《几何原本》的刊印与传播。这事还使他小儿子曾纪鸿也成了数学家。甚至曾纪鸿以下四代一脉相承都研究数学，都卓有建树。这在一个理学信徒的家庭是不可想象的。

还有人说他借下棋来研习战法。据载，一次部下向他报告大将多隆阿收队之法，他便命人"以棋子摆列阵式"进行实战研究。这事是否行得通，似乎没那么容易。

还有一个大家都熟知的趣闻，曾国藩一直严于律己，对自己要求极严，不让自己有坏习惯。比如说抽烟，他认为烟损害健康，就发誓戒烟，然后他也真戒了烟，没有复抽了。他认为围棋易学难精，耗时耗神，沉迷于此，极易招致玩物丧志，尽管自己从小就喜欢，还是要戒掉才行。34岁那年，他在端午节那天发下重誓，戒掉围棋，否则"永绝书香"。但是，围棋的魅力实在太大，立誓不过一月，他便破了戒，气得自己在日记中破口大骂自己"全无心肝矣"。骂归骂，棋反正戒不掉，此后他也就破罐破摔，耍赖到底了——一直下到死的那天。

二

曾国藩从小就喜欢围棋，是一个不折不扣的超级"围棋迷"，甚至可以说是嗜棋如命。前文的野史轶闻或有演义之处，并不能全部当真。但曾国藩有个记日记的习惯，他的围棋生涯都存在日记里，记录详细，这是货真价实的曾氏围棋史。

他对围棋的痴迷，表现之一是下棋时间长，可以称为终生下棋的典范。根据现存的《曾国藩日记》大致统计，他共对弈1300余盘棋，观棋还不在其中。自然，实际对局的数目还不止这个数。因为，他无论走到哪里，都会带上一副棋盘。

《曾国藩日记》中，最早出现的下棋记录，是道光十九年二月初八日，"与尹光六下棋"[①]。时曾国藩年二十九岁，前一年刚进士及第，朝考一等第二名，为翰林院庶吉士，八月请假离京，年底到家。在家中的这段时间，出现了上述下棋记录。可以推想，曾国藩学会围棋肯定远早于此时，只是因为"是岁始为日记"，才开始在日记中记录下棋信息。

---

① 《曾国藩全集》16，日记一，岳麓书社，1994年版，第7页。

紫光阁功臣小像曾文正

《曾国藩全集·日记》中最后一篇是同治十一年二月初三日，全文如下：

> 早起：蒋、萧两大令来诊脉，良久去。早饭后清理文件，阅《理学宗传》。围棋二局。至上房一坐。又阅《理学宗传》。中饭后阅本日文件。李绂生来一坐。屡次小睡。核科房批稿簿。傍夕久睡。又有手颤心摇之象。起吃点心后，又在洋床小睡。阅《理学宗传》中张子一卷。二更四点睡。①

---

① 《曾国藩全集》18，日记三，岳麓书社，1994年版，第1943页。

这是日记中最晚出现的下棋记录。曾国藩于同治十一年二月初四日（1872年3月13日）戌时（晚7-9点）去世。所以这实际是曾氏去世的前一天。上面记录表明：曾氏死之前一天，看病、读书、见客、围棋、清理及批示文件等，做了许多事情。其"屡次小睡"又说明他的精神状态难以坚持工作。经学术界研究，又发现同治十一年壬申（1872）六月刊《曾文正公荣哀录》一书中有一篇《日记绝笔》：

> 壬申二月初四日晨起书："既不能振作，精神稍尽，当为之职分。又不能溘先朝露，同归于尽，苟活人间，惭悚何极！"

从这些档案资料可能看出，二月初三那天，他下了两盘棋。到二月初四那天，他又早起，到晚间断气时，这一天他干了什么，自己就没有记录了。查他儿子曾纪泽日记，以及他女儿曾纪芬的《崇德老人自订年谱》可知，二月初四日，午饭后，曾纪泽陪同其父散步至署西花圃，满园行遍，曾国藩足麻前蹶，继而抽搐失语，纪泽因将之扶掖椅中，舁入室内，戌时而逝。[①]根据这个线索，那么曾国藩在死的当天上午，虽然病重，但还能正常活动，那么他上午除了写下这个日记绝笔，还干了什么呢？笔者核查了他幕僚赵烈文的《能静居日记》，赵烈文是曾国藩的心腹，二月初四当天，他并没有在曾国藩身边，但他对曾的逝世极度悲伤，对他死前状况十分关心，得之死讯后，就到处询问当时情形，《能静居日记》同治十一年二月二十三日，赵烈文是这样记载的：

> 闻涤师薨逝前数日微有小恙，仍理事如故。是日早尚游署中花园，与幕府下棋。至下午忽觉足麻。扶至签押房坐定，倚椅背一笑

---

① 《曾纪泽日记》上册，岳麓书社，1998年版，第194页。

而逝……①

这里说的"是日",毫无疑问是指二月初四日,也就是说,曾国藩到死的这一天都在"与幕府下棋"。

而此前四天,曾国藩也是每天"围棋二局"。可见,曾国藩对围棋的爱好持续至生命的最后,从未间断。这种狂热程度,恐怕专业棋手都难以做到。

读曾国藩的日记,可以读出他围棋生涯中许多有趣的味道。比如很多人想揣摩他棋艺究竟如何?关于胜负,他日记中仅见一次记载,"咸丰九年正月廿八与吴子序围棋两局皆输",此外再也没有胜败的记录。所以我们不必在这上面费力,他只是把弈棋当做药剂,不会花功夫再去深造了。

曾国藩这个人是非常自律的,平时生活严谨、勤劳、有规律,他的日常自我管理,是值得人学习的。随便挑一篇日记就知道,如同治十年(1871)十二月初十,他于日记中载:

> 早饭后清理文件。坐见之客五次,谈均久。客散,已午初矣。围棋二局。中饭后阅本日文件,核科房批稿簿。至内室一坐。傍夕小睡。夜改信稿十余件,改折稿、片稿二件。二更后阅杜诗五、七古二卷,选闲适一种,竟不可多得。阅《龙翰臣诗集》《文外集》。三更睡。是日会客时,右脚麻木不仁,幸送客时尚能行走。近日手掌皱皮粗涩,面尤憔悴,盖血虚已极,全不腴润矣。②

当时曾国藩是太子太傅、武英殿大学士、一等勇毅侯、兵部尚书衔两江总督,位极人臣,而日记能看出他的日常:吃过早饭后清理文件,整个上午忙于公务,和来客谈事。下两局围棋权当休息调剂。中饭后又马上工

---

① 《能静居日记》第三册,赵烈文,岳麓书社,2013年版,第1484页。
② 《曾国藩全集》18,日记三,岳麓书社,1994年版,第1927页。

作，批阅当日文件，然后回内室坐一会儿，小睡一阵。晚上又修改幕僚草拟的十余件信函、奏折稿件。晚上十一点后进入私人阅读时间，读杜甫的五古、七古诗和老朋友的遗作。子夜十二点以后才上床睡觉。第二天起床，又是这样。终日无休。而此时距离他去世已不到两个月。他的身体和精力都到了油尽灯枯的状态，一目已盲，消化不良，常常肚泄，脚部发麻，手的皮肤皲裂粗糙，神情憔悴。但他仍然强撑着做事，不假手他人。他曾想着戒除围棋，原来的出发点是考虑到"最耗心血"，多下则"头昏眼花"，有时"眼蒙太甚"，"明知旷工疲神而屡蹈之"。但是，最终他没有戒，而且明显是把下围棋当成一种休息了，这一点让人不可思议。

细读曾国藩日记可以看到，他有时一天下两盘，多的时候一天四盘。对于一个公务繁忙的大员来说，这是不多见的。从持续时间看，有些年份，甚至几乎达到了无日不下的情况，如同治元年，曾国藩下棋的记录达345条，这几乎是无日不下棋了。狂热至此，让人吃惊。

曾国藩下棋和观人下棋时的状态，或心理活动，他日记也时有记载，颇为有趣。早年日记中，常有这样的语句："观人围棋，几欲攘臂代谋，屡惩屡犯，真不是人。""某月某日，又围棋一局，何以为人。""某日，围棋一局，嬉戏游荡，漫不知惧，适成为无忌惮之小人而已矣。"这是他想戒棋时的矛盾心理。一边骂着自己不是人，一边又控制不住，还是要下棋，最后，下棋直接成为了他的习惯。一次，郭嵩焘至曾国藩家中，谈罢公事，二人"围棋二局"。下完棋后，曾国藩感到身体非常疲乏，发誓"以后永戒不下棋"。没想到，曾国藩的"永戒"之期竟然未能坚持一日。次日郭嵩焘又来，又下棋，"复蹈昨日之辙"。第三天又同黄鹤汀下棋良久。

他的棋瘾实在太大了，但下棋或许真的劳神费力，甚至伤害他身体，他也节制过一段时间。从34岁至38岁这一段时期，关于曾国藩的日常生活，没有资料可供参考，无法确定他是否戒掉围棋。但咸丰八年（1858）的日记，未见围棋的记载，恐怕确实停弈了一段时间。到咸丰九年因心绪烦扰不安，也围棋了几局，但这一年弈得很少；或连弈数日，或数月不弈。

后来事务繁忙，心力焦虑，他又借围棋转移注意力了。咸丰十年十一月十二日日记中说："近日围棋不止，一缘心绪焦灼，二由勤劳之心不甚坚定，故遇有事变，仍不能不怠荒散漫也。"①这时，每日下棋之习惯渐渐养成，想戒也戒不了了，早饭后一局已成日课。

他焦灼忧急之时更要多弈。有时生病或牙痛，也要围棋，这都是借此以镇定自己的心神，不至于太纷乱了。又遇到忧急之际，临时无人对弈，他独自一个人也要摆摆棋势，如"九月廿八日，接沅弟信忧急无已，摆列棋势以自遣"。"十一月初三日，九洑洲北渡之贼日多，深为焦虑，牙痛殊甚，寸心如煎，因入内室摆列棋势以自娱。"很明显，这是将围棋当作镇定剂在用。

三

曾国藩痴迷围棋，自然得有个棋友圈。他的圈子非常广泛，除了有密切关系的湘军将领之外，其他如请来看病的医生、幕府中的幕僚，都有对弈记录。据曾氏日记考证，有名有姓的棋友达60余人，大致如下：刘蓉、欧阳兆熊、邹焌杰、何绍基、何绍祺、毛寄云、陈海秋、郭嵩焘、柯小泉、程桓生、鲁秋航、程颖芝、甘子大、黎竹舲、钟子宾、何廉昉、刘谷仁、彭玉麟、胡砚山、郭沛霖、郭观亭、张楠阶、易问斋、陈石山、黄鹤汀、杨昆峰、邵懿辰、朱廉甫、徐石泉、黎福畴、陈作梅、吴子序、程三、马征麐、王春帆、黄开元、李榕、隋龙渊、周腾虎、程朴生、马学使、刘开生、徐石泉、屠晋卿、李善兰、程四、方元徵、陈纬文、薛炳炜、杜文澜、程希辕、杨见山、彭毓橘、刘咏荄、冯鲁川、刘申孙、薛福成、谢立夫。除了这些棋友外，实在无人可下的话，曾国藩还有和"内人"的对局记载。还有他的弟弟曾国荃及弟媳等等。

陈作梅、吴子序、程桓生、柯小泉等，这是对局最多的。此外欧阳兆熊、黎福畴、周腾虎、甘子大、徐石泉等，也都是常常陪他，但曾国藩从没有品评过谁高谁低。

---

① 《曾国藩全集》16，日记一，岳麓书社，1994年版，第552页。

陪曾国藩下棋的棋友，除了在幕府中参谋和做一些基本的工作之外，有一些则是在湘军系统内发挥重要作用的骨干。下面择要介绍几个：

刘蓉（1816—1873），字霞仙，湘乡人（今属娄底娄星区），比曾国藩小五岁，两人曾同学于岳麓书院，情感深厚，志趣相投。后来曾国藩办团练，刘蓉又投身幕府，参赞军务，为好友出谋划策。因此，早在道光十九年二月二十二日，曾氏日记中即有"至霞仙家，下棋数局"的记载。后来刘蓉又成为曾国藩的亲家，其女嫁给曾纪泽为妻。

欧阳兆熊（1809—1873），字晓岑、小岑，号匏叟，湘潭县锦石人，清道光十七年中举人。他精通医术。曾国藩会试下第时，得病甚危，为其诊治，遂为布衣交。曾氏督师后，招入营。累保员外郎，加四品衔。同治间曾国藩重刻《船山遗书》，欧阳兆熊又负责此事。有《水窗春呓》等著述传世。曾在湘潭城内开设医药局，延请众多中医师，专为百姓治病。此人也善于围棋，常与曾氏手谈。

邹焌杰（1803—1870），原名见龙，号云阶，又作芸陔，浏阳北乡人。翰林院编修。是曾国藩挚友。他们同为道光十四年（1834）举人，是乡试同年，后又一同赴京赶考，在翰林院共事，"居游最久，相知最深"。曾国藩的日记、书信中，有不少关于邹焌杰的记载。如道光二十三年（1843）三月初一日，曾国藩与邹焌杰"围棋一局"，他在日记里忏悔自责，认为下棋是不务正业，"自新之志，日以不振"。可一个月后的四月初一日，曾国藩忍不住又"与邹云阶对弈两局"，在日记里自责："明知旷工疲神，而屡蹈之，何以为人！"今天读来，令人莞尔。

郭嵩焘（1818—1891），字筠仙，湖南湘阴人。道光二十七年进士，咸丰四年至咸丰六年佐曾国藩幕，是曾国藩创建湘军早期最重要的谋士之一。后官至广东巡抚，又被罢官归里，后再出山，成为首任驻英国公使，兼任驻法使臣。在曾国藩幕中时，郭是曾氏的重要棋友，日记中记载和"筠仙"的对弈记录很频繁。郭嵩焘也是曾国藩的儿女亲家，曾国藩第四女纪纯嫁郭之子依永。

黎福畴（1816—1862），字培涟，号寿民。湘潭县人，黎光曙之长子。

道光二十六年举人，咸丰二年中进士。曾出任曾国藩军粮台，为湘军筹集粮饷、军械，后任吏部主事。此人精于诗、书、印，生平与曾国藩、左宗棠、郭嵩焘、谭钟麟、胡林翼等过从甚密。曾国藩日记中多有与之下棋的记载。黎福畴死后，曾国藩曾有挽联："四十年忧患饱经，叹白发早生，襟韵真如古井水；二千石谋猷初试，只丹心不死，精魂长绕敬亭山。"可见交情之深。

陈作梅，即陈鼐，号竹湄，江苏溧阳人。道光二十七年进士，同年进士有李鸿章、沈葆桢、郭嵩焘等。曾国藩极敬重此人，常与他下棋。在家信中曾言此人极善看地（坟地风水），并请他到湘乡为家族看地。后来又保举他官至直隶清河道实缺。

吴子序，即吴嘉宾（1803—1864），江西南丰人。以经学和古文名世，是桐城派在江西的代表人物，官至内阁中书。吴嘉宾与曾国藩是同榜进士，"同年、良友"，而且排名在曾国藩之前。两人在京时，住地很近，一直保持密切交往。曾国藩发迹后，吴嘉宾曾投奔过他，做了他的幕僚。曾国藩还向吏部推荐过吴嘉宾。年轻时曾国藩初任京官，心浮气躁、急功近利，吴嘉宾曾对曾国藩讲过一番话，曾国藩有记录："子序之为人，予至今不能定其品，然识见最大且精，常教我云：'用功譬若掘井，与其多掘数井而皆不及泉，何若老守一井，力求及泉，而用之不竭乎？'此语正与予病相合，盖予所谓掘井多而皆不及泉也。"[①]这位不能定其品的人，就治学所说的话，让曾氏佩服不已，从此受启发，学业大进。他们常在一起下棋，从曾氏这些言论来看，他们的关系，既是挚友，又有某种纠结，所以说不能定其品。

程桓生（1819—1897），字尚斋，安徽歙县人。生于扬州盐商世家，道光三十年（1850），在主考官曾国藩的主持下，以朝考一等而得仕，签授广西桂平知县。第二年，洪秀全于金田起事，桂平县首当其冲，咸丰四年（1854）因桂平县城破，按例遭革职处分。同年，奏调进入曾国藩幕府，直到同治六年（1867）离开曾府，总共十四年。在曾府中，他负责筹办军需。

---

① 《曾国藩全集》19，家书一，岳麓书社，1994年版，第35页。

程桓生会下围棋,而且棋艺颇高。据曾国藩日记载,他与曾国藩下过围棋87局,因此深得曾国藩器重。1863年曾国藩赴金陵,会见的第一人即程桓生,可见交往之深。程桓生之父程颖芝当时同在曾国藩的祁门大营,与曾国藩亦时有棋局的交往,去世时曾国藩有挽程颖芝联:"更无遗憾,看儿孙中外服官,频叨九重芝诰;常触悲怀,忆畴昔晨昏聚处,相对一局楸枰。"这对父子可谓与曾氏"相对一局楸枰"而盖棺定论。

柯小泉,即柯钺,字晓荃,又作小泉,安徽歙县人。道光中拔贡,廷试一等第二,累官刑部主事。咸丰考军机章京第一,积功加四品卿衔。柯小泉逝世后,曾国藩写有挽联:"目君为承明著作之才,九列交推非独我;思亲因泣血悲哀而死,万缘前定不由人。"[①]柯小泉陪曾国藩下棋的记录亦很多,可见两人关系非同一般。

周腾虎(1816—1862),字弢甫,江苏阳湖人,嗜读书,博闻强记,雄于辩论,工诗文,曾入曾国藩幕府,受曾国藩赏识,荐周腾虎和左宗棠进京面见皇帝,周临行丧母,失去良机。上书《两淮盐说》被采用,御史宗稷之有"海内贤才,以腾虎与左宗棠齐称"之赞语。他与曾国藩多有交集,常有下围棋的记录。

对曾国藩这些棋友稍作梳理,可以发现,他们大多已成为湘军系统的重要骨干成员,并在晚清政局中留下自己的影响。在湘军系统内部,围棋在一定程度上成为一种共同的"交际语言",这样的一个群体,也因此体现出明显的"围棋色彩",在晚清局势动荡不停、围棋整体发展日渐低迷之际,形成了一个局部的小气候。虽然对围棋的整体技术水平并没有较明显的贡献,但对围棋氛围的保持还是发挥了不可或缺的作用。

曾国藩本人对棋友们也是情意绵绵,棋友别去,他亲自送行,棋友辞世,他则痛哭哀挽,平时吟诗作赋以寄怀念之情。这说明,围棋对曾国藩的交游产生了重大的影响。

[①] 《曾国藩全集》14,诗文,岳麓书社,1994年版,第119页。

四

因为曾国藩终生下围棋，未离须臾，不论是在修身进学的京官时期，还是处于和太平军作战的前线，或者是在后期总督两江的衙署之内，围棋都是他每天的例行活动。作为湘军领袖，曾国藩这样的举动，对湘军系统内围棋活动的开展产生了重大的影响，起到了推动、促进作用。曾国藩身边及幕府聚集了一批围棋爱好者，同时也促使本来对围棋兴趣不那么浓厚的湘军将领也不知不觉间受到熏陶和感染，成为围棋活动的一分子，并进而使围棋思维成为湘军系统交流的思想共鸣点之一。

曾国藩的围棋思维也不可避免地体现在他修身、治学、家教、从军的各个方面，成为其思想体系的重要组成部分。如他思考"上智下愚"的道理，在咸丰九年九月廿四日的日记中，他写道："是夜，思孔子所谓'性相近，习相远'、'上智下愚不移'者，凡事皆然。即以围棋论，生而为国手者，上智也；屡学而不知局道，不辨死活者，下愚也。此外，则皆相近之资，视乎教者何如。教者高则习之而高矣，教者低则习之而低矣。"①

咸丰六年正月十三日，曾国藩曾致信罗泽南，就当时的军事局势进行探讨，提到"凡善弈者，每于棋危劫急之时，一面自救，一面破敌，往往因病成妍，转败为功；善用兵者亦然。今江西之势，亦可谓棋危劫急矣。"以围棋喻兵势，可谓言简意赅，比喻精当。同年七月十五日，在给林秀三的函件中，曾国藩讲道："望阁下坚持定力，不动不摇。疾风暴雨，终朝即止；危棋急劫，须臾乃定。"也是以棋喻事，而指挥机宜也正是曾国藩围棋思维在军事上的体现。

查询曾国藩日记中的围棋信息，会发现一种奇特的情形，若某段时间频繁出现下围棋的记录，即可断定此时必为军事吃紧之时；闲暇较多之日，下棋的记录反不多见。因此，有人说曾国藩这是"矫情镇物"。在围棋界，有个这样的典故，典故的主人公是东晋谢安，淝水之战，东晋大败前秦，

---

① 《曾国藩全集》16，日记一，岳麓书社，1994年版，第422页。

捷报传来，统帅谢安正与客人围棋，接过捷报随便一瞟，即放在边上，全无喜色。客问战况如何，谢安轻轻说了句："小儿辈遂已破贼矣"，便再不语，继续下棋。棋散后，谢安入内室，跨门槛时"不觉屐齿之折"。对谢安这种表现，房玄龄评曰："其矫情镇物如此?!"谢安是东晋中兴名臣，房玄龄为唐代开国功臣，这似乎是对前人临事表现得极其不屑，认为他是在装模作样，实在是有点阴阳怪气了。曾国藩作为谢安一样的"中兴名臣"，围棋之于他的意义，绝非只一项业余爱好那么简单。战火纷飞之际，犹能从容镇定，每日不废手谈，这不是每一位大人物都能做得到的。

曾国藩本质还是读书人，意外地卷入军事斗争，并逐渐成为影响历史进程的关键人物。在这一过程中，围棋作为文人的社交活动，被带入他的生活。这依然是文人特色，也体现了围棋本身的魅力，成为他的文化符号之一。他的围棋活动不重竞技，而重思维，充分秉承了中国围棋文化与各项文化紧密结合的优秀传统。

（刘安定）

第四节　当代湘潭围棋：复兴与振兴之路

湘潭围棋自宋代以来，主要是在文人士大夫中流行。清代，随着湘军的崛起，在曾国藩的影响下，湘军中围棋的盛行，在一定程度上推动了湘潭围棋的发展。但湘军中好棋的将领也多是文人。清末民初，好棋的仍然是一些文人。而原国民党湘潭籍的高级将领宋希濂、沈醉等也爱好围棋。由于当时国运衰弱，民众生活疾苦，围棋在普通民众中鲜有接触，而只能在文人雅士之间流行，作为他们之间交友及陶冶性情的一种方式而已。围棋真正走向大众，走向民间，是1949年新中国成立，特别是八十年代以后了。

一

新中国成立后，1956年，国家把围棋纳入到体育部门进行管理；1957年，我国首次举行全国围棋比赛；1959年，湘潭市举行首届围棋比赛，获得冠军的是湘潭著名的齐派画家郭小石。同年，湖南省首次举行全省围棋比赛，参赛选手均是长沙棋手，湘潭没有派人参加。新中国成立后至六十年代初，湘潭围棋爱好者不多，没有固定的活动场所，经常参加围棋活动的爱好者局限于家庭聚会，热衷参加活动的代表人物有原湘潭市副市长刘甲华，辛亥革命运动先驱刘道一烈士之子刘孝光，著名齐派画家郭小石，湘潭市象棋冠军后迪等。文化大革命开始，围棋被斥为"四旧"，而正是这时开始，湘潭有一部分知识分子和民主党派人士，在这动荡时期怕惹来更多的祸害，就关起门来躲在家中下棋，以消遣自乐，打发时光。据说，这批人中有原湘潭市民革主委刘甲华、原湘潭市委统战部副部长刘勋政、原湘潭市教委副主任徐意诚、原教育学院教师边舒威等，受他们的影响，一些青年学生也学会了围棋，如沈之雄、向远、张建国、张先舒兄弟、黄淮青、黄稻元兄弟，吴首元、吴首念兄弟等，他们就是湘潭围棋的火种。

1976年湘潭市恢复举行围棋比赛，冠军为吴首念，从此以后湘潭不定期举行围棋比赛，张建国、黄淮青、易向凡多次获得冠军，黄建湘、曹子红、陈可班、邓湘军、陈泽华、张先舒、黄稻元等多次进入前六名。1981年4月，张建国代表湖南省参加全国团体赛，这是湘潭棋手首次在全国赛场亮相。

1986年湖南省第六届运动会围棋比赛在湘潭市工人文化宫举行，张建国获个人第五名。自1985年开始，由于聂卫平在中国围棋擂台赛中十一连胜的神勇表现，我国掀起了围棋热，当时，有很多大学生和中学生纷纷迷恋上了围棋，从此围棋进入市井生活，造就了一大批棋迷。

1988年湘潭市棋类协会成立，首届主席为张铁平。1988年青年棋牌大奖赛在江麓俱乐部举行，参赛选手多达600多人，最后，文建宏获得围棋冠军，从此后文建宏连续五次夺得市冠军。这段时间湘潭市围棋新人辈出，更新换代，涌现了卢益明、彭勇高、刘前斌、张洋、宾锋伟、曾慧勇、尹涛、郑跃军、易浩特、胡晓春等一批高手，他们都是市级比赛获奖的常客。

20世纪80年代末至90年代初，湘潭市教委在徐意诚副主任的推动下，每年举行中学生围棋赛，进入前六名的学生在高考时可获得加分。有沈升华等一批学生被全国名牌重点大学录取，这一举措推动了围棋在校园的普及，也为湘潭市围棋运动水平提高打下了坚实的基础。

1992年湘潭组队参加在怀化举行的全国千人百团围棋赛，首轮比赛，湘潭棋手刘前斌力擒全国冠军唐晓宏7段，引起了赛场的轰动。最后由刘前斌、文建宏、滕军组成的湘潭队在全国100多个团队中勇夺团体第三名。该年，湘潭师范学院王新宛在全国黄河杯围棋赛中获得个人第三名，被评定为业余6段，是我省第一个业余6段棋手，王新宛还在当年夺得全省冠军，成为我市第一个获得省冠军的棋手。

1992年1月16日，第五届晚报杯全国业余围棋赛在济南闭幕，长沙晚报九芝堂队21胜18负列第13位，刘前斌个人列21位，易和平列47位，傅冰列54位。

1993年，韶山举行了纪念毛主席诞辰一百周年全国棋类比赛，这是我市首次承办全国棋类赛事，我市由边舒威、朱岳汉、张立人等组成的老年围棋队夺得老年组团体冠军。

在1994、1995的第9、10届湖南省九星杯赛中，湘潭王新宛连夺两届冠军。

1997年至1999年，胡晓春连续三年夺得湘潭市围棋比赛冠军。

从八十年代初至九十年代末，工人文化宫棋室成为棋迷的乐园，该棋室由朱自昂、龚媛夫妇经营，生意红火，每到星期天棋迷满座，每逢高手对局，棋迷里三层外三层，围个水泄不通，吸引外地高手纷纷来访。

1999年，彭勇在湘潭体育馆成立湘潭市围棋俱乐部，并举行湘潭市棋协换届选举大会，李厥崇被推选为主席。

2000年湘潭八运会围棋比赛在市体育中心举行，刘前斌夺得个人冠军，由刘前斌、周粤洪、胡晓春组成的雨湖区代表队夺得团体冠军。该年8月，欧阳遏舟赴西安参加全国园丁杯围棋比赛夺得个人冠军，被业内媒体誉为"金牌教练"。该年10月，刘前斌参加湖南省九星杯围棋锦标赛夺得个人冠军，从此一发不可收拾，连夺四次省冠军，加上一次夺得福建省冠军，被业内人士誉为两省棋王。

二

湘潭的围棋教育，从零开始，迅速发展，也颇具特色。

自2000年开始，在徐意诚、张振德、欧阳大伟、唐小毛、谭光杰、李立政、欧阳遏舟的努力下，促成了由湘潭市教育局、湘潭市体育局和团市委共同主办的一年一度的湘潭市中小学生棋类锦标赛，该赛一直延续至今。一届比一届参赛人数多，影响大，吸引了很多商家如步步高、阳光房地产、亿联电脑、恒利达等的热情赞助，成为湘潭市中小学生体育精品赛事。

2001年，国家教育部和国家体育总局联合下发了"关于在中小学开展围棋、象棋和国际象棋活动的通知",三棋活动在市内各中小学普遍开展开来。

2002年上半年,欧阳遇舟赴广东考察学习围棋教育,回来后率领市内一大批棋手开展围棋教学活动,围棋培训机构如雨后春笋般地涌现:唐述平创立了湘潭业余围棋学校,杨石刚创立了光大围棋教室,汪星光创立了九星围棋教室,吴正伟创立了点石斋棋社,黄朝阳创立了湘乡阳光围棋培训中心,肖强、赵学红创立了方圆围棋教室,颜应坤创立了颜老师围棋教室,刘前斌创立了刘前斌围棋道场。很多棋手纷纷投入到围棋教学这一行业中来,并有一部分棋手外出发展,成为当地围棋培训机构的重要力量,形成行业当中颇有影响的"湘潭帮",据不完全统计,湘潭籍棋手从事围棋教学的多达百余人。现市内以围教学为特色的学校有曙光小学、火炬小学、湘钢一校、湘钢二校、云龙小学、百花小学等。参加培训的少儿达1万多人,这些小学和棋类培训机构多次参加国家、省级比赛获奖,成绩在省内名列前茅。

2003年湖南省中小学生棋类夏令营在湘潭烟草中专举行,原省长刘正亲临指导并出席开幕式,这是我市首次承办省级少儿棋类赛事。2003年湘潭市棋类协会在江麓宾馆举行换届选举大会,董仲明被推选为主席,张振德被推选为秘书长。

在围棋赛事、围棋教育之外,湘潭的围棋文化研究也颇有成效。2001年,还在中南大学任教的何云波教授,出版了专著《围棋与中国文化》。2003年12月,何云波教授博士论文《围棋与中国文艺精神》通过答辩,世界上第一个以围棋研究获博士学位的学者就这样诞生了。2007年,何云波教授来到湘潭大学。除了正常的教学外,投入了大量的时间从事围棋与中国文化的研究,出版了《黑白之旅》《围棋与东方管理智慧》《围棋文化演讲录》《中国围棋思想史》《图说中国围棋史》《中国围棋文化史》《何云波围棋文集》(四卷)等十多部围棋文化专著,在各类刊物发表围棋文化研究论文七十多篇,主持国家社科基金项目《中国围棋思想史研究》,主持国家十三五重点出版规划项目、国家出版基金项目《世界围棋通史》,主编教材

何云波部分围棋文化著作

《围棋文化教程》,成为我国围棋与中国文化研究方面的权威专家。国际和国内的围棋活动常常出现他的身影,他多次在国内外大学、研究机构、企业、棋院传经布道,作为围棋文化的使者,为围棋文化在全世界的传播做出了重要贡献。

三

在新千年,湘潭的围棋活动,更为兴盛。

2004年元月,湖南省围棋精英赛在郑跃军主持的清风围棋道场举行,湘潭刘前斌、廖沙、粟立获个人第四、五、六名。该年7月,湘潭市第九届运动会围棋比赛在农博园举行,郑跃军获个人冠军。

2007年,湖南省老年运动会围棋比赛在湘潭市龙腾宾馆举行。

2008年,湖南省棋类协会举行换届选举大会,湘潭棋类协会被评为先进单位,多年来,湘潭市棋类协会在秘书长张振德的主持下,棋类活动丰富多彩,各棋种培训比赛争妍斗艳,运动成绩显著,得到了中国棋院和省棋协领导陈祖德、陈正湘、杜吉士、彭泺泉、罗立新、杨志存、谭念湘等

第一章 历史文化篇 047

同志的高度赞扬和肯定。

2008年9月，湘潭市第十届运动会围棋比赛在岳塘区行政中心举行，刘前斌、罗湘锋、欧阳遏舟，分别获得区市县组、企业组、机关组冠军，罗小玲、焦婕分获女子区市县组和机关组冠军。

2008年元月，湘潭棋院成立，唐述平任院长。2008年11月，由唐述平发起组织了湘潭岳阳两地领导干部围棋赛，该赛至今已连续举行了六届，并吸引了郴州、衡阳和株洲的加入，成为我省的一项新型亮点赛事。

2010年6月，我市举行"九华吉利杯"海峡两岸围棋赛，邀请了台湾、香港、澳门和泰国的棋手参赛，这是我市首次举行国际围棋赛事，陈祖德、聂卫平来潭助兴，引起了媒体高度关注。最后，刘前斌夺得个人冠军，我市台湾工业园代表队夺得团体冠军。

2010年9月，湖南省第11届运动会围棋比赛在岳塘区行政中心举行，来自全国各地的业余顶尖外援棋手和湖南本土的绿林好汉云集莲城，展开激烈的厮杀。最后，湘潭夺得团体和男子个人两枚金牌，成为此次比赛最大的赢家。

2011年6月，由刘前斌、郑跃军、丁一舟、滕军、宾锋伟、张洋组成的湘潭队，在张家界参加湖南围棋甲级联赛，夺得团体冠军。该年7月，由湘潭棋院启蒙输送的女子棋手张佩佩参加2011年全国定段赛，获得女子组冠军，成为我市第一个职业棋手，圆了湘潭围棋人多年的梦想，实现了湘潭职业棋手零的突破。

自2011年元旦开始，由广州恒立达电子有限公司董事长何勇先生赞助，在刘前斌主持的闲云阁茶楼连续七年举行了湘潭市恒利达杯围棋赛，刘前斌、滕军、张紫良、陈寅伯、丁一舟先后获得冠军。

2012年至2014年五一前后，湖南省围棋联赛连续三年在我市闲云阁茶楼举行，这两次比赛皆由湘潭籍企业家文建伟和邓湘军提供赞助，来自全省各地12支代表队同场竞技，长沙队和常德队分获冠军，湘潭队和湘潭棋院队最好名次为第二名和第三名。通过多年的湖南省围棋联赛可以看出，我市和长沙市、常德市的围棋水平处在湖南省第一档次。

湘潭籍的职业棋手也表现不凡。

2012年,湘潭籍的职业棋手张佩佩和陈耀烨九段搭档获得全国"理光杯"职业围棋赛混双冠军,这是湘潭籍棋手首次获得全国职业围棋赛冠军,再一次实现了零的突破。2013年,张佩佩参加全国个人赛获女子组第五名,同年,张佩佩和曹又尹搭档代表北京中信队参加全国首届女子职业围棋联赛,获得团体第三名,张佩佩获得八胜,排在个人第四位。2015年张佩佩和曹又尹搭档再次代表北京中信队,参加全国第三届女子围棋联赛,获得第三名,同年升为职业二段,2015年张佩佩就读于复旦大学新闻学院。

2013年,湘潭籍棋手张紫良6段代表杭州队出战"商业杯"国际城市围棋赛,夺得个人亚军,该成绩系中国所有参赛棋手的最好名次。在此后进行的"醴陵友情杯""怀安杯"和"瑞奇国藩杯"全国业余围棋大奖赛中,分获第一名、第六名和第十名。2014年张紫良参加全国围棋定段赛获男子组亚军,系我市第一个男子职业职手。2016年,张紫良加盟杭州苏泊尔队,开启了他人生中的围甲之旅。

2013年10月,我市曙光学校一年级学生肖泽彬参加全省青少年围棋段级位赛,成功打上业余5段,此时还不到七岁,打破了我省最年少获得业余5段的纪录。2014年,肖泽彬先后获得全国"百灵杯"少儿围棋大奖赛少年C组冠军和湖南少年儿童围棋锦标赛冠军,2017年肖泽彬夺得全国青少年围棋锦标赛少年组个人冠军,2018年获世界青少年围棋比赛13岁以下组个人冠军,标志着他是全国同龄人中的佼佼者,现在杭州棋院深造,他是湘潭围棋的希望。

2014年湖南省第二十九届九星杯围棋赛在蓝山县举行,我市丁一舟获个人冠军,他是继王新宛、刘前斌之后我市第三个获得我省最具影响的围棋传统赛事冠军的年轻棋手,我们欣喜地看到了湘潭围棋后继有人。

2014年,张紫良在全国定段赛上,以男子组亚军的优秀战绩定为职业初段。

2014年8月,湘潭棋院在韶山宾馆承办了全国第二届女子围棋甲级联赛北京中信置业对阵湖南友谊阿波罗的湖南主场比赛,本次比赛邀请聂卫平

丁一舟在比赛中

棋圣和中国围棋队总教练俞斌九段莅临指导，多家媒体现场报道，现场棋迷聆听了两位大咖的精彩讲解。由湘潭棋院输送代表北京中信置业队参赛的张佩佩初段回母校辅导学弟学妹进行了多面打指导棋。

2015年6月，湘潭市市直机关运动会围棋比赛在市政府锦源食府举行，欧阳遏舟、秦杰、赵迎宾分获前三名，教育局、高新区、国税局队分获团

张紫良（右二）定段后与恩师们合影

2014年8月20日第二届中国女子围棋甲级联赛湘潭专场

体前三。

2015年8月,湖南省第三十届九星杯围棋赛在长沙举行,由刘前斌、丁一舟、曾泽润领衔的湘潭队获团体亚军,老将刘前斌击败众多年轻后生的挑战以10胜1负获亚军,这一成绩标志着湘潭围棋整体水平在不断上升,在省内是唯一一支可和长沙队抗衡的队伍,省棋协杨志存老师预言,在较长一段时期,湖南围棋总体就是长沙和湘潭争霸的格局。

2015年10月,全国第二届老知青围棋赛在韶山宾馆举行,来自全国各地的十七支代表队五十多名棋手参与了角逐,本次比赛邀请了棋圣聂卫平、世界冠军罗洗河九段和国少队教练黄弈中七段现场指导,我市选派了欧阳遏舟、唐述平、曾慧勇担任裁判工作。

2015年我市有两处棋迷活动场所开张营业,一处是由刘前斌和邹宏熙主持位于白马湖畔闲云阁的围棋会,该会所经常不定期开展围棋比赛活动和邀请外地高手来访,吸引了一大批棋迷参赛和观战,极大地提高了湘潭围棋竞技水平,2017年后转由张洋主事。另一处是由周伟明主持的本手棋道,该道馆主要是为棋迷提供一个切磋的平台,同时也举行一些邀请赛,让棋迷玩在棋中、交友在棋中、乐在棋中。

自2015年始，市棋协连续两年举行了教练员围棋赛，并将把该赛事办成传统赛事，该赛事得到了省棋协副主席杜吉士的大力支持和亲临指导。陈寅伯、吴正伟分获个人冠亚军。

2016年6月4—5日，湘潭市第十二届运动会围棋、象棋、国际象棋（青少年）比赛在曙光学校举行，这是棋类运动首次在市运会青少年比赛中亮相，开全省各市州先河。

2016年6月25—26日，四年一度的市运会围棋比赛在雨湖区金天鹅宾馆举行，刘前斌、汪巧慧分获男女个人冠军，雨湖区获团体冠军。

2017年5月4—8日，第五届中信置业杯中国女子围棋甲级联赛在韶山举行了开幕式和第一站比赛，开幕式由央视主持人黄子忠主持，出席开幕式的有朱小丹、杜鹰、黄建初、向力力、陈丹淮、林建超、王汝南、聂卫平、华以刚、谭文胜等多名国家、省、市领导，张也等艺术家进行了精彩的表演。在第一站比赛中，芮乃伟、於之莹等世界冠军代表各队披挂上阵，湘潭籍张佩佩二段代表北京中信置业队参加了此次比赛。同时，还在"中国出了个毛泽东"表演现场举行了由聂卫平棋圣领衔的职业棋手多面打指导棋活动。

2017年5月13日，第十三届全国运动会围棋选拔赛湖南赛区总决赛在长沙留芳宾馆隆重开幕，我市选派了宾锋伟、陈寅伯、唐翌、欧阳遏舟、范馨尹、马恬恬参加了此次比赛。最后，我市获团体第四名，宾锋伟、陈寅伯分获个人第七、八名。

2017年8月24—28日，湖南省第32届九星杯围棋锦标赛在湘潭县鑫田大酒店举行，有来自全省14个市、州的244名业余3段以上的棋手参赛，最后，湘潭县胖哥队获团体冠军，我市曾泽润6段获个人第四名。

2017年全国首届红色城市围棋邀请赛于10月13日至17日在贵州遵义举行，我市应邀参加了此次比赛，我市代表队由欧阳遏舟任领队，易向凡任教练，运动员唐翌、赵德权、肖军、唐述平、汪星光、欧阳遏舟（兼）、刘前斌、宾锋伟、曾泽润出阵参加了此次比赛。最后，湘潭队6战全胜，勇夺桂冠，刘前斌和曾泽润分获最佳台次奖，这是我市首次在全国成人比赛中获得团体冠军。

第二届全国红色城市围棋邀请赛于2018年11月14—16日在四川省石棉县举行，我市代表队根据比赛规程做了相应调整，由何云波教授出战厅干组比赛，陈湘涛出战处干组比赛，张洋出战企业家组比赛，增加符艳出战女子组比赛，保留原来的唐翌、赵德权、汪星光、唐述平、刘前斌、曾泽润、宾锋伟等队员，湘潭市红色城市围棋队再次以强力的阵容参加了此次比赛。在赛中，湘潭队以两个相同的5∶6比分憾负遵义、江津队，屈居第三名，张洋和曾泽润获得个人连胜奖。

第三届全国红色城市围棋邀请赛于2019年8月16—18日在江西省井冈山市举行，本次比赛邀请了武汉市、长沙市、南昌市等省会城市参赛，使比赛的水平提高了一个台阶，我市代表队在上届阵容的基础上，只做了小幅调整，由丁一舟、李紫薇取代汪星光、符艳参赛，由于赛前对赛事整体实力提高重视不够，加上个别队员发挥欠佳，湘潭队成绩不理想，赛后，大家认真进行了总结并确定，湘潭红色城市围棋队一定要保留下去，不能因对手太强而妄自菲薄，湘潭队还有很大的提升空间。湘潭市围棋协会申请承办全国第五届红色城市围棋赛，该比赛将于2023年10月在韶山举行。

2018年7月，在德国举行的应氏杯世界青少年围棋锦标赛中，来自我市

湘潭市围棋队获2017年全国红色城市围棋邀请赛冠军

雨湖区曙光学校的11岁肖泽彬6段勇夺13岁以下组个人冠军,这是我市第一个获得世界青少年围棋比赛冠军的棋手。

2018年9月15日,首届健康湖南全民运动会围棋选拔赛(湘潭站)在恒大翡翠华庭落幕,曾泽润、刘前斌、郭威分获成年男子组前三名,吴鑫媛获女子组冠军,谢方为、周路遥荣登少年男子和女子冠军宝座。

2018年10月20—21日,湖南省第三届小学围棋团体赛在雨湖区曙光学校举行,来自全省10个市的26支队104名小将参加了比赛,湘潭市火炬学校和曙光学校代表队分获第五、七名,中国围棋队总教练俞斌九段来潭指导,并和湘潭棋院16名小棋手下多面打指导棋。

首届健康湖南全民运动会张新发杯围棋总决赛于11月11—12日在湘潭华天大酒店举行,由刘前斌、曾泽润、吴鑫媛组成的湘潭队勇夺成人组团体冠军,由肖泽彬、谢方为、周路遥组成的湘潭队荣获少年组团体冠军。

2019年2月1日,湘潭市贺岁杯围棋赛在闲云阁围棋会所结束,赵新华八品、肖泽彬一品、赵洁九品分获前三名。

2019年4月4日,永州和湘潭围棋团体对抗赛在永州举行,经过两轮激烈争斗,湘潭队以11∶9获胜。

2019年7月15日,我市何云波、欧阳遏舟赴太原山西大学参加了由中国围棋协会组织实施的《围棋与名城》丛书编写工作会议,我市光荣入选全国首批编写的77个城市之一。这是中国围棋协会和湖南省棋类协会对我市棋类协会这些年来围棋工作成绩的肯定,也是湘潭围棋人的荣耀。何云波教授被中国围棋协会聘为《围棋与名城》丛书总顾问。

2019年11月4—5日,湘潭市"真善杯"围棋团体赛在闲云阁围棋会所举行,滕军战队获团体冠军,本次比赛得到了围棋爱好者王星先生的友情资助。

2020年元月3—7日,第四届汉朗杯杀猪大会围棋比赛在我市故里居国际大酒店举行,来自全国各地的208名职业、业余棋手聚集一起,同场竞技,最后,王泽宇、舒一笑、成家业、丁一舟、陈扬、唐崇哲、钱留儒、曾泽润分别获得前八名。

2020年3月，湘潭大学被中国围棋协会批准为全国围棋师资培训试点单位之一。

2020年6月，湘潭大学批准成立校级研究机构"围棋文化研究中心"。中心负责人为何云波教授，核心成员有陈代湘教授、唐翌教授等，这预示着湘潭大学围棋教育与围棋文化研究又上了一个新台阶。

2020年10月，肖泽彬参加全国围棋定段赛，以个人第5名的成绩定为职业初段，这是我市第3位职业棋手。

2021年4月26日，湘潭市围棋协会第一届会员大会暨成立大会举行，来自全国及省内各市（州）嘉宾，以及湘潭各地会员代表、围棋爱好者100余人参加。大会审议通过了《湘潭市围棋协会章程》等相关规章制度，选举产生了第一届理事会、监事及常务理事会名单，湘潭大学文学与新闻学院教授何云波当选为湘潭市围棋协会第一届主席。赵德权、欧阳遏舟、唐翌、唐文峰、成立超当选为副主席（2022年4月增补邓平任副主席），熊耀宽当选为第一届监事。现场，中国围棋协会主席林建超为湘潭市围棋协会授牌并作了题为《深入挖掘和传承红色围棋文化》的专题报告。

2022年6月13日至20日，"体总杯"2022中国城市全民围棋团体联赛地市组决赛举行，湘潭市围棋队作为湖南省的唯一代表，获得第五名的佳绩。此次比赛首先由各省、市、自治区围棋协会组织预选赛，分地市组和县区组两个组。湘潭市由曾泽润、丁一舟、张洋、唐翌和李紫微五人组成的代表队（领队赵德权、教练欧阳遏舟）在湖南省的预选赛中，以全胜的战绩获得地市组的冠军。在全国总决赛中，共有30个省市自治区的30支地级市代表队聚集到腾讯围棋网上对弈。参加总决赛的湘潭市围棋队做了微调，棋手由陈寅伯、丁一舟、刘前斌、唐翌和李紫微五人组成。经过8轮积分编排赛，以退役职业棋手杜阳6段率领的四川成都市队7胜1负夺得冠军，获二至十名的队依次是：江苏南京市、天津市津南区、浙江杭州市、湖南湘潭市、山西太原市、深圳市、上海市浦东新区、河南省开封市、陕西省西安市。这是湘潭市在全国性赛事获得的最好成绩，可喜可贺！

2022年8月27日，全国第4届红色城市围棋邀请赛在浙江嘉兴市举行，湘潭队4胜1负获团体第3名，丁一舟获个人全胜奖。

2023年4月15日，泸州老窖绿豆大曲杯湖南湘潭名人名企围棋邀请赛在湘潭市润丰国际酒店举行，祁阳湘园队申华、桂湘祁夺冠，湘潭闲云阁队唐翌、肖军获亚军，永州大华队何仲、唐卫国获得季军。代表湘潭县队参赛的庞迎波、刘立志获得第五名。

这一系列成绩的取得，是湘潭几代围棋人共同努力的结果。

四

围棋的普及与发展，离不开对弈的场所。

历史上，文人、士大夫、社会名流对弈场所多限于私宅或府邸。新中国成立后，随着国家对围棋的重视，湘潭围棋爱好者逐渐增多，棋迷们迫切需要一个集中的对弈场所。1971年，曾任湘潭市副市长、民革主委的刘甲华被打成右派，下放到湘潭市十一中任教，正好该校另一个语文教员刘承笃也爱好围棋，俩人一拍即合，决定利用学校一间空闲的教室，成立了湘潭市历史上第一个围棋对弈场所，吸引了一大批围棋爱好者来此对弈。1973年，围棋爱好者刘勋政也来到该校任教，单身未有配偶，棋室便由刘勋政负责茶水、打扫卫生等管理工作，这就是所谓的"十一中围棋三刘"。当时，参加围棋活动的成员还有徐意诚、沈之雄、向远、张建国、张先舒、黄稻元、黄淮青、边舒威、戴连其、吴首元、吴首念、陈泽华、曹子红等人，1977年，由于刘甲华、刘勋政平反，调离十一中，该棋室关闭。

1978年，湘潭市工人文化宫成立棋室，对围棋、象棋爱好者开放，于是，该棋室便成为了湘潭市棋迷的乐园，棋室周一至周六只限于晚上开放，周日全天开放，不收费，凭工会证领取棋具，平时晚上活动的人员不多，周日爱好者云集，其中以象棋爱好者居多。1985年起，受中日围棋擂台赛的影响，围棋爱好者逐渐增多，1988年，湘潭市棋类协会在工人文化宫成立，棋室由龚媛专人管理，添置了棋具和设施，收取茶水费，提高了服务质量，每到周日，棋迷满座，每逢高手对局，里三层，外三层，围个水泄不通。据龚媛说，高峰时每天可泡500杯茶，可见当时的热闹景象。当时，围棋水平最高者是文建宏、邓湘军俩人，双方实力相当，每当他俩对局时，观者如堵，棋迷们欣赏到了他俩高超的棋艺，学到了不少的知识，直呼过瘾。我是这时候加入到文化宫棋迷团队中去的，一看，看高手对弈学棋艺；二瞄，瞄准实力相当的棋手；三搏，觉得对手实力相当与之搏杀。完成了这三步曲以后，自己觉得离高手并不遥远，大多棋迷都经历了这么一个过程。随着爱好者越来越多，湘潭市的围棋竞技水平不断提高，涌现了刘前斌、胡晓春、卢益明、宾锋伟、郑跃军、张洋、滕军、曾慧勇、周粤洪、尹涛、唐翌等一大批围棋高手，他们经常来文化宫交流棋艺，还有一批个性棋手，如姜建光（肥羊）、陈大鹏、杨克俭（四砣）、刘焜成（刁子鱼）等常常光顾棋室与各路棋友混战。1995年起，棋室热度开始降温，棋室先后转由杨子江、杨昆、曾慧勇经营，直至1999年关闭。

1999年，彭勇在市体育馆成立了围棋俱乐部，聘请了唐小毛、胡晓春、梁卫东、粟立担任教练，文化宫棋迷大多转移到体育馆去对弈，由于经营成本过高，出现亏损，第二年关闭。

2000年，李伟、刘晓波在文化街教育学院旁成立棋室，经营不到一年便关闭，后改做网吧。

2001年元月，刘前斌在平政路聚富大厦叙对面成立了湘潭棋院，未注册，围棋迷们终于又有了新的活动场所，后转由杨昆经营，2003年下半年停止营业。

2003年底，郑跃军在工贸大楼九楼，成立了清风围棋道场，组织过湖南围棋精英大奖赛，开始一度生意红火，一年后便转让给杨石刚经营光大围棋俱乐部。

2006年，李伟在八仙桥成立棋室，棋迷转到八仙桥一带活动。

2008年，周伟明在熙春路烟草公司成立棋室，棋迷们便转移到该处活动。

2009年，湘潭棋院一楼开辟成人对局室，吸引了很多棋友来此对弈。

2010年，刘前斌从厦门回到湘潭，在熙春路成立了围棋会所，连续六年由何勇赞助，举行了六届恒利达杯围棋赛，连续三年，由文建伟、邓湘军赞助，承办了三届湖南省围棋联赛，还举行了一届胖哥杯围棋大奖赛和一届亚太合金杯围棋大奖赛，扩大了社会影响，棋迷们纷纷回归来到该会所活动，围棋人气有所回升。

2015年，周伟明在建城路彩印厂附近成立了本手棋道，围棋爱好者有一部分转向该处活动。

2017年，闲云阁围棋会所移址白马湖畔的白石后街，转由张洋主持，张洋采用了众筹的方式，吸引了大批棋迷到该处娱乐，湘潭市棋迷再次集中，生意逐渐红火。湘潭市围棋协会办公室也设在闲云阁，进一步提升了闲云阁的凝聚力。新闲云阁围棋会所组织了湘潭对永州两城市对抗赛、湘潭市围棋精英赛、湘潭市围棋杀猪大会等活动，吸引了很多外地棋手纷纷来访，该会所每天有近百名棋迷来此活动，气氛很浓，人气很旺，令外来棋迷羡慕不已，现已成为湖南最具人气的专业围棋会所之一。从湘潭市围棋活动场所的变迁来看，湘潭市从1971年开始至今，棋室一直存在从未间断过，说明湘潭市围棋爱好者众多，普及率很高，正是由于这些围棋爱好者享受围棋给他们带来快乐的同时，还多了一份围棋情结，他们还愿意为围棋活动奉献自己的力量，才使得湘潭围棋蓬勃发展，生机勃勃。

闲云阁一角

欧阳遏舟执裁
湘潭市围棋比赛

这些年来，湘潭市围棋活动成绩的取得是得到了省市内很多行业领导的大力支持，如：杜吉士、罗立新、杜亚捷、米毅强、赵毅、李伟、徐意诚、宾洪君、陈湘涛等。也得到许多企业和个人的热情资助，如：易浩特、何勇、文建伟、文建洪、陈江南、赵德权、张波、唐文峰、张洋等。经过围棋教育工作者辛勤耕耘和棋手努力拼搏的结果，我市的围棋活动的影响力和棋手的棋艺水平在省内位居前列。其中棋手主要有：

职业棋手：张紫良五段、张佩佩二段、肖泽彬二段、曾泽润初段。

业余6段：王新宛、刘前斌、丁一舟、陈寅伯。

业余5段（以姓氏笔画为序，少儿5段棋手未录入）：

文建宏、王星、尹涛、邓湘军、邓湘军、冯杰斌、刘继宁、刘鲲、刘志辉、肖军、何云波、李雪、李新跃、吴正伟、李伟、李晓、李勇泉、汪向日、汪星光、陈湘涛、陈泽华、张洋、周粤洪、周业、周雄飞、周满知、周海明、庞迎波、杨志良、杨子江、欧阳遏舟、赵畅、赵迎冰、胡晓春、郑跃军、徐策、唐翌、唐继军、唐述平、徐韬、宾锋伟、倪亚峰、秦捷、殷子优、翁斯强、梁卫东、曹子红、曾慧勇、蒋铁才、粟立、谢方为、缪沙、谭柳青、滕军、颜应坤、戴永楷。

由于我市围棋活动开展得比较频繁，还有一些围棋赛事未予记录，曾经获得市级比赛冠军的棋手还有宾锋伟、曾慧勇、周业、廖沙、杨志良、颜应坤、张洋、汪向日等。

我市围棋活动的开展，离不开裁判员的辛勤劳动，我市经考核获得一级以上围棋裁判员证书的有：欧阳遏舟、唐小毛、吴正伟、唐述平、汪星光、李里、彭建伟、张浩、曾慧勇、张晴、刘鲲、唐紫薇、阳红浪、刘帅、胡唯祺。

湘潭围棋正在蓬勃发展，愿湘潭围棋为湘潭创建全国历史文化名城添砖加瓦，愿湘潭围棋的明天更美好！

（欧阳遏舟）

第二章　　当代人物篇

第一节　湘潭围棋史上第一位职业棋手——张佩佩

张佩佩，女，1995年10月出生，湖南湘潭市人，小学就读于雨湖区风车坪学校。

2002年9月，张佩佩报名参加了在学校开办的围棋兴趣班，学了一个学期，担任教练的是湘潭业余围棋学校教师肖扬。第二年的6.1儿童节，棋校的钟老师动员佩佩报名参加湘潭市青少年围棋赛，半年没有摸棋的她居然拿到了第三名。在钟老师极力劝说下，佩佩进入围棋学校学习，重新拾起了围棋。由于围棋学校成立不久，总共才几十个学生，分初、中、高级三个班，三个班都是由我执教，佩佩在半年时间里就完成了三级跳，期末时高级班里已经没有对手了。

此时，湘潭有个以围棋为特色的茶楼——清风道场开业，老板是湘潭著名围棋高手郑跃军5段。

郑老师身材高大，棋如其人，他在棋盘上力量极强，大局观出色，是湘潭市一些局级机关单位围棋队的特邀教练，2003年湘潭市运会围棋赛上，

张佩佩在比赛中

郑老师力克众多强手，全胜夺冠，一时风头无两！

郑老师愿意带佩佩，我尽管有些不舍，但为佩佩由衷感到高兴。

清风道场云集了一大批围棋爱好者，其中不乏业余强豪，佩佩的到来，使大家颇感惊奇：可能都没有见过这么厉害的小姑娘吧！他们都很乐意和佩佩过招，下不过佩佩的也甘做陪练。直到现在，棋友们相聚时，每当聊到张佩佩时，当年和她在棋盘上交过手的人依然是非常自豪，得意之情溢于言表！

在郑老师悉心指导下，佩佩的水平突飞猛进，很快晋升至5段。她多次夺得省、市青少年围棋赛冠军，是湘潭市第一、二届围棋"小棋王"头衔拥有者。

佩佩在围棋上表露出来的天赋，促使父母不得不认真思考一个问题：下一步怎么办？几经商议后，决定把佩佩送出去系统学习围棋专业知识，尝试冲段！

在中国，冲段少年是一个非常特殊的群体，他们天赋异禀，智力超常，如果按正常成才之路参加高考，进入一流大学基本没有问题，但他们偏偏选择了一条充满荆棘和艰辛的羊肠小道，每一位冲段少年身上都承载了家人、亲朋、师长们太多的殷切希望和围棋情结。全国每年成千上万的棋童，争夺区区20来个定段名额，尤其是女生，只有两个定段名额。因此围棋定段的难度远在高考、考研、考公务员之上！一旦冲段失败，经济上面的损失是其次，荒废的学业和流逝的青春是令人难以承受之重！

2006年，佩佩来到了武汉，正式进入湖北天元围棋培训中心学弈。

湖北天元围棋培训中心主教练阎安七段，是一个围棋界颇具传奇色彩的人物。阎安创办的武汉天元围棋培训中心，培养出大批围棋职业棋手，围棋世界冠军谢尔豪九段就是出自其门下，另一位湖北的围棋世界冠军辜梓豪九段，亦曾和张佩佩、谢尔豪一起在天元围棋学校学习。

2011年，被称为"围棋高考"的全国围棋定段赛在合肥举行，张佩佩以10胜1负荣膺女子定段赛冠军，成功冲上初段。在武汉学棋整整五年，这个成绩并不令人感到意外，看看她的另一个身份：武汉第49中学高一学生，至少说明她的文化课程学习坚持下来了，颇为不易。

进入职业棋手行列，实现了多年的夙愿，2014年晋升二段，后来又成为了北京女子围棋队主力队员，2015年进入复旦大学外国语学院英语系学习，一路走来，似乎每一步都出乎意料，而一切又都在情理之中。

作为湘潭市第一位职业棋手，在成长的道路上，佩佩的每一道足迹，都会牵动家乡围棋人关注的目光，她的主见，她对人生规划的每一次选择，总是显得与众不同。

国家围棋队总教练俞斌九段曾经对我说起：他很看好张佩佩，理由是，别人冲段是破釜沉舟，而她则是顺其自然，文化课没有落下，所以一旦她全力以赴，还有很大提升空间。我深以为然！

未来的路还很长，作为佩佩的启蒙老师，我为她而自豪，同时也期待她将来带给我们更多的惊喜。

以下是张佩佩的棋艺生涯的历程：

2010年全国少年儿童锦标赛少年女子亚军；

2011年合肥全国围棋定段赛，10胜1负荣膺女子定段赛冠军，成功冲上初段，成为湘潭市围棋史上第一位围棋职业棋手；

2011年全国个人赛女子第5名；

2012年第19届新人王赛16强；

第7届理光杯混双赛冠军；

第10届建桥杯本赛；

2013年仁川亚洲室内运动会女子团体冠军成员、全国个人赛女子第5名；

2014年晋升二段；

2013年第一届女子围甲团体第三名，

2015年第三届女子围甲团体第三名；

2017年第26届应氏杯大学生围棋赛女子冠军；

2012年第7届理光杯围棋混双赛决赛陈耀烨、张佩佩组合中盘击败黄奕中、王晨星组合，夺得冠军。

2015年进入复旦大学外国语学院英语系学习。

（唐述平）

第二节　张紫良的围棋之路

张紫良，2000年5月17日出生于湘潭县易俗河镇，2006年9月初来湘潭县九星棋院学弈。那时九星棋院老师只有两人，汪星光和陈德庚，所以启蒙阶段都是来一个就单独教。由于接受能力快，大约上了五至六次小课后，我就破格把他提前转入九星陈德庚老师初级班上，由于在执教风格以严厉著称的陈老师班上进步神速，半年不到就被调入九星汪老师高级班上习弈。由于陈老师爱才心切，多次要我把他尽快教到5段，尽早出去学棋把他往职业路上带。一年后，张紫良在班上就没了对手，为了让他长进更快，我把这情况汇报给了现湘潭县棋协名誉主席赵德权5段，县政协职员刘奇志5段，那时每周上课两次，每次两个半小时，一到周末训练时间，两人经常来棋室，陪张紫良下5子让子棋，一直到让先倒贴目。2008年10月，张紫良参加湖南省段级位赛，以全省第二名升上5段。

升上5段后，我就经常鼓励张紫良出去学棋，他倒愿意，可他父母不同意，这样在家待了一年多。在这一年中，张紫良周末就去学跆拳道，偶尔来九星下下棋，我看着也心痛。

我在这一年当中，没事就往张紫良家中

张紫良与汪星光合影

跑，和他父母谈心做工作，终于父母工作做通了，张紫良又不想出去了。

有一次职业棋手马如龙和他父亲到了湘潭市，马如龙父亲打我电话告诉了我，我急忙请求马父让马如龙来指导一下张紫良，然后谈好在周伟民（外号西瓜）当时开办的棋类会所本手棋道下了一盘让七子棋，张紫良惨败，这让他开了眼界，从此张紫良对职业棋手顶礼膜拜，在此对马如龙父子说声：谢谢啦！

终于有一天，张紫良答应我出去试一下，我就说，我送你到杨老师创办的长沙实战教室去，那里高手多，职业棋手朱毅在那教棋。2009年8月炎热的一天，我带着张氏父子到长沙围棋培训界的教父杨云杰家中拜访，和杨云杰老师谈妥一切后回湘潭。九月，张紫良正式在实战教室长沙朱毅五段门下习弈，吃住也在杨云杰家中。在去的时候，我就给张紫良下军令状，一年后的湖南省围棋夏令营比赛中必须拿到省少年组第一名，我才会送你到中国棋院杭州分院去，得第二名就回湘潭读书。

2010年8月7日至14日，在株洲举办的湖南省棋类夏令营中，张紫良当时刚去长沙，属中等以下的水平，那一批学员有刘俊宇，谭锴铁，肖润，李涵等一大批少年高手。经过近一年在实战教室的习弈，张紫良水平大涨，在众高手都参赛的情况下勇夺第一名，杨老师创办的实战教室不愧为湖南围棋培训的金字招牌。

为了再次检验张紫良水平，同在株洲带队的湘潭同行好友点石斋围棋吴正伟老师和他下了一盘分先棋，和湘潭高手郑跃军老师下了一盘让二子棋，张紫良都胜了。

然后我和他父亲联系上了中国棋院杭州分院。张紫良在杭州棋院的那几年，每次回湘潭，九星就负责监管他的死活题训练，为他准备发阳论、天龙图等等死活题书，因我忙，惜才的陈德庚老师甚至还把他接到家中，从早到晚监督他做死活题，如果张紫良做不出，陈老师就不准他休息。刻苦的张紫良还为此哭过鼻子，我记得有次张紫良放春节假，一天上午他父母忙就委托我监督他学习，我就对他说，你去摆坂田荣男的对局集，中午吃完饭，我会抽谱中变化图问你每个讲了什么内容。当我检查他自学的成效时，他每个解说图都答得出。我心里感叹：这小孩真乖呀，为什么优秀的孩子不是我生的呢！

那时我是没时间监督到位，我就委托陈德庚老师负责，陈老师从来没回绝过，真是严师加好人呀。

张紫良在杭州学弈回湘潭度假时，九星也为他提供了各种对外学习的机会，如2011年1月18日，赵德权和我在易俗河红磨坊咖啡馆，我们策划让他和湘潭围棋第一人刘前斌6段下挑战赛，赵德权担任裁判长，当刘老师中盘取胜那一刻，张紫良独自坐在对局沙发上流下了眼泪，发奖还是赵局硬将对局出场费塞进他怀中，冠军奖金由刘老师笑纳。

这次和刘老师的挑战赛失利，对张紫良影响很大，回到陈老师家后，他做死活题更刻苦了，在此谢谢刘老师。

由于他在外学棋经济负担较重，父母都是工薪阶层，九星就负责了他回湘潭的所有比赛费用，县棋协主席赵德权知道这情况后就说，张紫良如在外因学棋费用而放弃，告诉我一声，我来想办法，在旁的刘奇志也说，只要他父亲开口，我也尽一份力。我把这情况告诉了张紫良父亲，他说，5年之内不需帮助，代我谢谢他们。

2012年春节，在吴正伟老师安排下，张紫良和湖南业余强豪蔡晶老师切磋了一盘，张紫良胜。在此谢谢吴老师提供的学习机会。

张紫良的成长离不开湘潭棋界对他的培养，张紫良在湘学棋当中，到湘潭八仙桥和闲云阁下棋时，张洋和刘前斌老师从来没推托过，有求必应。

2014年，张紫良在全国定段赛以第二名的成绩打上职业段位，这是湘潭棋界的大喜事，湘潭各媒体争相来九星采访报道。

九星棋院为庆祝张紫良为湘潭围棋争了光，特在湘潭县易俗河长江宾馆宴会厅设宴，邀请了湘潭棋界部分人士和学生家长同庆。湘潭市棋协秘书长张振德代表市棋协在宴会上发表感言，还奖励了张紫良一千元。

张紫良父母亲为答谢湘潭棋界对儿子的厚爱，在湘潭市建设路口旁的仿古一条街的一家店里设下感谢宴，感谢湘潭棋界人士，税务局局长宾洪君先生封了大红包给张紫良以示祝贺，张紫良父母执意不肯收，说收您红包违背我设感谢宴的初衷，无奈推脱不了宾局长盛情才收下。

要写的事太多，在此搁笔，再次谢谢湘潭棋界人士！

以下是张紫良历年来在较重要的比赛中获得的成绩：

2012年，防城港杯业余围棋海上争霸赛第九名；

2012年，天津市丽江杯第十一届业余围棋公开赛第二名，升6段；

2013年11月，首届怀安杯全国业余围棋公开赛第六名；

2013年，商旅杯杭州国际城市围棋赛亚军；

2013年，第八届友情杯围棋精英赛第一名；

2014年，景东陶瓷杯全国业余围棋赛第五名；

2014年，第七届丰城杯全国个人围棋赛第四名；

2014年，青岛出版报杯全国业余围棋公开赛亚军；

2014年，健诚杯全国少儿围棋赛第一名；

2014年，全国围棋定段赛第二名，升职业初段。

2015年，代表杭州围棋学校参加围丙，成功升围乙；

2016年；代表杭州苏泊尔队参加围甲，苏泊尔队荣获全国团体冠军；

2018年，参加全国围棋升段赛，获三段组第一名；

2019年，代表杭州龙元明城队参加围甲，荣获团体亚军；

2023年，转会山西元工弘弈队，参加中国围棋甲级职赛。

（汪星光）

第三节 肖泽彬：少儿围棋世界冠军

2018年7月22日晚，振奋人心的喜讯传来，在德国巴哈拉刚刚落幕的第35届应氏杯世界青少年围棋锦标赛上，湖南长沙13岁小将李泽锐初段荣获16岁以下组冠军（青年组），湖南湘潭11岁肖泽彬6段荣获12岁以下（少儿组）冠军，为长沙、为湘潭、为湖南、为我国争得了荣誉。

在此，特向李泽锐、肖泽彬及其家长，向培训他们的各位老师，向带队的国家少年围棋队教练黄奕中七段表示最热烈祝贺和衷心感谢。

李泽锐去年定段成功后笔者有过专题报道，现将肖泽彬的成长史作简单介绍。

2013年，肖泽彬6岁，他在长沙市工人文化宫参加湖南省希望杯少儿围棋赛时首次引起我的注意。

每次湖南省少儿赛，我在赛场特别关注低幼棋童，期待发现好苗子。

肖泽彬在比赛中

在我拍照时，大多数孩子出于好奇都看我一眼，可泽彬这孩子却无动于衷，目中无人，只有棋，聚精会神的对局态度十分突出。

我看了看这大头娃娃，生得一对丹凤眼，炯炯有神，眉宇间透着一股英气，与其他棋童落子飞快不同，泽彬非常沉稳，神色不露。

我就奇怪了，怀疑这小家伙能想出棋来吗？也就盯着看下去，这一看不打紧，发现这小家伙脑子是在想棋，行棋有自己的思考，且常能走到点子上，我十分惊喜，认定是可塑之材。

肖泽彬4岁时跟着父亲肖强学弈，之后得到湘潭高手郑跃军、刘前斌、丁一舟、欧阳遏舟等的悉心指导，基本功比较扎实。

泽彬5岁时便获得湘潭市幼儿围棋赛冠军，6岁时获得湘潭市中小学生围棋赛总冠军并升为业余5段，2013年9月在湘潭市曙光学校一年级139班就读，2014年获得全国百灵杯青少年围棋赛8岁组冠军。

2013年底，在首届国藩杯全国业余围棋公开赛上，我与泽彬父亲肖强有了接触，得知其想送泽彬去杭州围棋学校学习，因为当时湖南省棋协围棋实战教室主教练朱毅五段去了广东东湖棋院教棋，我也就没动员其父送子来实战教室深造。

碰巧的是，我的学生马如龙三段在杭州围棋学校读训班任教，我当即打电话给如龙，让其多关心时年6岁的泽彬。泽彬在如龙手下学了一个学期。

不久，改变泽彬弈战命运的机会来了。

2014年，中国女子围甲湖南友谊阿波罗队在韶山设主场，迎战北京队。我担任裁判长，中国围棋协会副主席、友阿队教练聂卫平九段和国家围棋队总教练俞斌九段是讲棋嘉宾。讲棋结束后，我还在赛场，湘潭棋友告诉我泽彬来了，想请俞老师指导一下，我说好啊。待我到了对局室，指导棋刚开始。

我问是让几子，棋友们说让2子，我立马感到不妥：一是泽彬那时才7岁，国家队总教头让两子有些不恭敬；二是泽彬棋力我了解，当时是弈城8D，让2子泽彬必输无疑，让3子泽彬或许还有胜机，而俞总输了肯定比赢了泽彬印象深刻，有利于俞总选材。

这时，棋局已开始了十余手，我果断将棋子抹掉，摆上3子，对局重新开始。

果然，俞斌九段输棋后对泽彬大加赞赏。晚餐时向聂老极力推荐，聂

俞斌九段指导湘潭时年8岁的肖泽彬。

老当即拍板，破格让泽彬进聂道，并让我约谈泽彬父母，给予的优厚待遇是学费全免，参加全国赛的费用由聂道全包。

我当晚便向泽彬父母转达了聂道的意见，泽彬父母一直笑得合不拢嘴，真是天上掉馅饼了。随后，泽彬父母与俞总见面，约定2015年9月在杭州围棋学校签约期满后即去聂道。

我将这一桩好事在《围棋天地》透露出去，岂料引起杭州方面强烈反应，爱才惜才的杭州棋院真急了，给泽彬家长开出了更优惠的待遇，这对于家庭经济条件不大好的泽彬父母来说更乐于接受。

其父将想法告诉我，我说，不论在北京还是杭州学棋都挺好的，你自己拿定主意后一定要向俞斌总教练解释。

我的直觉告诉我，泽彬父母从经济角度考虑选择杭州无可厚非，但也许错过了飞速长棋的机会，但愿泽彬在杭州能快速成长。

2015年2月，在湖南省迎春杯少儿围棋赛上，肖泽彬8胜1负，一举夺得其在湖南省赛的第一个冠军。

2015年8月，在湖南省第30届九星杯围棋赛场，8岁的湘潭棋童肖泽彬一看见我，就一口一个"杨爷爷"，真是个有教养、懂事的好孩子，我尤为喜欢。

各位，说出来会惊得你一跳，泽彬8岁时棋力已是弈城9D了，如此棋力在全国恐怕都没几个吧。

在这届湖南省最高水平的九星杯赛上，泽彬在如狼似虎的湖南一流高手群中奋力厮杀，7胜4负，排在第38名。其中赢了老杯主文东其、第20名马俊、王梦麒等，输给了怀化刘秋、长沙肖润、衡阳黎剑、湘潭宾锋伟，在本届比赛前108名业余5段中属于强5段了。联想到泽彬的老师马如龙8岁时才业余1段，泽彬同龄就显得强多了。

2015年11月，在杭州棋院进行的商旅杯全国业余围棋争霸赛上，泽彬与其父肖强荣获亲子双人赛季军。

这时，泽彬父亲正为其儿长棋慢而焦急，笔者鼓励他一定要支持泽彬坚持学下去，泽彬又是一口一个"杨爷爷，杨爷爷"叫得欢，煞是可爱。

2015年11月，怀揣"世界冠军"远大理想的泽彬，斗胆在凤凰世界围棋巅峰对决期间"约战"世界冠军常昊九段，泽彬被授2子落败，深刻感受到了围棋的博大精深，决心继续努力，实现成为世界冠军的理想。

2017年，全国少年儿童围棋锦标赛历时7天，8月26日在无锡市落幕。经过11轮激烈角逐，在有146名棋手参加的儿童组（12岁以下）比拼中，10岁肖泽彬5段10胜1负勇夺冠军并获申报一级运动员资格。

这是泽彬在全国赛中第一个有分量的全国少儿冠军。

2018年5月，泽彬在南京金陵杯赛上获第4名并荣升为业余6段。

肖泽彬用六年时间完成了五级跳：2015年8岁获湖南省少儿围棋赛冠军；2017年10岁获全国少儿围棋赛冠军；2018年11岁获世界少儿围棋赛冠军；2020年10月，在全国围棋定段赛上成功晋级职业初段；2023年7月在全国围棋升段赛上升为二段。

泽彬目前在杭州棋院深造，今后成长的路还长，能否成材，外部条件很好了，主要就看自己努力了。

如今，泽彬虽然获得了少儿围棋世界冠军，但离名副其实的围棋世界冠军还有很远距离，泽彬，努力再努力吧！

（杨志存）

第四节　曾泽润：围棋之光

曾泽润8岁开始在九星棋院学棋，启蒙阶段在以严厉著称的陈德庚老师班上，此时与他同年的张紫良（职业三段）当时已是5段，但他勤奋好学，加上棋才极具天分，进步神速。

记得那年暑假，暑假训练结束后放假了，曾泽润也经常独自到九星门来，有一次和我下让九子棋，从早上八点多下到中午十二点多，可是他连输十一盘，符老师说曾泽润他爸打电话给他，叫他回去，他死活不肯回去，沉浸在棋局中的我才猛然发觉：我砍得太过了。看出了他的心思，就有意让他胜了一局，他才肯罢休，兴高采烈地回家去了。短短五个月的时间，就把他调进段位班，其后在湘潭市的段位赛中摘金夺银已是家常便饭，用刚好两年的时间升上5段。我永远记得曾泽润在长沙市赛4至5段组中比赛，碰上了被誉为长沙实战教室的天才少年刘俊宇（当时已是5段）。当曾泽润秒杀了刘俊宇顺利升上5段，实战教室的执裁老师罗一漠偏着头，以难以置信的眼神看着曾泽润足有几十秒钟，估计是心里想，这位是何方神圣。

曾泽润十一岁那年，他爸决定让他去中国棋院杭州分院围棋学校学棋，当时张紫良也在那学习，也许是因长棋不快，不习惯管理训练，一年后，他回到百花小学校读书，那时他父母在上海做生意，由祖母带他在家，读了不到两个月的书，天天在家打电话给父母，吵着还是要去中国棋院杭州分院学棋，父亲烦了，打我电话要我去学校办手续，我上午办好，叫他祖母带了一箱衣服，中午十一点从他班上拖起他去赶十二点半株洲至杭州的火车去杭州棋院。

当时，某老师说不收，说曾泽润学不到6段，更别说职业，当着小孩子的面，这样鄙视孩子，多伤自尊心啊！我当时也特别激动，和他争了几分钟，最后，我说道："老师啊老师，你能保证说，到杭州棋院学棋的孩子都能升上职业吗？你只要敢说，百分之五十的学员能升上6段，我立马带曾泽润走人，我带曾泽润来是为了长棋的，不为了什么6段和职业，曾泽润来只为学棋，哪怕长一点也行，不为别的！"听了我的一番辩驳，他就无言了。

这时有人通知了棋校的教练魏子翔四段，魏子翔来了，我独自和他心平气和讲道理，最后杭州棋院又收了他，魏子翔带我去办了手续，中午我请客，我拜托马如龙父亲请了5个职业棋手老师一起吃中饭。晚上邀请在杭州棋院学棋的湘籍小棋手5人吃晚餐，我称之为湖南帮。这5人有3人陆续都升上了职业，他们是：李必奇，张紫良，戴思远。菜随他们点，他们饱餐一顿后，回院训练。夜幕降临，我独自一人，从杭州火车站坐火车回到湘潭。

杭州分院围棋学校的竞争特别残酷，稍不努力就会栽跟头。曾泽润在那学习了一年半左右时间，也许长进不快吧，曾泽润也心情郁闷，他父亲与我商议后，决定让儿子北漂，到京城著名的葛道深造，葛道教父葛玉宏是非常严厉的老师。我举一例子，如果下棋犯下不该犯的错误，会罚用木板打手板，女学员就罚五十元代替，但也有四不打原则：女生不打，年龄小的不打，体质弱的不打，家长打招呼了的不打。在京对外比赛的棋手，如果输了，必须走两三个小时很远的路回家，特别是北京冬天的晚上，顶着寒冷的北风，深夜才回到葛道。你能想象一下夜黑风高、寒风凛冽的逆风前行的场景，但葛玉宏每次都是陪他们走，身体力行！

曾泽润刚到葛道时，已在中国棋院杭州分院练就了一身本领，在众多道场学员中已属偏高层次了，通过内部比赛分组分在十一、二组左右，每组六人，每天各组下循环赛，第一、二名升组，第五、六名降组，有二十多个组。

每天的训练时间非常紧凑，有着魔鬼道场之称，我记忆中的训练时间是：

06:30 起床洗漱

07:00—07:50 早操

08:00 早餐

08:30 死活题投影讲解（周六日9:00）

09:00—11:45 上午训练

11:45—12:15 午餐

12:15—14:10 午休

14:15—16:45 下午训练（周六日16:30下课）

16:45—17:45 户外体育运动

17:45 晚餐

18:30—20:30 职业棋手复盘

20:30—21:30 死活题考试

21:30 回宿舍加餐，洗漱

22:20 熄灯。周六、周日上下午正常训练，下午延长户外体育活动时间，周六晚上教室播放电影，周日晚休息。

2013年夏季在扬州带张紫良参加全国定段赛，有幸与葛道教父葛玉宏相处了近二十天，相谈甚欢，了解到了许多信息，他告诉我，学员做死活题错得多的时候会错一题打三下手板，对有些不认真学员会用头上顶书罚站一小时来告诫。我又问他，为什么要罚在外交流赛输棋的学生暴走三个小时，甚至四小时，他回答道，下棋须有好身体，暴走可以锻炼他们的身体，舒解下棋失败后带来的郁闷心情。

在扬州比赛现场，我亲眼见证每当学员进场比赛时，他顶着烈日不打伞站在场外一动不动，每当学员从赛场走出来，互相一个眼神的交流他就知道胜负，一场比赛少说他也要站三个半小时，期间陆续有家长为他打伞陪他聊一下。有次我试着陪他站，半小时后我实在受不了烈日的高温就走了，葛老师神人，他在用自己的方式激励自己的学员在赛场上奋勇搏杀。

经过五年的艰苦训练，曾泽润的棋力稍有进步。在2016年6月份的"道场杯"围棋赛上斩获第十名，同年7月在浙江衢州举行的有围棋高考之称的"全国围棋定段赛"预赛中战胜一众围棋少年豪杰，以预赛A组第五名的成绩进入本赛，可惜未能更进一步。此后连续三年，在竞争激烈的定段赛中，他都打入本赛，但最后都功亏一篑，未能成功定段。

2017年的湖南省顶级赛事"九星杯"在湘潭县的鑫田大酒店举行，由刘秋，周恒逸，曾泽润组成的"胖哥槟榔队"荣获冠军，曾泽润获个人第四名。随后在南京举行的"浦发银行杯"全国围棋公开赛上获第十名并升6段。2018年曾泽润转而进入围棋培训教师行列，致力于为湘潭培养高水平的围棋人才。凭着2017年在苏州围棋培训机构实习的经历到湘潭棋院执教，2019年转入九星棋院，执教高段班。经过在九星棋院的学习和实践，现在创办了自己的泽润围棋教室。期间一边教学，一边参加各种比赛。2018年获湖南省"九星杯"围棋个人赛第六名，2019年获"九星杯"第五名，2020年"晚报杯"全国围棋锦标赛获第三十二名，连续三届代表湘潭市参加"全国红色围棋赛"，取得了仅负"业余天王"、世界业余围棋冠军王琛一盘的好成绩，被誉为"红围之男"，2019年在海南举行的"开元酒店杯"围棋公开赛上战胜韩国业余7段，世界业余围棋冠军宋弘锡。

苦心人，天不负。2023年，曾泽润终于在全国围棋定段赛上成功定段，实现了夙愿。

曾泽润的成长，离不开各位老师的精心栽培，我衷心希望他将来的路越来越宽阔，能为湘潭培养出更多的人才，同时也能在自己的围棋竞技生涯中更上一层楼！

（汪星光）

第五节 "两省棋王"刘前斌的围棋之路

刘前斌，1972年3月出生于湘潭市，初中就读于湘潭市十一中，同班有一同学叫沈升华，沈升华之父沈之雄系当时湘潭市围棋高手，刘前斌经常去该同学家里玩而认识了围棋，高中阶段因受中日围棋擂台赛聂卫平的神勇表现的影响，从而迷恋上了围棋。

1988年，湘潭市围棋冠军文建宏创立中山棋社，就在其家附近，刘前斌放学回家后经常前往棋社观棋并对弈，于是棋艺水平突飞猛进，同年参加在江麓机械厂俱乐部举行的湘潭市青年围棋大奖赛获第二名，崭露头角。

1991年，刘前斌赴长沙参加长沙市九星杯围棋赛获个人第三名，引起了湖南棋界的高度关注，第二年代表长沙晚报队参加在济南举行的全国晚

刘前斌在比赛中

报杯围棋赛，八胜五负获个人第二十一名，该成绩系当时湖南棋手参加历届晚报杯围棋赛最好成绩。1992年赴怀化参加全国千人百团大战赛，在预赛中中盘击溃该界赛事个人冠军唐晓宏，引起赛场轰动，由他和队友文建宏、滕军组成的湘潭队获团体第三名。

1998年，刘前斌赴厦门担任厦门围棋俱乐部活动室主持，曾击退来访的全国业余强豪佟云、金勇焕、钟海杰、蔡书平、白鑫等的轮番挑战，杀遍福建省业余棋界无敌手，1999年获福建省TCL杯围棋赛个人冠军。2000年回湖南参加九星杯围棋赛获个人冠军，被誉为"两省棋王"。这期间，他曾多次接受湖南名手吴向阳、王骞、宋刚、满晖等的挑战，迫使对手签下城下之盟。

2003年元月，刘前斌获湖南围棋天元战冠军，该年9月，赴吉首获湖南省围棋名手赛个人冠军，2010年在湘潭获海峡两岸围棋比赛个人冠军，2015年在长沙和湖南围棋青年才俊同场竞技获湖南省第30届九星杯围棋赛第二名，2017年赴遵义参加首届全国红色城市围棋赛六战全胜获连胜奖，并为湘潭市夺得全国冠军立下汗马功劳。

2018年赴南宁参加全国围棋大会，六战全胜，获全国四十岁以上组个人冠军。

2009年，刘前斌在湘潭市创办闲云阁围棋会所，该会所系棋迷的乐园，吸引了湘潭市内众多围棋爱好者来此娱乐消遣，人气旺盛，令其它城市的棋迷羡慕不已。该会所曾主办过六届湘潭市恒利达杯围棋赛和三届湖南省围棋联赛，丰富了棋迷的生活，极大地提高了湘潭围棋竞技水平。

2016年，刘前斌在湘潭创办了刘前斌围棋道场，开始从事少儿围棋培训工作，湘潭围棋新秀肖泽彬、丁一舟、陈寅伯等曾拜其为师学艺，湘潭籍职业棋手张佩佩、张紫良在入段前曾接受过其指导，现道场常年保持有100多名少年儿童在此学艺，现已成为湘潭市围棋培训的重要品牌。

（欧阳遏舟）

第六节　文氏兄弟的黑白情缘

在湘潭围棋界，有很多兄弟棋手，比较有名的有张先舒、张建国兄弟，黄稻元、黄淮青兄弟，文建伟、文建洪兄弟等，其中，文建伟、文建洪兄弟不仅棋艺高超，而且，他们兄弟俩在工商企业界也混得风生水起，成为国内制造业界的精英翘楚。

文氏兄弟之兄文建伟

文氏兄弟之弟文建宏

文建伟于1964年出生于湘潭市，其弟文建洪小四岁，兄弟俩于1983年受堂兄文小刚的影响而学会了围棋，后来经常去工人文化宫棋室观战并对弈，棋艺突飞猛进。1985年，文建洪就在市里比赛中获奖，成为湘潭市一流棋士。1988年，文建洪首次获得湘潭市围棋比赛个人冠军，从此一发不可收拾，获湘潭市五连冠，开创了湘潭围棋的文建洪时代。20世纪90年代中期，受国家政策调整的影响，内地很多国有企业效益滑坡，职工下岗，文氏兄弟离开了他们工作多年的江麓机械厂，只身前往深圳、广州等地打工谋生。由于文建伟先前在江麓厂时是模具好手，模具技能正好派上用场，很快，文建伟就完成了从打工者到企业管理者的角色转变。文建伟先后创办了深圳市四方利塑胶制模有限公司、珠海正友科技有限公司、珠海汉朗（德国）环境科技有限公司、珠海正脉健康科技有限公司。特别是他所创办的珠海汉朗（德国）环境科技有限公司生产的汉朗牌系列空气净化器产品畅销世界各地，成为空气净化行业的重要国际品牌。

打虎亲兄弟，上阵父子兵。随着兄文建伟的事业蒸蒸日上，弟文建洪于是也参与到企业管理中来，为兄的企业发展壮大贡献了智慧和力量，现已成为多家企业的董事或总经理。文氏兄弟企业集团已初具雏形。

文氏兄弟离开湘潭外出发展后，湘潭围棋出现了刘前斌统领时代，二十一世纪初，湘潭围棋培训行业兴起，一大批业余围棋爱好者在欧阳遏舟的带领下加入到围棋培训行业中来，培养了张佩佩、丁一舟、张紫良、曾泽润、肖泽彬等一大批围棋苗子，他们的棋艺均已超越了刘前斌的水平，呈现了欣欣向荣的景象。文氏兄弟每次回湘潭看到湘潭围棋后继有人的可喜局面，决定要把湘潭围棋推动更快更高，于是兄弟俩联合围棋爱好者深圳湘潭籍企业家邓湘军先生于2004年元月在湘潭市清风围棋道场出资举行了湖南围棋精英争霸赛，2012年至2014年，文氏兄弟继续联合邓湘军连续三年出资赞助湖南省围棋联赛，这种包吃包住的业余比赛实不多见，至今令湖南棋迷难以忘怀。2020年元月，文氏兄弟出资赞助第四届杀猪大会围棋比赛，这种职业和业余棋手同场竞技，设有棋份，充满悬念的比赛形式令人耳目一新，吸引了来自全国各地的200多职业、业余棋手参赛，大家欢聚一堂，同场竞技，棋乐融融，下完棋后把酒言欢，交流友情，棋迷们过足了棋瘾，期待来年再相聚。

文氏兄弟是成功的企业家，也是围棋爱好者，正是有着围棋情结的存在，他们表示以后还要为湘潭围棋奉献更多。

（欧阳遏舟）

第七节　谢伯端：纹枰碧水悟钓禅

一

谢哥姓谢，名伯端。湘大中文系78级，我的师兄。

先看看官网上谢哥的简历：

谢伯端，男，1953年生，汉族，湖南辰溪人，副教授。

1970年参加工作，先后在辰溪县谭家场公社谭家场大队、锦滨公社唐家人大队插队务农。

1976年回城，在湖南省辰溪县轻工业局泥木建筑社工作。

1978年考入湘潭大学中文系汉语言文学专业学习。

1982年毕业后留校任中文系教师。

1988年开始，历任湘潭大学中文系副主任、教务处副处长、成教学院院长。

1995年4月，任湘潭大学党委委员、副校长。

1999年1月，任湖南商学院党委副书记、院长。

2005年4月至2013年11月，任湖南工程学院党委书记。

这简历，给人的第一

谢伯端（右）与何云波对弈，观棋者欧阳遏舟

印象，是官运亨通。29岁才大学毕业，42岁就混到了副校级的位置，46岁成了大学校长。

可是，临到离休，还是个副教授。这在中国的大学里，如果不算"独一"，不知"有二"在哪？谢哥毕业当老师，做方言研究，已有良好基础，以一校之长的身份，弄个教授、博导当当，恐怕易如反掌吧！可他一旦到了管理岗位，就坚决与"学界江湖"划清界限，绝不脚踏两只船，左右逢源。这也正是我最佩服谢哥之处。

有读者可能纳闷了，你口口声声"谢哥"，置领导的威望于何地？可我这一辈子，无论背后还是当面，就没叫过"谢校长""谢书记"，而只有"谢哥"。一是习惯了；其二，这"谢书记"的平易近人，没有官架子，实在不是装出来的，而是在骨子里，他就透着一股"平民"气。这"书记"真的叫不出口啊！这在我与大小领导的交往史上，也算是独一份了。

二

谢哥虽为师兄，但他的"方言"和我的"俄罗斯文学"，实在是不搭界。心理上走得近，是因为一样好玩的东西：围棋。

我学棋也晚，1988年研究生毕业那年才接触围棋。我的围棋启蒙老师，是同班的邱运华。他本科毕业后去内蒙古大学读研，研究生毕业回湘大教书，俨然就是围棋高手了。我被从让九子开始，但进步很快，毕业后不久，我就可以跟邱佬平下了。有次，从长沙回湘大，在邱佬家下棋，谢哥正好进来了。他一边观棋，一边问：让几子？邱佬说：平下。谢哥便惊讶：从来没听说何云波会下棋，怎么一下子就这么厉害了？

谢哥的围棋，大约是上大学的时候学会的，他们班有好几个围棋爱好者。后来下棋的同学都毕业走了，谢哥，还有邱佬，大约都是有段的水平，就算是围棋高手了。

然后，有机会见到谢哥，就会下下棋。据谢哥说，湘大教工围棋协会成立的主要发起人，除了1983年毕业分配来湘大的罗约克，还有他和计算机系的副主任邹老师、中文系的杨升初（王勤的研究生，毕业留校）。教工协会的证件、公章由他保管。邹副主任和他当时都是校工会委员，所以成立教工协会得到了校工会的支持。学生围棋协会成立更早一些。老师里，罗约克水平最高，而他、邹主任、杨升初都差不多，应该就是1级到1段水平。教工协会第一次发段位证，谢哥被定为1级。后来仿照湖南省九星杯围棋赛，学校举行了一次定段赛，他拿到1段证书，终于成为有段的"棋士"了。

做《围棋与湘潭》，本来想写写湘潭的领导干部们跟围棋的结缘，谢哥说不妥，不肯接受采访。过了一段时间，我发一微信，说：正在写关于谢哥的文章，你领导不接受访谈，可阻止不了我用文字来巴结或调戏领导啊！他说：千万别写！我解释：我只写围棋和钓鱼，跟领导的经国大业无关。然后，他终于发过来一段文字：

> 我们几位师兄弟下棋，印象深刻的有：我们下棋做不了"君子"，老要指指划划，刘刚强怕我指点，把宿舍门栓上和别人下棋，我只好找个凳子，趴在门上的窗户上，拿根棍子指指点点。杨升初和老婆离婚后在北山青年楼分了一间房，这就有了下棋条件，我和他两人经常下通宵。最气不过的是和你下棋，刚开始时可以让你三子、两子，谁知几个月过去，变成你要让我的子。

趴在窗户上还要指点江山，真是神来之笔啊！

只是，谢哥是否下过让我二、三子的棋，我真的没有印象了啊！

后来，谢哥到湖南商学院当校长，我们在同一个城市，见面的机会多了一些。记得有一次去他学校，我带给他一块棋盘，是2001年参加贵阳围棋文化节的时候买的，与正常棋盘一般大小，但可折叠，做工精美，还镶有金边。这可是我最心爱的一块棋盘，咬咬牙，怀着嫁女一般的心痛，托付给了谢哥。那天，我们就在这块棋盘上下了一盘让子棋。将谢哥痛宰一顿，才稍稍平息了一下依依不舍的悲伤的心情。走时，还不忘交代，好好爱护这块棋盘，下次我们再下。

可后来很多年，都没有"下次"了。尽管因公因私，都还去过商学院（如今的湖南工商大学），还有后来去湖南工程学院（在湘潭），我们都只"口谈"，不再手谈。但只要说起围棋，往昔的点点滴滴涌上心头，满满的都是温馨。

因为编《围棋与湘潭》，终于又有了一次见面下棋的机会。那天，约了谢哥，还有湘潭文史专家何歌劲、刘安定，负责《围棋与湘潭》日常事务的棋友欧阳一起来湘大。结果刘安定先生说他们几个都住得很近，索性在他家小酌吧！

好几年不见，见了面，首先问：那块棋盘可安好？谢哥答：好着呢！嫁出去的女儿无恙，这才安心喝酒、吃饭。饭后大家撺掇谢哥，和何教授来一局。然后，许多年之后，我们又一次纹枰相对。两人平下，一招一式，大家和风细雨，难见战火硝烟。期间，有旁观的棋友指点：说某块棋如此这般，就可以杀死的。我笑笑，说：抱歉，没看见。然后，小胜终局，大家皆大欢喜。

完后，聊天，问谢哥忙什么呢，答：垂钓、下棋。晚上在网上下，在2、3段之间升升降降，自得其乐。

三

2013年，谢哥退休，他写《退休真好》：

> 会海文山随梦逝，　蜗居独处也江湖。
> 垂纶四季筹谋细，　对弈三更计虑疏。
> 蹭网开机忙点赞，　刷锅配菜乐炊厨。
> 顽童皓首桃源钓，　长慕沅湘有楚徒。

由庙堂入江湖，迷棋之余，还迷上了垂钓，且从此成瘾。他先在自己的"领地"木鱼湖练功。木鱼湖公园是他任湖南工程学院党委书记期间，由学校出土地，湘潭市人民政府出资金，校地共建的开放性公园。据说如今已绿树成荫，水波荡漾，他说，偶尔得闲，去木鱼湖公园甩几竿：

> 共建谋筹犹在目，而今退位扮渔翁。
> 柳丝拂面遮冬日，野鸭追虾入苇丛。
> 大学城中求学问，木鱼湖里起禅风。
> 行人偶遇呼书记，惊起涟漪碎碧穹。

在木鱼湖小试牛刀，自觉功力渐长，然后背着钓竿，闯荡江湖：湘潭、长沙、株洲、辰溪、麻阳，以及上海、深圳、东莞、惠州，遇水则喜，四处游钓。并且，平时钓，过节、生日也钓；白天钓、晚上钓，钓瘾发作时，梦里还钓：

> 残荷碎雪鲫鳙隐，困顿厅堂叹几声。
> 标动提竿疑巨物，南柯梦醒是三更。

他夫人写《钓鱼人的苦与乐》：

> 老伴退休后迷上了钓鱼，而且一发不可收拾，越来越痴迷，恨不得天天待在水边。用钓友们的专业术语来说就是"中毒"了，无药可救，唯有钓鱼才能"解毒"。
>
> 钓友们自己总结说：世上最苦、最累的，一是小偷，再就是钓鱼的了。

可"中毒"了的谢哥，却不以为苦，反以为至乐。虽然钓技跟他的棋一样，呵呵哈哈（他ＱＱ的昵称就是"水平不高"），时不时当"空军"，有时，连初涉此道的老婆也不如：

> 老婆好运上连竿，钓友齐夸技不凡。

  塘主嘻嘻讥讽我，回家做饭洗衣衫。

  技不能高漫自娱，且可随缘道我赢，下棋如此，钓鱼亦然。"水平不高"的谢哥，却技进乎道，大有得道成仙之势：

  修仙何必蓬莱境，碧水渔歌映晚霞。
  莫问俗人天下事，青山绿水半神仙。
  野钓不知三伏暑，清凉自在浸丹田。
  谁知白发空心境，碧水天涯悟钓禅。

  谢哥的钓鱼水平，不知是否如他的围棋，业余有段。而在无鱼咬钩时，坐在水边胡思乱想，凑成的钓鱼系列打油诗，在我看来，应有专业高段水平。就如我等下棋，技不如人，但境界比你高，道行比你深，文字比你好。"手谈"不行就"口谈"，让你肃然起敬，高山仰止，哈哈！

（何云波）

第八节　何云波：黑白世界的自在人生

"黑白有乾坤，卧虎藏龙，一心唯长民间技；对弈无门槛，风生水起，万众争投胜负手。"2017年11月21日，《谁是棋王》中国围棋民间争霸赛第一期在CCTV-5正式播出，湘潭大学文学与新闻学院教授何云波接受央视采访，近六分钟的专题片《何云波：人生胜负手》，记录了他在黑白世界里的精彩人生。

"围棋带来的是心灵的共鸣，围棋文化研究给我带来更多快乐。如果说文学像朝朝暮暮里一蔬一饭的厮守，围棋便是在水一方海枯石烂的诉说。"何云波这样评价围棋在心目中的位置。

何云波，被称为中国"围棋博士第一人"。他围棋文化著述颇丰，并先后在各棋院、政府部门及各大学做围棋文化专题演讲，在国内外均产生了很大的影响。

何云波与中国围棋协会主席王汝南在岳麓山穿石坡湖边对弈

告别"拯救"

1983年，何云波从湘潭大学中文系毕业。两年后，他再回湘大，拜入名师张铁夫教授门下，研读俄罗斯文学硕士，以陀思妥耶夫斯基为研究方向。后来却误入"棋"途，且一发而不可收。

"陀思妥耶夫斯基的小说总提供的是一种苦难的世界，而围棋所代表的中国文化，更多的是一种对审美式的人生的追求，因为中国的人生是一种逍遥的人生。而后者才是我更向往、更能引起共鸣的。"何云波说，"我用刘小枫一本著作的书名形容陀思妥耶夫斯基和围棋代表的两种人生状态，那就是'拯救与逍遥'。"

何云波决定将文学专业与兴趣爱好结合起来，世纪之交他开始正式研究围棋文化。2001年，何云波完成了自己第一本围棋专著——《围棋与中国文化》。该书从多个方面探讨围棋与中国文化的关系，这一成果被认为填补了中国文化研究的一个空白，并被收入人民出版社的"中国文化新论丛书"，被视为他从西方文学研究向中国传统转型的开始。

当生存不再是单一的问题的时候，总有人会为了自己生活作一番新的估计与考量。一心向往"林间扫石安棋局，岩下分泉递酒杯"的何云波于2001年入蜀，师从四川大学著名教授曹顺庆攻读比较文学博士学位。

2003年12月1日，虽然窗外的天空并无风雨，但何云波的心并不平静。陈述、提问、回答……整整一天，面对台上"法官"的"锱铢必较"，何云波胸有成竹，对答如流。博士论文《围棋与中国文艺精神》顺利通过答辩。这是中国第一篇以围棋为研究对象的博士论文。自此，何云波开始被外界誉为中国第一位"围棋博士"。

情定"木野狐"

"'老聂'，勾起的是我们的一段关于青春的记忆。那白衣飘飘的年代，那激情燃烧的岁月，对围棋的那份热爱与痴狂，就仿佛'初恋'。"这是何云波在4年前写就的《老聂是用来怀旧的》一文中对往事的怀念。因为经历过80年代的人，应该都不会忘记那个时代源于后来人称"棋圣"的聂卫平造就的围棋疯狂。

"我开始对围棋感兴趣，是在1985年第一届中日围棋擂台赛上，我国棋手聂卫平决战日本棋手藤泽秀行，中央电视台为此破天荒直播，我和同学便挤在一起看。当时我不懂围棋，看到的也并非棋局本身，只觉得电视画面中，黑白两色的棋子很美，就像一幅山水画。"何云波笑着回忆。

这次比赛给他留下了深刻的印象。1988年，刚完成硕士毕业论文的何云波意识到自己有了较多的闲暇时间，立刻决定向同学学习围棋，从此与围棋缔结下深厚的缘分。

围棋，历来有"木野狐"之称，意即摆放在木制棋盘上的黑白棋子变化万千，有如狐妖幻化的美艳女子，极易迷人心智。在给记者讲解这一典故时，何云波笑称，自己一开始学就迷上了围棋，以至后来，陈祖德《超越自我》、聂卫平《我的围棋之路》以及后附的《难忘的四十局》，都成了他时时学习、揣摩的"红宝书"，学棋日久，棋艺也突飞猛进。

就这样，从初遇到对"木野狐"钟情不已，何云波开始在这条全新的道路上一发不可收拾。2001年，因出版《围棋与中国文化》，何云波被当时中国棋院院长陈祖德先生举荐，作为学界唯一一位代表，应邀出席中国贵阳首届国际围棋文化节，和金庸、陈祖德、吴启泰一起同台论道，感悟围棋。

同年，刚到川大读博的何云波一见到导师，便提出了自己博士论文想做围棋的想法。论文一出，"围棋博士"的美誉也紧随而来，他的博士论文《弈境——围棋与中国文艺精神》，主要研究围棋和中国文学艺术的关系，再次开辟了中国文化研究的新领域。其后，关于围棋文化的研究越来越多，真正是"棋"乐无穷。

2014年，何云波在甘肃天水做客"陇右讲堂"时援引了阿根廷诗人博尔赫斯的《围棋》一诗分享关于围棋的这份兴趣与乐趣：

  那如同摆布星宿的游戏叫围棋

>那是一种比最古老的文字还要古老的发明
>
>棋盘就好像宇宙的图形
>
>黑白交错的变幻
>
>足以耗尽千秋生命
>
>人们可以对之痴迷
>
>就好像坠入爱河与欢情

拿的是比较文学的博士学位，却赚了一个"围棋博士"的名头，也算是一件趣事。正如当年曾任中国棋院院长的华以刚先生有一次见面就打趣称他这是"误入'棋'途"，何云波自己也深表赞同。已收获如此丰厚的硕果，何云波的成就却并未止步。自打被这只"木野狐"缠上，何云波的人生也开始迎来一番新的旅途。

2003年，《围棋报》刊登整版专题报道《小楼夜听潇湘雨——记围棋博士何云波教授》；2004年后，《湖南日报》《广州日报》、新浪新闻网、湖南电视台、中央电视台、天津电视台先后对其做过专题访谈报道。

不仅如此，从2007年起，何云波不仅建立了国内首个围棋文化重点研

2009年8月中国访问蒙古围棋代表团在蒙古草原合影留念

究基地，与世界华人围棋联合会一起，编撰了一套"中国围棋文化研究丛书"向海内外介绍中国围棋文化，还主持了中国围棋思想史的国家社科基金项目。《世界围棋通史》入选国家十三五重点出版规划项目。《棋行天下》《围棋与东方管理智慧》《黑白之旅》《中国围棋思想史》《中国围棋文化史》《围棋文化演讲录》《图说中国围棋史》《何云波围棋文集》（四卷）……每一本书都凝聚着何云波无数的心血。他不仅在国内做围棋文化演讲，主持各种围棋文化论坛，还充当围棋文化的使者，足迹遍及日本、韩国、蒙古、泰国、新加坡、马来西亚、德国、俄罗斯……进行围棋文化交流，做巡回演讲……更让"围棋博士第一人"的美誉，享誉国内外。

快乐学问，自在人生

"中国的艺术是黑白的艺术，黑白里蕴含大千世界的无限丰富的变化，绘画、围棋、书法，都是这样。"何云波认为围棋尤其如此，从局部到全局的得、失、攻、守、进、退，黑白两色体现的便是生活。趁得浮生半日闲，手谈一局珍珑棋，纵横19格，往来361路，千变万化，尽在掌控之中，自在人生，当是如此。

林语堂曾以"读书就像谈恋爱"来形容这种快乐，而在何云波看来，读书、教书、做学问，就应该像下围棋一样，乐在其中。这份快乐让他在围棋的黑白天地中悠游自在，也正是因为这份快乐，他乐于结交棋友。无论和聂卫平一起在黑龙江呼兰监狱和服刑棋友的交流，还是在岳麓山和围棋协会主席王汝南的对弈，凡乐所在，无往不至。

以学术安身立命的何云波，却成功地把生活转化为一种享受。他将中国围棋文化的审美、逍遥人生的追求联系在一起，让兴趣与专业结合，弈境与艺境相通，不仅在围棋领域里竖起了中国文化的旗帜，自己也实现了向中国传统"林间扫石安棋局，岩下分泉递酒杯"的文人转型。《湖南日报》的《新闻天地》杂志曾称他的这一番围棋学问是"玩出来的学问"。

何云波坦言："下围棋，首先要喜欢，因为喜欢，才会对它做一些学术的研究"，因为喜欢，不管是谈文学与围棋，武侠小说与围棋，还是谈"金角银边草肚皮"的棋局判断、"一子不舍刘大将"的掌故，他都能谈得妙趣横生，乐在其中。

之后，何云波与国内外的一批围棋文化研究学者一起，从事一项围棋文化重要工程《世界围棋通史》，这套逾百万字的围棋通史，获得国家出版基金项目资助，已经完成并出版。从《围棋与中国文化》到《弈境——围棋与中国文艺精神》，再到《中国围棋思想史》《世界围棋通史》，他对中国围棋文化的研究不断深入，实现了新的跨越。

除了在围棋中玩出学问来，如今，怎样在"围棋进校园"的政策支持下，让更多人参与到围棋中去，从而将中华文化进一步推广，这一直是何云波思考的问题。十余年间，他先后在清华大学、浙江大学、北京语言大学、华东交通大学、南京医科大学、南京艺术学院、中南大学、湖南大学、湘潭大学等知名高校举行围棋文化演讲。他主编的《围棋文化教程》，作为大学生围棋文化素质教育教材，将围棋技术和文化高度融合，旨在全面提升大学生的棋艺水平和棋文化素养，推动中国的大学围棋教育。而作为《围棋与名城》丛书顾问，《围棋与湘潭》卷的主编，他也希望借此推动中国地方围棋文化研究与传播，让围棋文化真正地接上地气，参与地方的精神文明建设。

"金庸自己就是一个大棋迷，金庸的小说更多的是把传统文化融合到武侠小说里面，这种雅气淡化了武侠小说中的杀气。"2014年3月，何云波在湘潭大学作"围棋与中国文化"文化素质系列讲座，畅谈金庸小说中的围棋文化，得到了学生的一致好评。

今年11月18日，中央电视台的拍摄人员来我校录制《我是棋王》第一期的栏目内容。何云波借助公开课，现场教汉语言文学专业的学生学下棋。短短30分钟内，不少同学已经初步懂得了围棋的竞技规则，能够对弈较为简单的棋局，这让他们感到十分惊喜。

2014级学生王雪遥感慨说："何老师是个很有魅力的人。他的课生动形象，诙谐幽默。短短的一节课，他给我们教授了围棋的基本规则和方法，对一些基本路数进行了实际分析。何老师还让两个之前并不懂围棋的同学在讲解后实战，给我们讲述他们各自的出棋套路，这给我留下了深刻的印象。"

"在中南大学，我主持建立了围棋文化研究中心，编撰了围棋文化研究丛书，主持了中国棋院杭州分院中国围棋博物馆的内容展陈设计、文字撰稿，还有城市围棋联赛商业化传播研究等一系列项目。我希望湘潭大学也可以建立围棋文化研究中心，推出一系列成果，同时开设更多围棋文化的选修课程，通过举办棋文化讲座等活动，进一步加强师生之间的交流。"何云波对围棋文化在湘潭，在湘潭大学的发展也充满了期待。

"以游玩的心情进去，越往里走，越像走进了一个诱人的迷宫。歧路彷徨，乱花渐欲迷人眼，不知今夕是何夕。但在寻寻觅觅中，一旦自觉有所发现，有所会心，那种快乐的心情，用一句棋迷的话说，就跟下棋吃了对手大龙似的。"何云波在博士论文后记《游戏的境界》中的这段话正可以解释他的这种快乐学问和自在人生。

（蒲德德　李炳霖　王先茹　谷超）

第三章　　组织机构与围棋教育篇

第一节　湘潭市棋类协会简介

湘潭是一座具有1500多年历史的古城，自曾国藩统帅的湘军兴起后，名人辈出，如曾国藩、左宗棠、毛泽东就是其中的杰出代表，他们能驾驭千军万马，决胜千里，他们都是围棋爱好者，围棋是文人的游戏，也是他们用来交友、陶冶性情的方式，更是用来制定战略、战术的基础。受他们的影响，湘潭的围棋活动逐渐推广开来，这些都是民间自发的活动。直到新中国成立后，国家把围棋划归体育部门管理，围棋发展呈现勃勃生机。

湘潭市棋类协会的前身是湘潭市体育总会棋类协会。

1988年，湘潭市体育总会棋类协会在湘潭市工人文化宫成立，隶属于湘潭市体育总会，首任主席是时任湘潭市郊区粮食局局长张铁平。棋类协会成立后，连续五年在市工人文化宫和市体育馆举行了湘潭市围棋比赛，湘潭市内各大厂矿、机关、区县、高校积极报名参赛，扩大了围棋的影响。1997年4月湘潭市体育局干部张振德轮岗到群体科任科长的同时接任了湘潭市体育总会棋类分会秘书长一职。由于张铁平调出湘潭市，棋类分会当时既没有主席也没有副主席。

1999年湘潭市棋类协会在红叶宾馆举行换届选举大会，推举李厥崇为主席，并在彭勇主持下，在位于市体育馆旁的湘潭市围棋俱乐部举行了湘潭市围棋段位赛和湘潭市围棋精英赛。2003年，经过张振德和欧阳大伟、李立政等同志的走访和咨询，经湘潭市体育总会同意、湘潭市民政局批准，将湘潭市体育总会棋类协会更名为湘潭市棋类协会。

2003年11月8日，湘潭市棋类协会在市红叶宾馆召开了成立大会。江麓机械厂工会副主席董仲明同志担任协会主席，张振德出任秘书长。从此湘潭市棋类协会在市民政局的领导下，在市体育局的业务指导下，走上了正轨。2005年，董仲明离开湘潭，王田生、付士强、袁孟辉、徐志湘相继接任主席，张振德继续担任秘书长。

这些年来，市棋协主办、承办、协办了全国，全省，全市各项目棋赛和培训活动，先后主办了33届湘潭市青少年围棋段位级位比赛、19届湘潭市中小学生五棋赛、6届湘潭市围棋锦标赛、两届湘潭市围棋教师围棋比赛。承办了第三届海峡两岸围棋比赛、湖南省2003年青少年棋类夏令营、2004年湖南围棋精英赛、2007年和2018年湖南省老年运动会围棋比赛、2012年湘潭岳阳衡阳郴州四城市围棋比赛、2012—2014年湖南省围棋联赛、2017年湖南省九星杯围棋比赛。还协办了2010年湖南省第十届运动会围棋比赛、2013年湖南省大众运动会围棋比赛、2014年全国第二届女子围棋联赛北京中信置业对阵湖南友谊阿波罗的湖南队主场比赛、2015年全国第二届老知青围棋比赛、2017年第五届"中信置业杯"中国女子围棋甲级联赛开幕式和第一站比赛、2018年首届健康湖南大众运动会围棋比赛总决赛和多次湘潭市市运会围棋比赛。

2002年，湘潭市少儿围棋培训兴起，湘潭市棋类协会先后吸纳了湘潭棋院、湘潭县九星棋院、刘前斌围棋道场等12家围棋培训机构成为会员单位，18年来，共计有3万多少年儿童先后在各机构中接受围棋培训，通过比赛考核，先后有5000多个少儿棋手定段定级，培育和输送了张紫良五段和张佩佩二段两个职业棋手，涌现了丁一舟、曾泽润、肖泽彬三个业余6段棋手，他们多次在各级比赛中获奖，其中肖泽彬获得2018年应氏杯世界青少年围棋锦标赛13岁以下组个人冠军，张佩佩获得2011年全国围棋定段赛女子组个人冠军，张紫良获得2014年全国围棋定段赛男子组个人亚军。我市的围棋竞技水平和围棋普及程度在省内名列前茅，多次被湖南省棋类协会评为先进单位。

湘潭市棋类协会还先后组织了四次围棋裁判员和社会体育辅导员培训班学习，有125个学员通过了国家二级围棋裁判员、国家二级社会体育辅导员考试。至今，我市共计有围棋一级裁判15人，二级裁判125人，通过各级比赛执裁，练就了一支高素质的围棋裁判员队伍。

湘潭市棋类协会这些年来一直坚持"团队合作"精神，以"推广棋类文化"为己任，秉承通过棋文化的推广普及，传承和弘扬中华民族优秀传统文化的宗旨，团结全市的棋类爱好者，开展和服务棋类活动，成为一个极具凝聚力和战斗力的社团组织。

（欧阳遏舟）

第二节　湘潭市围棋协会简介

随着中国围棋社会化改革，中国围棋协会从中国棋院分离出来，独立行使管理全国围棋的职责，湖南省围棋协会也在2020年11月30日成立。顺应中国围棋的改革大潮，2021年4月26日上午，湘潭市围棋协会第一届会员大会暨成立大会在华银国际大酒店隆重举行，来自国家省市各级领导、嘉宾及湘潭各地的会员代表、围棋爱好者共100余人参加大会。中国围棋协会主席林建超、湘潭市人大常委会副主任阳建民、湖南省围棋协会主席龙卫斌、湖南省围棋协会常务副主席兼秘书长杜亚捷、中国围棋协会宣传文化部负责人杨诚、湘潭市文化旅游广电体育局副局长李伟、湘潭市社会组织执法监督局局长龙军江、株洲市棋类协会主席赵先辉、湘潭市棋类协会秘书长张振德等领导、嘉宾受邀出席了本次大会。

大会审议通过了《湘潭市围棋协会章程》等相关规章制度，选举产生了第一届理事会、监事及常务理事会名单，湘潭大学文学与新闻学院教授何云波当选为湘潭市围棋协会第一届主席，赵德权、阳遏舟、唐翌、唐文峰、成立超当选为副主席（2022年增选邓平为副主席），其中欧阳遏舟兼任秘书长。现场林建超主席为湘潭市围棋协会授牌。

湘潭市围棋协会的成立，标志着湘潭围棋的一个新的起点。协会一方面致力于进一步推动围棋的普及与提高，组织好各种赛事和活动，推进围棋进校园、进机关、进工厂、进社区，让围棋之花在湘潭这块土地上开得更加灿烂。另一方面，进一步加强围棋与湖湘文化、围棋与红色文化的研究，为发扬湖湘文化传统、打造湘潭城市精神，为创建"围棋名城"积极贡献力量。

湘潭市围棋协会成立后，举办或参与了一系列围棋赛事与活动。如湘潭市第十三届运动会围棋比赛，"体总杯"中国城市全民围棋团体联赛，第二届健康湖南全民运动会围棋比赛，全国第四届红色城市围棋邀请赛、泸州老窖绿豆大曲杯湖南湘潭名人名企围棋邀请赛、湘潭市少儿围棋赛等，并在全国性和省级围棋比赛中取得优异成绩。2023年10月，还将举办第四届红色城市围棋邀请赛暨首届中国红色围棋文化论坛，为推动湘潭围棋的发展作出积极贡献。

（欧阳遏舟）

第三节 主要围棋培训机构

一、湘潭棋院

湘潭棋院，成立于2003年5月，原名湘潭业余围棋学校，2008年由于增加了其它棋种的培训项目，由湘潭市体育局、民政局批准更名。总部地址：韶山东路28号民生大厦1栋三楼。下设金海分院、火炬分院、九华分院、风车坪教学点、湘大教学点等三个分院两个教学点，教学总面积约3000平方米。

湘潭棋院的宗旨是：弘扬发展传统民族文化；繁荣活跃棋类培训市场；发掘培养棋类后备人才；努力拓展素质教育领域！

湘潭棋院管理层能够始终坚持"团队、品牌、创新、务实"的经营理

湘潭棋院

念，以"教棋育人"为己任，秉承"通过棋文化的推广普及，提高学生素质，传承和弘扬中华民族优秀文化"的宗旨，以"帮助孩子们健康快乐成长"为最高诉求，在广大学生、家长和社会各界支持下，通过和市内数十家幼儿

湘潭棋院学员的围棋画

园、学校的紧密合作和多年教学研究，根据幼儿、少儿年龄特点和认知规律，以故事、儿歌、卡通形象等为表现形式，形成一套生动、浅显、趣味的教学方法，探索出一条"学习棋中、乐在棋中、成长棋中"的教学模式。

2008年，棋院对教学硬件进行大规模改造，全面普及了高清多媒体网络教学，极大地提高了教学效率。

2010年，时任中国围棋协会主席、中国棋院院长的陈祖德九段视察湘潭棋院，特意为湘潭棋院题写院名。

一直以来，湘潭棋院坚持突出素质教育，坚持社会效益重于经济效益，选拔聘用教师，首重人品和文化素质，每一位进入棋院工作的教师，必须经过职业操守和教学技术培训，考核合格才能上岗。通过管理者常年坚持不懈的努力，在棋校稳定发展的同时，打造出了一支深受家长信赖和学生喜爱的教师队伍。

院长唐述平5段：

湖南省棋协委员，湘潭市棋协副秘书长，一级社会体育指导员，一级裁判员，湖南省棋类培训先进个人，90年湘潭市湘江区职工围棋赛冠军，2002年北京海淀区围棋升段赛4段组冠军。著有《围棋教师培训系列》《围棋入门教案》《围棋三字经》等。

总教练欧阳遏舟5段：

湘潭市棋协围棋部部长，一级社会体育指导员，一级裁判员，湖南省资深裁判长，著名围棋普及教育专家，围棋金牌教练员。

棋院教师的文化程度：大专毕业以上超过50%；专业技术级别：围棋1级以上超过80%，二级以上社会体育指导员98%；市级以上优秀教练员超过90%。

以棋院教师为骨干组成的围棋队，曾经荣获省第三届大众运动会围棋团体第二名；省城市围棋联赛团体第三名；湘潭市恒利达杯围棋赛团体冠军；湘潭市汉朗杯围棋赛冠军。

湘潭棋院于2008年全面普及高清多媒体网络教学体系，成立至今，国家级、省级棋界领导、职业棋手多次造访，是多年的湘潭市棋类协会先进单位、湖南省棋类培训先进单位。

同时，湘潭棋院团队，多次出色地完成了各项赛事组织与管理工作，被湘潭市棋类协会指定为市青少年围棋段级位赛固定承办单位。

截至2020年5月，据不完全统计，湘潭棋院共培养了青少年围棋爱好者超过2万人。其中4段以上200余人，1-3段330余人，通过围棋成功申报国家二级运动员超过100人。2011年，湘潭棋院启蒙的女子棋手张佩佩在全国围棋定段赛中以第一名的成绩成功定段，成为湘潭市首位围棋职业棋手。

二、刘前斌围棋道场

坐落在湘潭市雨湖区建设北路156号的刘前斌围棋道场，是湘潭市棋类协会、湘潭市体育局指导下的围棋教育培训基地。自2016年成立以来，刘前斌围棋道场坚持"围棋研究的探索者、围棋教育的创新者、围棋文化的传播者"的发展定位，依托精干师资力量、资深行业地位、优质棋界资源，由小到大，不断发展，逐步成为湘潭至湖南范围内广受赞誉的围棋名校。

这里有优秀的工作团队。刘前斌围棋道场由多名湖南省围棋冠军和长年从事围棋教学的老师任教，集结了当前湘潭围棋界最优秀的精英教学团队，能够给湘潭业余棋手带来更专业、更系统的学习训练，是围棋爱好者学棋成长的理想场所。道场创始人刘前斌，1972年出生，业余6段。多次获得湖南省、福建省围棋最高级别赛事冠军，长期保持湘潭、厦门业余第一人的头衔，被业内人士誉为两省棋王。曾代表湘潭参加全国千人百团围棋赛，勇夺团体第三名，取得湘潭成年棋手在全国团体赛中的最好成绩。湘潭大多围棋高手都得其教授，著名学生有：丁一舟业余6段、张紫良职业五段、肖泽彬业余6段（7岁时获全国少儿围棋冠军，被喻为棋界神童）、刘逸夫业余5段、陈寅伯业余6段等。除主教练刘前斌老师以外，道场精英团队成员还有丁一舟（1995年出生，业余6段，湖南省第29届"九星杯"围棋锦标赛个人冠军）、滕军

刘前斌围棋道场

（1971出生，业余5段，与刘前斌、丁一舟一同夺得2011年湖南围棋甲级联赛团体冠军）等湖南知名棋手，李雪阳、谢文等教学经验丰富的围棋老师。

这里有科学的教学体系。刘前斌围棋道场秉承"以棋明德、以棋启智、以棋育人"的教学理念，以强大师资力量为支撑，在启蒙、提升、竞赛三个层次的教学训练上认真钻研、潜心摸索、不断总结，逐渐形成了集趣味型、应用型、启智型于一体的围棋教学与训练体系，能够满足不同年龄、不同层次、不同水平学员的教学需求。在日常教学上，道场始终倡导"明德知礼"，制定学生守则和礼仪制度，注重学员棋品棋德养成，将礼仪教育作为学习围棋第一课并贯穿教学始终，让学员知黑白，明事理，走好人生每一步。为了增强教学互动，提升教学质量，培养学员兴趣，挖掘学员潜力，道场采用小班制、多媒体教学，尽力使每一个学员在学棋过程中体验学棋的乐趣，围棋水平都能有较快的进步。同时，根据青少年智力开发与围棋学习的契合点，通过启发引导、强化训练和竞赛对抗等方式，全面拓展学员的注意力、观察力、记忆力和想象力，多维熏陶学员的思想、品格、道德和情操，逐步练就自律、稳重、细心、勇敢等优良品质，让聪明的孩

子爱下棋，让下棋的孩子更聪明，培养出品学兼优、德智兼备的好学生。

这里有浓郁的文化氛围。刘前斌围棋道场以弘扬传统文化、普及围棋运动为己任，不仅在提高围棋技艺上持续努力，更是在推广围棋文化上不遗余力。走进道场，一间间棋类教室宽敞整齐、设施齐备，墙壁上贴着棋诀棋经、棋人棋事等各种围棋知识图片和展板，处处都能感觉到浓郁的围棋文化氛围。道场将围棋的科学性、艺术性和竞技性有机融合，不定期组织举办形式多样的围棋沙龙、专题讲座、高手指导等围棋文化体验活动，邀请陶汉文等职业棋手到道场分享学棋历程、讲授学棋经验，使更多人认识围棋、学习围棋、喜欢围棋。道场每年都与湘潭市棋协一同承办成年、少年围棋较高水平比赛，为多所小学和幼儿园开展围棋普及课程，积极推动和发展围棋活动，着力提升围棋在湘潭的社会认知度、群众参与度。经过数年的不懈努力，刘前斌围棋道场已经拥有广泛的群众基础和良好的业界口碑。

这里有骄人的竞赛成绩。刘前斌围棋道场致力于发现、挖掘、培养和输送青少年围棋人才，竞赛成绩在全市名列前茅，屡次在省、市棋类比赛中获得团体冠亚军，为湘潭培养出了一大批优秀的围棋后备力量。桃李不言，下自成蹊。三年来，累计培养学员达500余人，其中28人晋升业余4段，22人晋升业余5段，升级升段率居全省前列。特别是李俊雄、刘品麟、张辰露等学员，在不到三年的时间里，从围棋零基础晋升到业余5段。此外，道场在历次全省青少年棋类夏令营围棋比赛成绩喜人，2017年荣获团体第五名，2018年荣获团体第四名，用优秀的成绩为湘潭打造"围棋文化名城"和棋类运动的发展而做出应有的努力和贡献。

三、九星棋院

湘潭县九星棋院成立于2004年，总部位于湘潭县易俗河牛头岭金湘大厦六楼，分部位于易俗河凤凰东路66号。是湘潭县围棋培训的重要基地。

九星棋院长期致力于围棋普及教育，棋院拥有一批具有较高水平且热爱围棋教育事业、富于激情的教师，教练组成员多毕业于师范院校，有的

九星棋院

多次获得省市级棋类比赛冠军。

棋院秉承先进教学理念，到2019年，接受棋院棋类普及教育的学员人数达到5000人。其中达到4段、5段水平的近200人，为湘潭县的棋类普及推广做出了很大的贡献。棋院还涌现出了一批高水平的学员。2014年，九星棋院昔日弟子张紫良在无锡举办的全国定段赛中以全国第二名的成绩成功入段，成为湘潭地区历史上第一个男子职业棋手。2017年，九星棋院昔日弟子曾泽润在南京"浦发银行杯"全国业余围棋大奖赛中获得第十名，成功晋升为6段。2023年又成功定段，成为职业棋手。

何云波教授讲座后与老师、家长合影

棋院还多次获得省市级颁发的优秀组织单位奖及优秀教练奖。

棋院还受邀在多所小学和幼儿园开展围棋公益课程，深受广大幼儿园师生和家长的喜爱。

为推广围棋，九星棋院还多次在社区免费进行棋类的知识宣传和普及活动。促进棋类发展，宣传传统文化，传播爱的理念。

棋院还邀请著名围棋文化研究专家、湘潭大学何云波教授面向老师、家长、学员作围棋文化讲座，收到良好的效果。

开设围棋课程的小学：天易金霞小学、天易水竹、天易贵竹，云龙小学、赵家洲小学、子敬小学、山塘小学等。

班级：入门班、基础班、初级班、中级班、高级班、竞技班、初段班、高段班。

棋院宗旨：九星棋院本着"以棋立德，以德育人"的宗旨，致力于湘潭县的棋艺普及教育。棋院遵循竞技培训与素质培养并行，在教学过程中融入围棋礼仪和棋道规范，帮助孩子们养成良好的行为习惯并不断鼓励孩子培养其信心。

棋院学员所获成绩：

2013年第一届"国藩杯"全国业余公开赛第十名；

2013年第28届湖南省"九星杯"团体亚军，2013湘潭市"恒利达"围棋锦标赛少儿组冠军；

2014年第22届湘潭市青少年围棋段级位赛冠军；

2014年湘西南"棋王杯"围棋大赛冠军；

2015年第十届"友情杯"醴陵团体赛冠军；

2016年湖南省第23届中小学棋类锦标赛第八名；

2017年遵义全国红色城市围棋邀请赛冠军；

2018年湖南省青少年围棋公开赛第五名；

2019年广东"美塑杯"湖南省第三届围棋名人赛第三名。

四、湘潭如二棋院

深圳市如二文化传播有限公司前身是惠州棋院，创办于2001年，是一家专业从事围棋教育、棋文推广、大型围棋赛事服务的全国连锁机构。湘潭如二棋院成立于2018年，位于岳塘区芙蓉中路民生银行四楼，棋院为推广围棋教育，每年培训的学员约1000人，同时每年定期开展公益课程普惠大众。配合组织大型围棋赛事活动，培养出多位优秀学员，参加全国各类赛事活动，取得优异的成绩。2022年5月协办长沙市"友阿杯"少儿围棋赛（分赛场）。2022年5月起，被湖南省围棋协会授权为定级定段专业单位，同年承办湘潭市"城发·潭州壹号院杯"秋季围棋级位赛，其学生刘盛熙参加2022年湖南省少儿围棋循环赛，以7连胜冠军成绩荣升四段。学员张起珩参加2021年春季深圳市围棋段级位赛罗湖赛区（全国围棋之乡）级位组比赛，6胜获冠军成绩荣升1段。学员江沐钊参加2020年邵阳第十届"希望之星杯"围棋升级升段赛，级位组7连胜获冠军。如二文化秉承"学高为师，身正为范"管理理念，凭借正规、专业、系统的教学体系和温暖细腻的教学服务，发展区域已遍布广东、江苏、浙江、湖北、湖南等省，被国内众多业界人士所认可，并前来观摩交流。"知行合一，止于至善"，让孩子学习围棋，不仅是学习一门兴趣、学会一项技能，而且可以让更多的孩子从棋中受益，在棋中提升素养，在棋中悟出真谛。现在和未来，如

如二棋院

二人都将旨在中国国粹的传承、传播、传世，为中国围棋的发展和壮大贡献绵薄之力！

五、弈峰棋院

弈峰棋院2016年成立于湘潭市九华经开区，至今已有7年，学生人数从68到现在的500余人，教师团队也从开始的3人到现在10余人。院长罗小玲从事围棋教育20余年，启蒙的学生几百人，很多现在已经业余5段了，弈峰棋院从成立以来培养出了十几个5段，几十个4段棋手，我们的教学理念是普及围棋教育，为湘潭培养更多的围棋人才。

弈峰棋院自成立以来，前期没有设立高段班，导致同学们升到3段后还需要转去其他棋院学习。鉴于这种情况，2000年下半年，院长罗小玲老师聘请湘潭市全运会成年组冠军、业余6段曾泽润老师执教，成立了弈峰棋院高段班。高段班自成立以后，经过老师和同学们的共同努力，两年多来，取得了优异的成绩。其中湛思齐、曹睿祺、朱俊杰同学升入5段，赵毅宸、李沐铮、李义齐、戴一鸣、胡文晨、胡轩铭、莫浚右、周昱成、徐知行、钟骐宇、宋子涵、刘翔宇、戴郯溪、罗梓豪、焦尔诚、陶俊杰等十六位同学升上了4段，在以后的学习中，高段班将在罗院长和曾老师的带领下，大家齐努力，争取取得更优异的成绩！

弈峰棋院教师合影

第三节　湘潭税务围棋运动四十年

引子：改革春风

国运既盛，棋运亦盛。

党的十一届三中全会的胜利召开，吹起了全国改革开放的浩荡春风，催生了湘潭税务围棋的快速发展。1979年3月，湘潭市税务局恢复建制，围棋活动在全市税务系统逐渐兴起。1984年开始，聂卫平在中日围棋擂台赛中十一连胜的神勇表现，举国上下刮起了关注围棋、学习围棋、普及围棋的旋风，全市税务系统的围棋氛围也在不断升温。八十年代期间，在湘潭税务系统的围棋爱好者当中，曹子红独领风骚，多次在全市性的围棋比赛中名列前茅，进入了湘潭围棋界的高手行列，掀起了湘潭税务圈的围棋热潮。随着系统内的围棋爱好者越来越多，围棋已成为湘潭税务干部丰富业

2019年11月20日湘潭市税务系统第一届围棋精英赛合影

余生活、陶冶思想情操的重要项目和有益方式。1990年5月，湘潭市税务局顺势而为，成立了围棋兴趣活动小组，举办了全局系统围棋比赛。经过12名选手两天五轮的角逐，宾洪君、曹子红、陈江南分获前三名。这次赛事的成功举办，是围棋项目首次登陆湘潭税务系统，引领着围棋运动与税收事业的协调发展。

从1994年9月国地税机构分设到2018年7月国地税机构合并的24年间，湘潭市国税、地税系统围棋活动承前启后、务实求真，成为推动湘潭围棋事业发展的一支骨干力量。税务与围棋相互交织、共同发展，在湘潭围棋的赛事活动里，经常有税务干部参与其中；在湘潭税务的文化建设中，必然将围棋项目列入其内。随着税务事业的蓬勃发展特别是国地税机构的顺利合并，湘潭税务汇聚了一大批围棋爱好者、组织者和支持者，并成为圈内一个标杆、一道风景、一方美谈。

上篇：国税争先

1994年9月，根据国务院《关于实行分税制财政管理体制的决定》，湘潭市税务局分设为国家税务局和地方税务局两套机构。按照"7∶3（即国税70%，地税30%）和城市分局成建制划分"的人员配制原则，湘潭国税集中了全市税务系统大部分围棋爱好者。围棋运动在湘潭国税系统始终活跃、持续发展，涌现出曹子红、陈江南、赵新华等一大批高水平的围棋爱好者，助推了围棋文化在湘潭的普及和发展。

立足系统开展围棋运动。20世纪90年代末期，在时任湘潭市高新区国家税务局党组书记、局长宾洪君的倡导下，组建业余围棋训练队，组织内外围棋交流赛。与湘钢、湘机、江麓、江南等大中型企业以及部分机关事业单位开展围棋交流活动，全市国税系统围棋爱好者不断增加，棋艺水平和社会评价迅速攀升。进入新世纪以来，内部活动依次展开。2002年5月，举办第一届全市国税系统围棋比赛，经过16名选手两天六轮的角逐，陈江南、曹子红、宾洪君分获前三名。2006年5月，举办第二届全市国税系统围棋比赛，经过12名选手两天六轮的角逐，曹子红、宾洪君、赵新华分获前三名。2010年9月，举办第三届全市国税系统围棋比赛，经过10名选手两天六轮的角逐，赵新华、陈江南、曹子红分获前三名。2011年11月，举办第四届全市国税系统围棋比赛，经过10名选手两天六轮的角逐，赵新华、曹子红、李钢峰分获前三名。2012年10月，举办第五届全市国税系统围棋比赛，经过15名选手两天六轮的角逐，宾洪君、赵新华、曹子红分获前三名。另一方面，外部赛事成绩斐然。2003年9月，参加"税务杯"湖南省国税系统职工围棋赛，荣获团体第一名，赵新华荣获个人第二名，曹子红荣获个人第六名，陈江南荣获个人第九名。2011年5月，参加"垂钓白鹤井杯"湖南省围棋联赛，荣获团体第十名，创全省税务系统参赛最好成绩。2012年6月，参加湘潭市第十一届运动会围棋竞赛，荣获市直机关团体第一名。

服务社会传播围棋文化。2003年3月，时任湘潭市国家税务局党组成员、副局长宾洪君被推选为湘潭市棋类协会副主席，并在主席离开湘潭后主持棋协工作。在他的协调推动下，湘潭市棋类协会正式成为由市民政局批准登记的社会团体，湘潭围棋事业逐渐走上规范化管理道路。在服务社会、传播文化的围棋运动背景下，全市国税系统围棋爱好者活跃在湘潭围棋界，如陈江南、赵德权、李钢峰等，都是各地围棋活动或各级围棋协会的工作骨干，在组织围棋赛事和推广围棋文化上作出了积极贡献。在他们的参与或组织下，先后主办湘潭市第一届、第二届"亚太杯"围棋赛等市级围棋赛事，陆续承办第四届海峡两岸围棋邀请赛、中国女子围棋甲级联赛（韶山专场）、湖南省围棋精英赛、湖南省第四届大众体育运动会围棋赛、湖南省第八届老年人运动会象围棋赛等大型围棋赛事。2013年9月，带领湘潭县九星棋院队参加湖南省第28届"九星杯"围棋锦标赛，荣获团体第二名。此外，他们致力于青少年围棋推广，不仅让很多系统内干部子弟成为围棋爱好者，而且为不少系统外青少年围棋爱好者下棋讲棋。其中，湘潭市第一个职业棋手和湖南省第一个女子职业棋手张佩佩、湘潭市第一个男子职业棋手张紫良以及棋界神童肖泽彬二段等，在学棋过程中，就曾得到过宾洪君、陈江南、赵新华等人的指导和帮助。

下篇：地税后起

湘潭地税在成立之初，面临的是税源短缺征收难、资金紧缺开办难、头绪繁多理顺难、条件艰苦运转难等诸多难题，开始了艰辛的创业历程。湘潭地税系统的围棋运动，大体分为两个阶段：1994年至2005年，一度沉寂、活动空白；2006年至2017年，从零开始、融合发展。十多年来，特别是在丰富干部业余生活、促进系统内外交流、打造湘潭地税文化等方面，围棋运动发挥了极其重要和不可替代的作用。

围棋发展氛围与时俱进。2006年12月，市地税局成立棋类协会，时任湘潭市地方税务局党组成员、纪检组长陈湘涛担任会长；同时组建围棋活动室，标志着全市地税系统围棋活动从个人的自发的业余文化娱乐走向有组织有计划的系统文化活动，汪向日、莫跃飞、张双泉等一批高水平的围棋爱好者逐渐成熟。2006年4月，在全市地税系统职工运动会围棋项目比赛中，经过24名选手两天五轮的角逐，莫跃飞、汪向日、陈湘涛分获前三名。2008年10月，举办第一届全市地税系统围棋比赛，经过36名选手三天七轮的角逐，汪向日、陈湘涛、张双泉分获前三名。2009年11月，举办第二届全市地税系统围棋比赛，经过28名选手三天七轮的角逐，汪向日、张双泉、陈湘涛分获前三名。2011年1月，举办第三届全市地税系统围棋比赛，经过32名选手三天七轮的角逐，莫跃飞、陈湘涛、汪向日分获前三名。市地税局棋类协会积极组队参加系统内外各项比赛。2007年7月，参加市棋类协会"琴岛杯"围棋

湘潭国税和地税两位围棋领头人宾洪君与陈湘涛纹枰手谈

赛，荣获团体第一名。2011年9月，参加全省地税系统围棋比赛，荣获团体第二名，汪向日荣获个人第一名，莫跃飞荣获个人第六名。2016年9月，参加全省地税系统围棋比赛，荣获团体第四名，汪向日荣获个人第二名。在湘潭围棋运动发展过程中，2009年5月，时任湘潭市地方税务局党组成员、副局长陈湘涛被推选为湘潭市棋类协会副主席，为举办、协办各项棋类比赛献计献策、出工出力，得到了全市围棋界的广泛认可，他还多次代表湘潭参加全省、全国性的围棋交流活动，增强了税务围棋在系统内外的影响力。此外，以时任湘潭地税系统工会主任肖军以及张勇、张俊鸽、鲁品高等为代表的一批"围棋义工"，为服务湘潭围棋运动奉献了自己的心力。

围棋交流活动与税共荣。随着社会综合治税工作的不断推进，以围棋为媒架沟通之桥，以文化为根开合作之花，湘潭地税经常组织围棋交流联谊活动，为税收工作开展营造良好环境。2007年9月，组织财政、国税、地税3个系统单位围棋联谊赛，20多名围棋爱好者参加；2009年1月，组织审计、财政、国税、地税4个系统单位围棋联谊赛，30多名围棋爱好者参加；2010年3月，组织法院、工商、审计、财政、国税、地税6个系统单位围棋联谊赛，40多名围棋爱好者参加；2012年2月，组织公安、检察、法院、工商、审计、财政、国税、地税8个系统单位围棋联谊赛，50多名围棋爱好

2017年4月26日 深化合作杯围棋友谊赛

者参加。2013年5月，接省地税局机关围棋爱好者来潭交流；2014年7月，与部分市州地税局围棋爱好者互访交流。2015年10月，组织教育系统与税务系统围棋对抗赛；2016年10月，组织湘潭大学与湘潭地税围棋对抗赛。

2017年4月，围绕"国地税合作"这一工作主题，举办全市税务系统"深化合作杯"围棋友谊赛，经过32名选手三天七轮的角逐，曹子红、汪向日、赵新华分获前三名。此项活动开全省国地税合作先河，加强了互动、促进了工作、树立了形象，为国地税合作乃至合并贡献了围棋文化元素。

尾声：税务新生

2018年7月，国家税务总局湘潭市税务局正式挂牌成立，湘潭税务围棋事业发展进入了新时代。湘潭市税务局不断发掘和丰富围棋运动价值，将其作为开创"事合、人合、力合、心合"新局面和释放"利国、利民、利企、利税"新成效的有力抓手，坚持不懈推进税务围棋运动的普及和提升。在此基础上，整合税务围棋队伍，整列税务围棋交流，整饰税务围棋文化，为湘潭创建中国围棋名城添砖加瓦。

如今，围棋已成为湘潭税务一项具有广泛群众基础的业余文化活动，湘潭税务围棋爱好者一直活跃在各类围棋赛事和活动当中。目前，全局系统取得业余5段证书或达到业余5段水平的有：曹子红、汪向日、赵新华、莫跃飞、宾洪君、陈湘涛、陈江南、赵德权、温沙、朱银根、张双泉、李钢峰等等。2018年11月，在首届"健康湖南"全民运动会围棋总决赛上，曹子红荣获个人第六名；在第二届全国"红色城市"围棋邀请赛上，包括陈湘涛、赵德权在内的湘潭市代表队荣获团体第三名。2019年11月，组织了机构合并后的第一届全市税务系统围棋精英赛，经过32名选手三天七轮的角逐，城区局队荣获团体冠军，赵新华、汪向日、张双泉分获前三名。此项活动的如期举办，展现了新时代湘潭税务干部人齐心齐、向上向善的良好精神风貌，刷新了四十年湘潭税务围棋津津乐道、久久为功的智力运动风采。

棋行税务，智者无疆。

（陈湘涛）

第四节 湘大围棋：风景这边独好

从南校门走进湘潭大学，在毛泽东主席铜像广场，有一名为"足迹"的石碑：

> 学府堂堂，伟人所倡。
> 鸿业奕奕，群贤共襄。
> 胸怀天下，立足湖湘。
> 广育英才，化育栋梁。
> 博学笃行，凤骞龙翔。
> 盛德日新，报国强邦。
> 跬步千里，日就月将。
> 矢志一流，勃兴未央。

这是湘大的"足迹"，也是湘大的精神。沿着这"足迹"，从1958，到1974、1978、2005……直到今天。

1958年，湘潭大学诞生，毛泽东主席

八十年代湘大学生宿舍围棋一景

亲自题写校名，并嘱托：一定要把湘潭大学办好。

1974年，国务院批准恢复湘潭大学。

1978年，湘潭大学被国务院列为全国6所、湖南省唯一的一所综合性重点大学。

2005年，教育部与湖南省签署协议，将湘潭大学列为省、部共建学校。

2018年，习近平总书记为湘潭大学六十周年校庆题词：

> 不忘初心、牢记使命，扎根伟人故里，弘扬优良传统，坚持立德树人，勇于改革创新，努力把学校办得更好、更有特色。

2022年，湘潭大学入选国家"双一流"建设高校，数学学科入选"双一流"建设学科。

牢记嘱托，艰苦创业，海纳百川，争创一流，湘大，就这样一步步走过来……伴随着湘大的成长，湘大的围棋，也发展起来，尽管其间起起落落，看今朝，又迈出新的一步。

一

1974年，湘潭大学复校，在一片荒山上，描画新的图画。

湘大是一片原野，湘大的围棋，也像小草一般，自由自在地生长起来。

七八级中文系的谢伯端（后来成了湘大的副校长、湖南商学院院长、湖南工程学院党委书记）曾回忆他们班的同学当年下棋的情景：

> 我们几位师兄弟下棋，印象深刻的有：我们下棋做不了"君子"，老要指指划划，刘刚强怕我指点，把宿舍门栓上和别人下棋，我只好找个凳子，趴在门上的窗户上，拿根棍子指指点点。

观棋有语，大约就是棋迷们的乐趣吧！

1979年，在湘大围棋史上留下重要印痕的一个人易向凡走进了湘大。

易向凡，长沙人，在长铁一中念初一时，正值"文革"，大家轰轰烈烈罢工停课闹革命，革命之余，却也有了大把的闲暇时间。何以消日，唯有下棋，易向凡也正是在这个时候学会了围棋。陶醉在黑白世界里，他的水平突飞猛进。1974年，参加长沙市一个名为"金鸟杯"的围棋比赛。获得第七名。1979年，进入湘大哲学系，一边读书，一边寻找棋友。可环顾校园，难觅对手，独孤求败，只好在寝室里跟同学下让3到6子的指导棋。有时手痒，便去市里过过棋瘾。1982年，曾获得湘潭市围棋比赛冠军，为湘大围棋争了光。

大学毕业，易向凡回到长沙，进了湖南省委政策研究室，后来又调到省科技厅，做了17年的处长。2010年57岁时升为副巡视员，进入厅级干部行业，成了"易厅"。宦海之余，有时他也忙里偷闲，"不务正业"，在黑白世界过一把棋瘾。1989年，他参加长沙市最强棋士战，获4段组冠军，挑战5段组冠军杨云杰，以2比1挑战成功，圆了冠军梦。他还曾几次参加湖南省"九星杯"围棋赛，曾获得亚军。2014年退休，有了"自由"之身，也有了更多的下棋时间，他组织湖南名人围棋队，与各地市、各单位、棋院交流，也曾多次回母校湘大，旧梦重温，再谱新篇。

1983年，易向凡毕业离开，另一个在湘大围棋史上具有开拓之功的人——罗约克，大学毕业来到了湘大。

罗约克，湖南怀化人，生于1962年，1878年进中国科技大学化学系，在大学里学会了围棋，1983年来到湘大的时候，大约有了3段的棋力。

这个时候的湘大围棋，虽然在老师和

2019湘潭大学教工围棋队与易向凡、罗约克等组成的湖南省名人围棋队交流

学生中不乏爱好者，也有一些好手，像学生中机械系83级的罗益民，教师中化工系的徐州益、子弟学校的老师超春辉，还有来自台湾的王廉伯教授，据说曾是台湾的职业棋手。但基本上处于"无政府"状态。随着大家交流的增多，1984年，成立教工围棋协会也就被提上了一事议程。

毕业留校、已是中文系副主任的谢伯端回忆教工围棋协会成立的情景：

> 湘大围棋协会教工协会成立的主要发起人有计算机系的副主任周老师（忘记名字了）、我和中文系的杨升初（王勤的研究生，毕业留校），教工协会的证件、公章由我保管。周主任和我当时都是校工会委员，所以成立教工协会得到了校工会的支持。学生围棋协会成立早一些，水平比教工高得多。罗约克毕业分配到了湘大后，罗约克水平高，联络广，又热心。罗在湘大的几年，湘大围棋协会和长沙、湘潭以及兄弟院校的交流上了台阶。

围棋协会由罗约克担任会长，徐州益任秘书长，王廉伯教授任技术指导。与此同时，学生围棋协会也成立起来，会长卢益民，秘书长黄彬。这些组织尽管是民间自发的组织，只是得到学校有关部门的口头认可，并无正式批文。但毕竟有了"组织"，教师与学生之间的各种围棋活动也就热热闹闹地开展起来。其时正好是第一届中日围棋擂台赛，中国队戏剧性地获得胜利，聂卫平成为擂台英雄，它由此也带动了中国围棋的热潮。在这样一个大背景和小环境的双重作用之下，湘潭大学的围棋也迎来了它的第一个繁盛时期。

八十年代后期，湘大围棋社团活动非常活跃。肖军是1988，1989年两届校围棋冠军，也是学生围棋协会的主席。学生组织了校围棋队赴长沙，举办了和几支长沙市甲级队的队际交流。一个是长沙市肉联厂队，一个是国防科大队，都取得了不俗的成绩。围棋协会还曾邀请易和平、易向凡、傅冰等省城名手来校指导交流比赛。围棋在学生中颇为流行，从八十年代中期一张宿舍里学生下棋的照片中，依稀可见校园围棋当年曾经的风景。

二

1988年，罗约克辞去教职，闯荡海南。在那片围棋的新垦地，曾经拿下海南省围棋冠军。后来又转战武汉、苏州、长沙，在商海中打下一片天地。最终在长沙扎根，而围棋，一直伴随着他，在他纵横商海的打拼中，棋悟人生，大约也包含了围棋的智慧吧。

1990年，在南京大学物理系读研的唐翌，毕业后在深圳闯荡了半年，然后来到了湘大。

1986年，在南大就读的唐翌本科毕业，选择了继续在南大读研。也就是在研究生期间，他学会了下棋。据说，在学棋的那段时间，他的棋艺进步神速，很快成了南大物理系"四大金刚"之外的"第五金刚"，后来又成了南京大学学生围棋协会的会长。他说，那时，南大物理系的围棋，就代表了南大的围棋。

刚到湘大，唐翌就获得了湘潭大学教工围棋赛的冠军。他还作为主将参加了湘大教工与学生围棋的擂台赛。据说学生队将主将放在先锋的位置上，一鼓作气，打到教工主将的账下。面对有可能被一杆清台的险境，唐翌潜心准备了半个月。那盘主将对先锋之战，从下午2点下到晚上7点，终于将来势汹汹的对手击退，之后又再胜四盘。虽然最终教工队败北，还是为老师们挣回了一些面子。

那段时间，据唐翌说，他跟湘潭市的一流高手刘前斌、腾军等对战，开始竟也连战连捷。虽然最后后劲不足，显出差距，但毕竟曾经风光过。

而那，也是20世纪湘大围棋的最后的闪光了。

1991年，随着唐翌出去读博，回来又忙于科研、学科建设，无暇下棋，曾经的教工围棋协会也荡然无存，湘大围棋开始沉寂。

2007年，在中南大学任教的何云波教授，作为双聘教授，来到湘潭大学。何教授因为博士论文《围棋与中国文艺精神》，虽然拿的是比较文学学位，却被称为中国第一个"围棋博士"。他在围棋文化研究中，有一系列成果，在国内外围棋界也颇有影响。他的到来，带动了湘潭大学的围棋文化研究，也活跃了校园的围棋氛围。首先，他作为文学与新闻学院的教授，与唐翌教授所在的物理与光电工程学院，开始了一年一届的"文物杯"（文新院与物理院）双边交流，交流既有围棋，也有象棋，还有桥牌、扑克牌等，以记总分的方式决定优胜方。这个活动由双方轮流做东，共举办了三届，丰富了两个学院教工的文娱生活，也增进了双方的了解与友谊。

2010年6月17至27日，湘潭大学工会组织了教职工象棋、围棋、桥牌比赛。唐翌、彭喻杰、邹民安分获围棋比赛前三名。

此外，湘潭大学也加强了对外交流，如与中南大学、湘潭市税务局、湘潭棋院、湖南名人围棋队等的交流，提高了大家参与活动的热情。

因为原来曾经有过的教职工围棋协会名存实亡，2013年4月，湘潭大学教职工围棋协会在校工会的支持下成立，并正式成为校工会下属的一个群众性组织。围棋协会会长由唐翌教授担任，秘书长彭喻杰，会员人数20余人。

围棋协会以继承和发扬传统文化为宗旨，通过围棋活动，活跃教职工的文化生活，营造健康高雅的校园文化陶冶情操，促进广大教职工的联系与交流，普及和提高会员的技艺水平，推动学校围棋活动的不断发展。教工围棋协会成立后，组织了一系列活动。如2014年1月1—3日，湘潭大学围棋代表队参加湘潭市第五届"恒利达杯"锦标赛，获得团体第三名。2015年1月1日至3日，湘潭市第六届"智恒卓越杯"围棋个人、团体锦标赛于在湘潭市琴岛酒店举行。此次比赛汇聚了湘潭和来自长沙、株洲以及在外地教棋的一些高手。湘潭大学围棋队由刚正式调来湘大不久的何云波教授、物理学院唐翌教授、信工院老师彭喻杰、研究生毕业不久的戴永楷四人组成。经过三天七轮的艰辛奋战，湘大代表队取得了团体第二名的成绩，戴永楷获得个人第二名。

2017年7月，湘潭大学教工和湘潭棋院教师联队与中南大学教工、学生联队交流，两轮比赛结果6比5取胜。

此外，湘大教工与学生之间也加强了交流。2017年12月，教工与学生对抗赛，两轮比赛结果教工6比8失利。2018年4月，教工与学生之间还进行了围棋擂台赛。这些比赛增进了师生间的交流、沟通，客观上也促进了学生围棋的普及与发展。

2016年11月，由唐翌、何云波、彭喻杰、邹民安、戴云辉组成的湘潭大学教工围棋队，参加了全国高校第三届教职工围棋邀请赛。

参加高校教工围棋赛的湘潭大学代表队

2019年8月，由湘潭大学工会主席肖其森任领队，由唐翌、何云波、彭喻杰、戴云辉组成的湘潭大学教工围棋队，参加了中国围棋大会高校教职工围棋赛。2019年11月1—2日，由唐翌、彭喻杰、谭小平、许平、戴云辉组成的湘潭大学教工围棋队，应邀参加在灵隐寺举办的"云林坐隐棋禅印心暨中国著名高校2019云林棋禅雅会"……高校间的频繁的交流，让老师们开了眼界，也让全国更多的高校了解了湘大围棋。

2019年11月，湘潭大学工会主办，湘潭大学教职工围棋协会承办了教职工围棋比赛，彭喻杰、唐翌、戴云辉获得前三名。

2019年以来，湘潭大学教工围棋队还与中南大学、湖南围棋名人队、湘潭棋院、株洲硬质合金有限公司等进行了围棋交流。

这正所谓以棋会友，其乐融融。

三

湘大围棋，虽然就竞技而言，在全国的高校中，难说出类拔萃。但在围棋文化研究领域，却因为一个人和他的团队的存在，在国内外围棋文化研究领域独领风骚。

这个人，就是围棋文化研究专家何云波教授。

何云波1979年入湘潭大学中文系学习。1985年在湘潭大学攻读世界文学专业硕士学位，在研究生期间学会了围棋。毕业后在长沙铁道学院（后与中南工业大学、湖南医科大学合并为中南大学）任教，1996年，以其在俄罗斯文学和比较文学研究领域的成果，33岁破格晋升教授。此后他开始涉猎围棋文化研究，2001年出版了《围棋与中国文化》，该书作为人民出版社"中国文化新论"丛书之一，全面探讨了围棋与中国文化的关系。2003年又因为博士论文《围棋与中国文艺精神》，被誉为中国首位"围棋博士"，之后中南大学在2005年成立了围棋文化研究中心（学校每年提供一定的经费）。中南大学围棋文化研究中心成立后，与世界华人围棋联合会合作，编撰了中国围棋文化研究丛书（四本，陈祖德、蔡绪锋主编，何云波执行主编，书海出版社2018年出版），其中何云波自己撰写了《黑白之旅》，又与泰国正大集团副董事长、世界华人围棋联合会会长蔡绪锋合著《围棋与东方管理智慧》，产生了很好的社会影响，中南大学也一度被誉为中国围棋文化研究的中心。

2008年，何云波教授调入湘潭大学后，继续推进围棋文化研究及与棋界的产学研合作。先后承担了中国棋院杭州分院"中国围棋博物馆"项目的内容展陈设计、文字撰稿，城市围棋联赛商业化传播项目研究。2011年，《中国围棋思想史研究》获国家社科基金项目资助，研究成果《中国围棋思想史》（湖南人民出版社2016年）被纳入湖南省哲学、社会科学文库。另一成果《中国历代围棋棋论选》（书海出版社2017年）则成了中国围棋理论的首部资料汇编。2016年，由湘潭大学出版社负责申报，何云波教授主持的《世界围棋通史》（三卷）被列为国家十三五出版规划重点项目，2019年又获国家出版基金资助，2019年12月由湘潭大学出版社出版。此外，在《围棋与中国文化》基础上修订的《中国围棋文化史》，被纳入武汉大学"中国专门史文库"重新出版。《何云波围棋文集》（四卷）作为国内外唯一的个人围棋文化多卷本文集，2018年由青岛出版社出版后，多次获出版行业大奖。这些研究产生了广泛的社会影响。

此外，何云波教授致力于围棋教育及围棋文化推广。先后被清华大学、浙江大学、南京工业大学、南京医科大学、南京艺术学院、北京语言大学、

中央电视台"谁是棋王"之《何云波：人生胜负手》

华东交通大学、四川师范大学、中南大学、湖南大学、湖南师范大学、中国棋院、北大方正集团、云南清远市政府、甘肃天水"陇右讲堂"、湖南图书馆"湘图讲坛"等邀请做围棋文化讲座。多次主持全国各地的各种"围棋文化论坛"。也曾在湘潭大学做"围棋、国际象棋、中国象棋之文化比较""金庸武侠小说与围棋文化"等讲座。2017、2018年两次赴马来西亚做围棋文化全国巡回演讲。出版《围棋文化演讲录》。同时致力于教材建设，《围棋文化教程》，2014年被湘潭大学列为大学生文化素质教育重点教材，2015年由北京大学出版社出版。该教材修订版2019年被列为湘潭大学"素质教育精品课程教材"，由北京大学出版社再版。中央电视台"谁是棋王"节目组拍摄专题片《何云波：人生胜负手》，重点介绍了何云波教授在围棋教育与研究中的成就。

在何云波教授的指导下，湘潭大学比较文学与世界文学学科也出现了一批以棋文化为选题的博士、硕士论文。博士论文如袁娜的《国际象棋与20世纪西方小说叙事研究》、任晨《西方视野中的围棋与中国形象建构研究》、刘金《围棋在日本的接受与审美精神建构研究》、奚沛翀《中国古代弈画的审美精神研究》等。硕士论文如《围棋与日本文学审美"幽玄"的关系研究》《〈棋王〉：从小说到电影的改编研究》《论苏轼围棋诗及其对后世的影响》《金庸武侠小说围棋书写研究》《论明清小说中的女性弈棋书写》《日本动画〈棋魂〉与中国电视剧〈棋魂〉比较研究》《论江崎诚致作品的围棋书写》等，从而形成了一个研究团队，在围棋与文学研究中的一个稳定的研究领域。

鉴于湘潭大学在围棋文化研究与教育、推广中所做的一系列工作，2019年3月，湘潭大学被中国围棋协会批准为全国围棋师资培训试点单位之一。2019年6月，湘潭大学正式批准成立校级研究机构"围棋文化研究中心"。研究中心由何云波教授领衔，核心成员有：

陈代湘：湘潭大学碧泉书院院长、二级教授、博士生导师；

唐翌：物理与光电工程学院二级教授、博士生导师，湘潭大学教职工围棋协会会长；

雷磊：文学与新闻学院院长、二级教授、博士生导师；

宋德发：文学与新闻学院副院长、教授、博士生导师；

吕斌：文学与新闻学院教授、博士生导师；

郑长天：文学与新闻学院副教授、硕士生导师；

谭小平：马克思主义学院副教授、硕士生导师；

彭喻杰：计算中心实验师，湘潭大学教职工围棋协会秘书长；

沈云霞：文学与新闻学院讲师；

袁娜：文学与新闻学院讲师；

此外，中心还聘任中国围棋协会原主席林建超，中国围棋协会原副主席雷翔，泰国正大集团副董事长蔡绪锋，围棋文化研究专家陈祖源、刘朝谦等担任客座研究员。

研究中心职责：

第一、 组织从事棋文化项目研究及相关的学术活动，不断推出研究成果，加强国内外围棋文化交流；

第二、 在本科生素质教育中推进棋艺教育，组织编撰有关教材；

第三、 在中国语言文学或哲学一级学科博士、硕士点中设"国艺"二级学科，培养博士、硕士研究生。

第四、 建立中国围棋协会湘潭大学围棋师资培训基地，从事全国围棋师资、围棋管理培训。

第五、 与湘潭大学教职工围棋协会合作，开展有关围棋推广、普及活动。

湘潭大学的围棋文化研究，已经在全国乃至世界产生较大影响。而湘潭大学围棋文化研究中心的成立，就是为了构建一个更好的平台，整合各学科的力量，发挥学科互补的优势，将湘潭大学的围棋文化研究推向一个新的高度，使之真正成为中国乃至世界的围棋文化研究中心。

这正可谓任重道远，未来可期！

（袁娜）

第五节　湘潭区县围棋状况

一、湘潭县

在21世纪以前，湘潭县的围棋爱好者和围棋活动基本上处于比较封闭的状态，成为蓬勃向上发展的湘潭市围棋活动的一种不起眼的陪衬。

围棋在中国古代主要流行于传统的上层士大夫文人之间，现代社会围棋虽然慢慢普及于民间百姓，但是围棋活动还是文化圈内人士举办的居多。湘潭县的围棋赛事首先就是从县教育系统开始的！

2001年首届湘潭县教务系统围棋赛在云龙学校举行，湘潭县二中老师张毅九连胜夺冠。后来湘潭县教育系统经常会举办一些围棋比赛，湘潭县教师队伍中，花石学校的胡际宇老师是个非常热爱围棋的棋迷，胡老师患有小儿麻痹症，但他只要有围棋比赛，就一定会报名参加，这种执着令人感动。

湘潭县张作湘主席带队参加了湘潭市教育系统围棋赛，湘潭县二中张毅输给湘潭市教育系统欧阳遏舟，获第二名。湘潭县女子棋手第一人，县职业技术学校赵云清老师获此次比赛第三名。

2019年湘潭县教育系统围棋赛，易俗河山塘小学田正林获得冠军。在湘潭县教师队伍中下棋下得好的还有很多，如唐长海、李红兵、闵建波等等老师。

另外湘潭县宣传部的苏新波，卫生系统的张宏亮、周放鸣、赵拥华，花石镇徐来、赵北斗，杨嘉桥唐铁辉，青山桥镇肖银中等，他们的围棋水平都有业余1段至5段。

不过湘潭县业余高手几乎都聚集在易俗河县城,他们中有:税务局赵德权、赵新华、朱银根5段,县公安系统谢述强5段,县信访局刘干权5段,县政协刘奇志5段,县个体企业家冯学根5段、张启明5段,石潭农机站厂长张建红4段,他们经常聚在一起切磋棋艺,各自胜负相当,水平不分上下,他们几乎代表了湘潭县的业余围棋最高水平。

2005年湘潭县第一届运动会举行,冯学根获得围棋组第一名。

2013年赵德权自费组织湘潭县队参加了湖南县级围棋团体赛,队员是:赵德权、张启明、赵新华。

梁启超在《少年中国说》里面强调"少年强则中国强",邓小平说教育要"从娃娃抓起",一个地方的围棋要想有所发展,也要从娃娃抓起。湘潭县围棋近二十年真正的飞速发展,还是从2004年汪星光开始入驻易俗河从事少儿围棋普及教学开始的!

2004年3月19日,下岗职工汪星光自主创业,在朋友李祝的介绍邀请下,来到易俗河镇开启湘潭县的少儿围棋启蒙普及教学,在办学初期,由于缺乏办学经验,三个月时间内只招了五个学生。因为生活压力山大,迫于生计,汪星光告诉五个学生家长:准备去广东或别处去求职,准备教完这个月就离开。学生家长知道后,瞒着汪老师设宴邀请百花小学郭启明校长,希望郭校长为易俗河留住一个认真负责的围棋老师想点办法!郭校长拍板说道:"我从没见过学生家长为求校外培训老师留下来找过我,我可以在百花小学免费提供一间教室做专门的围棋室,招生工作你可去找一年级老师发动一下。"

汪星光听郭校长如此表态后,颇为感动,安心地在湘潭县继续坚持了下来。

2004年湘潭地区围棋培训创始人欧阳遏舟老师到易俗河找汪星光老师,诚邀湘潭县学棋儿童参加一年一度的阳光山庄杯少儿围棋大赛。学棋未满三个月的县区小棋手王梓、周思戈、马善道三人荣获这次少儿围棋比赛新苗奖。

随着办学能力的提升,汪星光老师负责经营的围棋教室教学场地小的问题凸显出来。不到一年，围棋教室就从湘潭县百花小学搬出校外，并在县百花街租了二层楼六间房，其中用了四间房作教室。这样逐步发展壮大起来，正式取名为九星围棋教室。

2005年5月，湘潭县九星围棋教室组队代表县百花小学参加"阳光山庄"杯青少年围棋赛，这次比赛再次获得好成绩。其中马善道获得1—2年级组个人冠军，王梓第二名，两人捧得团体冠军。

2006年5月九星围棋教室第三次组队参加阳光山庄杯少儿围棋赛，王梓获得1—2年级组第一名，袁嘉妮获3—4年级女子组第一名。九星围棋教室荣获低年级组团体第一名，九星围棋教室连续三届组队参加阳光山庄杯少儿围棋赛，并获得好成绩。后来不知什么原因，阳光山庄杯少儿围棋赛停办了。

九星围棋室成立以来，湘潭县的围棋爱好者赵德权、刘奇志、张启明、冯学根等经常来围棋教室下棋，湘潭县以易俗河为中心的围棋活动也日益活跃起来。

2009年至2015年，九星围棋教室连续组织湘潭县围棋爱好者参加由湘潭市棋类协会主办、闲云阁承办的"恒利达杯"湘潭市围棋锦标赛，湘潭县九星棋院昔日学生张紫良、陈寅伯分别获得2012年和2013年成人组冠军，谢述强获得第一届太乙杯成人乙组冠军。

特别是2013元月1日开战的第四届"恒利达杯"围棋锦标赛，为提高湘潭少年棋艺水平特设了13岁以下组，九星围棋教室学生杨雨墨5段夺得这次增设的"恒利达杯"少年组冠军。湘潭县九星棋院昔日学生陈寅伯5段夺得成人组甲组冠军。这次赛后还举办了甲组成人冠军和少年组冠军的让二子棋赛，最终陈寅伯胜，湘潭市两省棋王刘前斌老师为他们复盘讲解。

九星围棋教室为谋求更好的发展，于2012年起先后购置了在县易俗河镇玉花二路玉花楼二楼三楼，面积480平米作为围棋教室，并改名为九星棋院。为解决购置款不足的问题，湘潭县赵德权为九星棋院四处找人找银行贷款，为九星棋院发展做出了不可磨灭的贡献。

2013年年初，湘潭县赵德权和汪星光组织湘潭地区围棋高手5人，首次参加有湖南省五地州市棋友参赛的醴陵市第九届友情杯赛。湘潭县少年棋手张紫良在2013年和2014年连续两年斩获冠军，2016年湘潭市丁一舟斩获友情杯冠军。从2013年至2020年，湘潭县每年都组队湘潭地区的棋手参加醴陵友情杯围棋大赛。其中九星棋院培养出来的学生曾泽润6段、陈寅伯6段多次取得好名次，湘潭县汪星光曾获2017年友情杯第7名，2020年元月原湘潭市棋类协会副主席宾洪君率队参加第十五醴陵市"友情杯"围棋锦标赛，湘潭市肖泽彬憾负长沙唐天源获得第二名。

赵德权为使湘潭县棋艺活动开展得更加活跃，2013年8月首次组建了"湘潭县九星棋院队"参加湖南省九星杯围棋锦标赛，队员分别是湘潭市刘前斌6段、丁一舟6段和湘潭县张紫良6段。丁一舟和外援李涵5段，带领队员荣获在嘉禾举行的湖南省第28届"九星杯"围棋锦标赛团体亚军。

2014年湘潭县九星棋院昔日弟子张紫良6段在全国定段赛以全国第二名的好成绩定上职业，成为湘潭地区历史上第一个男子职业棋手。

2014年，湘潭县少年棋手曾泽润获西南棋王赛冠军。2017年，获湖南九星杯围棋赛青少年组第一名，总名次第四名。

2017年获浦发银行杯全国围棋公开赛第十名并升到6段

2016年7月，湘潭县由县文体局组队，赵德权任教练，参加湘潭市第十二届运动会围棋组比赛并获团体亚军，其中九星棋院培养的学生汪巧慧4段获女子组个人第一名，李新跃5段获成年男子组第三名、汪星光5段获成年男子组第六名。

2017年湘潭县九星棋院首次在湘潭县鸿熹大酒店承办了湘赣两省五城市少儿围棋锦标赛，本次比赛是在湘潭县棋友彭宏武的引荐下，并得到了湘潭羊鹿茶业有限公司总经理阎国胜的赞助，使比赛得以圆满成功举办！

2017、2018、2019连续三年，湘潭县赵德权和湘潭市欧阳遏舟共同组成湘潭市队，赵德权在这三届比赛中，个人自费组队参加全国第一届至第三届红色城市围棋赛，2017年夺冠，2018年获得第三名。

湘潭县城作为全县的政治文化中心，聚集了众多围棋爱好者。县直机关包括许多在职主要领导以及干部职工。为了方便众多棋友相互交流，组织全县围棋活动，培养青少年学习围棋国粹。2017年初，经由赵德权、周理湘、刘奇志、汪星光等人发起，筹备成立湘潭县棋类协会。在县文体局、县民政局大力支持下，经过半年多时间，2017年7月，在九星棋院正式成立了湘潭县棋类协会。选举产生赵德权（兼）、汪星光为主席，刘奇志、张建红、冯学耕为副主席，刘干权、周理湘（兼）秘书长。

湘潭县棋协成立后，在赵德权的张罗下，积极发动社会力量，为棋协筹备了一定的资金。九星棋院免费为棋协提供场地，棋协出资装修并购置了一批高档古典家具，易俗河终于打造了一个古色古香的围棋会所，为全县围棋爱好者提供了学习交流的场地。

2017年，在湘潭棋友郑跃军的提议下，赵德权委托九星棋院汪星光三上长沙，在省棋类协会取得了湖南省第三十二届"九星杯"围棋锦标赛的承办权，赵主席多次努力，得到了湘潭县著名槟榔企业胖哥食品有限公司的赞助，并组建了湘潭县九星杯队。由赵德权任领队，郑跃军任教练，团体队员由湘潭本土高手刘前斌6段、丁一舟6段、曾泽润6段，加上外援长沙周恒毅6段和怀化刘秋6段，最终一举获得第三十二届九星杯团体冠军。

2018年湘潭县棋类协会和湘乡围棋协会举办了湘潭县和湘乡的围棋爱好者友谊赛，并相约每年一次轮流互访。

2018年湘潭县棋类协会组织湘潭队参加了湖南省名人赛，队员分别是丁一舟、曾泽润、肖泽彬三位平均年龄未满二十岁的年轻6段，在领队赵德权，教练汪星光带领下，荣获湖南省名人赛团体第二名。

湘潭县九星棋院昔日学生陈寅伯6段在2018年、2019年连续两年获得湖南省大学生个人赛冠军。

2018年湘潭县棋类协会分别接待了上海浦东围棋棋迷一行六人和江西宜春市围棋16人的队伍并友谊切磋交流了棋艺。

2019年赵德权率湘潭县棋友和湘潭市闲云阁棋友回访了宜春市围棋协会。2019年湘潭县组队参加了在攸县举行的湖南省第二届县级围棋赛，队员分别是汪星光、赵新华、谢述强、朱银根，赵德权因为工作繁忙，虽没去参赛，但是慷慨私人赞助此次比赛活动经费。

2019年湘潭县棋类协会组队参加了2019"广东美塑杯"湖南省第三届围棋"名人"赛，队员分别是丁一舟、曾泽润、肖泽彬，最终获团体第二名。

2020年，因新冠疫情席卷全球，线下围棋活动很难举行。湘潭县棋类协会因此连续举办了三届湘潭县抗击疫情围棋网络赛，湘潭县棋友赵德权、张建红、刘毅，分别赞助这三届疫情赛，这三届网络赛冠军棋手分别是陈文忠、倪亚峰、赵新华。

疫情期间，九星棋院还出资并组织了系列"抗疫情网络围棋指导棋"，张紫良职业五段指导湘潭县多位棋友，下出了精彩的对局。

湘潭县棋类协会自成立之后，就积极组织县棋友参加湖南省各项赛事。虽然面临各种各样的困难，但是有湘潭县众多围棋爱好者的无私支持，湘潭县的围棋活动开展得越来越好，规格越来越高，随着围棋普及教学的多年积累，年轻一代的围棋人已经成长起来。如今，湘潭县又在积极争创全国"围棋之乡"，我们有理由相信湘潭县的围棋发展明天会更好！

（汪星光）

二、湘乡市

湘乡市是一座县级城市，历史悠久，名人辈出，有深厚的文化底蕴。

20世纪80年代湘乡下围棋的人少，水平也很低，当时只听说过湘乡二中向光傅老师是全市冠军，当时我在二中读高中。到九十年代初由于受中日围棋擂台赛影响，湘乡下围棋的人成几何数增长，几乎每个单位都有爱好者，并逐渐涌现出一批水平较高的棋手，棋力最强的是当时铁合金厂的徐策、孙力、陈岳龙、蒋铁才、周必成，水泥厂的童剑刚等，其中徐策参加湖南省大企业杯围棋赛勇夺亚军，并战胜了当时湖南省冠军周定良，成为湘乡一代神话，并奠定了在湘乡的霸主地位。因为外出比赛逐渐增多，徐策在长株潭已小有名气。除了国营大企业围棋水平蒸蒸日上，湘乡街上也涌现出一大批高手，其中陈连波（已故）、刘国平、李铜铎、李勇泉、贺德林、谭柳青、文晓波、刘驰等较为突出，当时应该达到了业余3段水平。

因为湘乡街上棋手对国营大企业铁合金厂棋手不服，于是来了场擂台赛，结果是街上棋手惨败，铁合金才两人就把湘乡棋手全灭，可见差距很大。我九二年毕业回湘乡后，也加入了围棋爱好者行列，当时湘乡街上棋手和铁合金等大厂矿棋手都爱聚到陈连波家或贺德林家下棋，赌个小彩5元到50元不等。我经常去看他们下棋，甚至看个通宵，尽管水平差，我常自告奋勇挑战高手，从被让六子开始下，可能悟性还可以，这样下了两年，从六子便飞速到了分先水平，也加入了湘乡街上高手行列。为了提高水平，下班后只要有空就去铁合金厂找更高水平的徐策、孙力拜师下棋，由开始的难胜一盘到逐渐可以胜个一盘，一年后感觉自己水平大幅提高了，在湘乡街上下棋再也不怕了。一九九六年我和徐策、孙力代表湘乡参加了湘潭市全运会围棋赛，获团体第三名，我个人获第十一名，这次比赛让我见识了更厉害的高手湘潭刘前斌、胡晓春、周粤鸿、腾军、郑跃军等，看他们下棋简直是一种享受。

到了九十年代后期，湘乡市铝厂又冒出年轻高手黄剑（徐策的徒弟）、李春桥等，使湘乡棋市更加热闹，于是企业家兼围棋爱好者刘湘伍创办了湘乡市第一个围棋会所，地点在热闹的人民医院旁昆仑乔办事处当街的两个门面，于是每天都有许多围棋爱好者光顾，热闹非凡，也成为了和外界交流的理想场所，后来又有李志明老板的城振酒家和唐尧军的三眼井棋会，都办得风生水起。

进入二十一世纪，由于社会的改革及国有企业转型，徐策、黄剑、孙力、陈岳龙等湘乡一流高手相继去外地求发展去了，但湘乡围棋仍然蓬勃发展，以当时国税局长熊云潜为首，骨干成员张超平、李钢锋等一大帮税务围棋爱好为班底，联合我们湘乡其余棋手，成立了湘乡市围棋协会，会长为熊云潜，秘书长为李钢峰。在会长和秘书长的积极筹备下，湘乡市举行了首届大型围棋赛，并特邀了湘潭市、湘潭县税务系统两个队参赛，参赛人数达百人，参赛队多达二十四支，湘乡的外出高手也悉数赶回参赛，最终团体冠军被以徐策为首的铁合金厂队夺得，个人冠亚军争夺在我和师父徐策两人中产生，最终我战胜了强大的师父夺冠，第三名到十名分别为童剑刚、谭柳青、孙力、李钢峰、王小惠、李春桥、陈智勇、刘华，强大的湖铁天王蒋铁才老师和深圳高手周榆竟然未进前十，爆出特大冷门。

2009年后由于徐策等高手外出发展，所以湘乡外出比赛主要由我、蒋铁才老师、谭柳青老师参加，在湘潭市几个大型比赛中，我们三人最好名次为4、5、6名，发挥不错，但湘潭很多高手未参赛。

2010年后，湘乡下棋的人数剧增，涌现出刘新国、李勇泉、魏晓华等为首的一大批狂热爱好者，湘乡围协场地也搬到了原金天科技学校，环境大大变好。

在近几年中，在会长成立超和秘书长李钢峰的有力组织下，湘乡市由徐策、蒋铁才、刘继宁、肖海斌组队参加了两届湖南省县级市团体赛，并分别获得了第四名和第三名，和湘潭县、岳阳等地区组织了多次友谊赛。会长成立超老总为棋协活动捐款达数万元，秘书长李钢峰为资金长期奔波各政府部门，湘潭市欧阳老师、唐述平院长和张洋阁主，湘潭县汪星光院长，外地工作的魏晓华老师等等，都为湘乡市的围棋发展给予了大力支持。

到目前为止，湘乡市下围棋的人多达数百人，呈现出欣欣向荣的景象，相信未来湘乡棋市会更加繁荣。

（刘继宁）

三、韶山市

受中日围棋擂台赛影响，87年开始，韶山出现了韩曙等一批围棋爱好者，1992年10月由庞灿仁、杨昆、林建平、程春强组队参加了湖南省体委组织的纪念毛主席诞生百周年全国围棋邀请赛。93年起随着庞迎波、苏端良、彭军、汤更喜、彭瑞林、黄大维、王更祥、黄泽蛟、唐铁宾等好手毕业来韶工作，韶山围棋爱好者越来越多，体育局、团委及热心企业家每年组织赛事，韶山围棋进入鼎盛时期，曾先后组队参加了湘潭市七运会、八运会，在十多支队伍中两次获得团体第五名佳绩。2005年后，随着高水平棋手逐步调离或退隐，加之少儿围棋教育未大力发展，韶山围棋逐步冷清。2014年8月，全国第二届女子围棋联赛北京中信——湖南友谊阿波罗的湖南队主场比赛在韶山宾馆举行，2015年10月，全国第二届老知青围棋比赛在韶山宾馆举行，2017年5月，第五届中信置业杯中国女子围棋甲级联赛在韶山举行了开幕式和第一站比赛。

主要围棋人物：

庞迎波，业余5段，1971年生，93年来韶，05年调湘潭，棋风彪悍，好攻杀，多次荣获韶山冠军，曾参加湘潭市比赛获得第四名。

苏端良，业余5段，1969年生，93年回韶，棋风稳健，善细棋，与庞迎波开启了10多年双雄争霸时代，后独孤求败，逐步淡出棋坛。

李雪，业余5段，1972年生，多次获得韶山围棋比赛冠军，现在长沙市从事围棋教育工作。

杨昆，业余4段，1965年生，早期韶山第一高手，后至湘潭经商。

彭军，业余4段，曾获一届韶山围棋比赛冠军。

庞灿仁，业余3段，1964年生，曾在体制内任职后下海经商。1988年学棋，为人豁达，善交友，是韶山围棋活动主要组织者、赞助者之一，其所开的鑫城大酒店是棋友们重要活动场所。

（庞迎波）

四、湘潭高新区

2014年，成立高新区棋类协会，庞迎波任棋协会长。

2015年，庞迎波、赵迎冰、杨亦农组队参加市直机关围棋赛，荣获团体第2名。

2015年，高新区组织了江南宝安城杯棋王赛，李新跃夺得棋王称号。

2016年10月，恒大杯围棋公开赛，邀请了省内外众多高手参赛，最终黄艺清、张洋、丁一舟、庞迎波、翁斯强、赵迎冰分获一至六名。

2017年8月，组队参加湖南省第32届九星杯围棋锦标赛，夺得团体第9名。

2018年，积极组织首届"健康湖南"全民运动会湘潭高新区围棋海选赛，选拔了刘前斌、谢方为等优秀选手。

为提高区内围棋爱好者水平，区棋协多次邀请丁一舟、刘前斌等高手前来进行一对多指导教学赛。

5段以上活跃棋手：杨亦农、赵迎冰、倪亚峰、刘耀华、张志斌、张力强、杨子江、李新跃、卢革胜、庞迎波、曾胜华等。

（庞迎波）

第四章　棋迷故事篇

第一节 我与湘潭的棋缘

我大学打排球,研究生踢足球,研究生快毕业时学围棋。后来,足球基本不踢了,排球与围棋,却成了一生的爱好。

而这一切,都与湘潭有关。

一

足球、排球这里不表,只说围棋。

1979年,我16岁,考入湘潭大学,读中文。20岁毕业,在长沙铁道学院当了两年老师。1985年,重新回到湘潭大学读研究生,师从张铁夫教授,攻读俄罗斯文学。

研究生毕业那个学期,我迷上了一种好玩的游戏:围棋。

第一次接触围棋,是在1985年,我研究生刚入学。第一届中日围棋擂台赛进入最后的高潮,聂卫平与藤泽秀行的主将对决。这届擂台赛充满了戏剧性,从上一年度开始,先

《世界围棋通史》编委会部分成员在湘潭大学校门口合影(左起李喆、何云波、陈祖源、王海钧)

是中方第二个出场的江铸久狂飙五连胜,接着小林光一怒涛六连胜,之后孤胆英雄聂卫平挺身而出,将小林光一、加藤正夫打下擂台,终于赢来了最后的决战。在这之前,这局棋已在社会上炒得沸沸扬扬,我身边那些会下棋的同学,也早就等着看中央台的直播。尽管在这之前,我基本上没怎么听说过围棋,也被这种气氛所感染,跟着那帮同学,早早就等在了电视机前。那是我第一次看围棋的电视直播,棋的招式自然是不懂,只能听解说者对局势的分析,心情也随之乍喜乍忧。还有就是黑白子纵横交错,本身就组成了一幅奇妙的黑白山水画……

擂台赛播下的种子,终于要发芽了。

只是,真正地走进围棋,与之相知,已经是两年以后了。

研究生最后一年,全力准备学位论文。我写的是《论陀思妥耶夫斯基的宗教意识》,年底初稿出来了,交给导师,他看了后,就说可以了。第六个学期,就剩等着答辩了。闲下来,干点什么呢,那就学棋吧!

同专业的研究生同学,有两个会下棋。其中一个是我们的班长,姓龚,年纪最大,我们叫他龚兄,不过他更喜欢女同学叫他老龚(公)。从让六个子开始下起,被蹂躏了几次之后,痛下决心,发愤看书,个把月,就把龚兄打下去了。后来才知道,我眼中的第一个围棋高手,水平实在是不入流。不过,龚兄从此有了炫耀的资本。有一年,我们去给两位导师曹让庭、张铁夫老师祝寿,他们正好一位80,一位70。而龚兄,也快60,准备退休了。路上聊天,龚兄说何云老现在是围棋界的名人了,可当初他还是我的启蒙教练呢。说起来,他也应该算是我的导师之一。席间,我祝酒,祝两位老师健康长寿。我又说,龚兄也想升级,取得跟两位导师一样的资格,这次就算了。10年后,再来为他们一起做七、八、九吧!大家便笑,纷纷说好!龚兄也笑,说,好啊!好啊!只是下次不能让某某同学参加了,他远道而来,手机都没有一个,还要借那些本科的学弟学妹的机子打电话,幸亏人家不知道他是谁,不然把老师们的脸都丢尽了。

龚兄就是这么一个幽默的人,人也长得像圆圆的棋子,慈眉善目。他原在一个地市师专教书,有两个孩子,老婆户口在农村,没有"工作",自己又出来读书，家里经济自然紧张，但从来没有见他叹过气、抱怨过什么，总是一副乐呵呵的样子。他棋上的不长进，我们也就理解为胜固欣然败亦喜了。

我的第二个围棋启蒙老师，是本科时的同班同学邱运华，人称邱老，我们平时叫他邱毛。邱老大学毕业后去了内蒙古大学读研，三年后回到母校教书，俨然就成了围棋高手。自从把龚兄之流打了下去，下一个目标就是高高在上、高不可攀的老邱。从九子开始，一子一子艰难地往上攀登，半年后，终于能分先了。毕业后一次回母校，在老邱家下棋，上一年级本科的一位姓谢名伯端的师兄（后来当了好几个大学的校长、书记），算是资深棋迷，见了，问：让几子。老邱说：对下。谢哥说：从来没有听说过何云波会下棋，怎么一下子这么厉害了啊？我就说：士别三日哦！

回想起来，当初那么发愤学棋，其实动力很简单，就是打败身边的"高手"们。人们都说我是个温和、超脱的人，云淡风轻，其实骨子里是好胜之人。专业学习，无论是硕士还是博士论文，做得很投入，都是让导师一次性通过，其实就是为了对得起老师对你的那份信任与期待。而游戏小道，也容易入迷，大学里打排球，一年后就进了系排球队。研究生改踢足球，最后踢进了研究生足球队。研究生要毕业时，学围棋，差点把棋弄成了终身的事业。归结起来，其实还是那份好胜之心。它激励我拼命地去看书，而我身边的"高手"，都是玩玩而已。包括邱老，后来他去了北京，在首都师大，从普通教师、人事处处长、校长助理，一直做到副校长，现在中国民间文艺家协会，做党组书记。投身于为国为学的事业，自然心无旁骛了。后来邱副校长又开始关心起围棋事业来，把国学网挂在首都师大，支持国学网总裁尹小林弄起了"国学杯"。去年我带中南大学教工围棋队去北京高校交流，第一站就是首都师大。"国学杯"在广州棋院举行时，搞了个围棋文化论坛，请我参与。我问广州棋院的容坚行院长，还邀请了哪些人，他第一个就说到有首都师大邱校长，我说：我们是大学同班同学啊！容院长便感叹：哎呀，你看，这个世界真小。

我就附和，说：是啊，是啊，因为有围棋嘛！

二

棋下着下着，就对围棋文化产生了兴趣。2001年出了围棋文化方面的第一本书《围棋与中国文化》。2003年，又有了博士论文《围棋与中国文艺精神》，虽然拿的是比较文学学位，却被称为中国第一个"围棋博士"。接着，又在中南大学弄起了围棋文化研究中心，编撰了围棋文化研究丛书，主持了中国棋院杭州分院中国第一个围棋博物馆的内容展陈设计、文字撰稿，2009年拿到了棋文化第一个国家社科基金项目《中国围棋思想史研究》。《新闻天地》（2009年第12期）刊载"湖湘文化人物心路历程之：何云波的黑白人生"，介绍我与围棋的结缘。这一切，算起来，都是因为当年在湘大求学的机缘。

2007年，我回到湘潭大学，做兼职教授。2014年，离开中南大学，彻底回归湘大，又开始重续与湘潭的棋缘。

回到湘大，最早认识的棋友是唐翌。他当时是物理与光电学院的副院长，但在湘大，他的知名度更多的不是专业，而是因为围棋。在湘大，说起围棋，大家就都会说物理学院有个谁谁谁来着。我所在的文学与新闻学院，也有几个围棋爱好者。有一段时间，文新院与物理院，每年都有一个"文物杯"，轮流做东。围棋、中国象棋各出几个人，再加上牌（湘潭流行一种炒地皮的牌戏），打团体赛。我和唐翌都是各自学院围棋的主将，互有胜负。但总体上好几次都是文新院赢了，物理院那边便有些兴味阑珊，"文物杯"弄了三届，就没有下文了。

回到湘大，唐翌又把我介绍给湘潭棋界。之前与湘潭棋界并不熟悉，一次新疆的一位棋友来湘潭，与湘潭棋友聚会，我也在场。那位新疆的棋友说：何老师在全国的名气，比在湘潭大得多。

后来，与湘潭的棋友逐渐熟悉了，他们也逐渐把我当作了其中的一员。顶着中国第一个"围棋博士"的头衔，他们都知道我在围棋文化研究上有些名气。不过棋上究竟如何，并不知情。认识湘潭棋院的教练郑跃军老师，就是因为我的一位研究生师妹也是郑老师的中学同学的介绍。那天晚上我们在一家茶楼下了一盘棋。那盘棋始终咬得比较紧，最后尽管我输了，但自觉质量还可以。郑老师后来说，那天他刚下完湘潭市的一个比赛，比较累，不过感觉何博士的棋，确实下得挺不错的。

不过，那是不计时的慢棋。平时下棋，自我感觉还可以，因为很少参加比赛，一到比赛，不习惯那种用时的节奏，水平便会大打折扣。我的棋属于典型的书房棋，看书学出来的，中规中矩，不喜野战，加上学棋又晚，棋感不好，下棋慢，还经常容易出漏招（湖南话叫勺子）。再就是基本不去茶馆下带彩的棋（八十年代后期，也曾经去过一些茶室，经常看到里面烟雾缭绕的，且不带彩就没人跟你下，或者胡乱地应付几手，后来就再也没有去过了），没有经历过彩棋的战斗洗礼，面对那些不讲理的对手，就像秀才碰到兵，常常束手无策。有一次，湘潭、株洲、岳阳几个城市搞了个领导干部和名人围棋赛，我正兼着湘潭大学的博导，平时跟湘潭棋院的教练们下棋，也还像模像样，湘潭方面让我代表湘潭出战。比赛在岳阳举行，岳阳方面早早就在渲染说有个"围棋博士"要来参加比赛，充满了期待与好奇。可几轮下来，结果却让人大失所望。

之后发愤练棋，与湘潭的棋友，交流也就越来越多。还在中南大学的时候，就经常有湘潭棋院与中南大学师生间一年一次的交流，轮流做东。到了湘大，也不时有湘大教师与湘潭棋院间的交流。交流或者在湘大，或者在湘潭的一处茶楼——闲云阁。闲云阁是湘潭棋迷的大本营，每天都有不少棋迷在那里下棋，颇为热闹。由此也可见湘潭围棋的普及程度。

湘潭棋界有什么活动，也经常会邀请我参加，露个脸、下下棋什么的。2017年，由原遵义军分区司令员孔健发起，弄了一个红色城市围棋邀请赛。比赛的赛制颇为独特，每个城市出厅级干部1人，处级干部1人，科级干部2人，企业家3人，业余棋手3人，女子棋手1人，共11人，下团体赛。第一届，湘潭队在厅干一台空缺的情况下，拿了个冠军。第二届，湘潭队邀我加入，教授相当于厅级，加上我在棋界，还算有点知名度，组委会也就认可了。比赛举办地在雅安市石棉县，赛场就在安顺场，当年红军强渡大渡河的地方。我发挥尚可，七轮赢了5盘。可湘潭队运气稍差，团体成绩掉到了第三名。但大家在几天的时间里，住同一酒店，同一桌吃饭，在同一赛场共同奋战，比赛后一起吃夜宵、喝酒，其乐融融。我自己，也有了一种完全融入到了湘潭棋界中的感觉。

2019年8月15—17日，第三届全国红色城市围棋邀请赛在井冈山市举行。赛前湘潭队信心满满，力求保三争一。结果却不尽人意，掉到了第十二名，让人大跌眼镜。我自己成绩也不理想，胜率只有六成。然后大家便发誓，要好好训练，卧薪尝胆，争取明年打一个漂亮的翻身战。湘潭毕竟是"红太阳"升起的地方，大家都有一种城市荣誉感，围棋也需要为这个"红色城市"增光。

2020年，湘潭围棋有两件大事，一是编好《围棋与名城》系列丛书之《围棋与湘潭》，二是积极努力在第四届全国红色城市围棋邀请赛上取得好成绩，力争让围棋成为湘潭的一张新的城市文化名片。而我自己，这些年出了不少围棋方面的书，如《中国围棋思想史》《中国围棋文化史》《图说中国围棋史》《围棋文化演讲录》《口述史：我的围棋往事》《何云波围棋文集》等等，又主编了国家"十三五"重点出版规划及国家出版基金项目《世界围棋通史》。今后除了继续做好棋文化研究，也希望为湘潭的围棋事业贡献更多的力量。

在长沙的大学里待了几十年，一直没有我是长沙人的感觉。在湘潭，还是待在大学的象牙塔里（4年大学本科，3年硕士研究生，15年教书生涯），也基本上只自认是湘大人，而不是湘潭人。因为围棋，因为与湘潭棋友的交往，因为代表湘潭参加围棋团体性质的比赛，突然发觉，内心里，已经跟这个城市荣辱与共、不可分割了。

（何云波）

第二节　围棋带给我们快乐

我是1964年8月到湘潭市十一中任职数学教师的。当时的十一中是全市中学校园中面积最小的。乒乓球与棋类活动是同学们课外活动中的最爱。乒乓球男女都出过市中学生的冠军，围棋在"文革"前没举办过中学的市赛，只是在七十年代市围棋赛中，有位毕业多年的校友黄稻原得过市冠军，他在1964—1968年就读于十一中初五班。围棋在十一中形成特色是在七十年代。

1971年学校调进了两位酷爱围棋的老师，任教语文的刘甲华老师（1957年前曾任湘潭市人民政府副市长）和任教物理的刘承笃老师。两位老师从下午文体活动起一直要下到天黑才收兵回家。每天围在他们棋桌边看棋的有老师也有同学，日久天长，每个教研组每到下午两节课后就多了一桌围棋。那个年代没有恢复高考，学校师生都没有应试的压力，围棋这个高雅智慧的活动就渐渐地为师生们所喜爱。耳濡目染，"手筋、定式、大场、小尖、倒扑"这样的话题，在十一中的校园中随处可见。

随着对棋的理解的深入，老师们对事业、人生的参悟也有提升。学生们的思维被激活。整个学校的底蕴喷发出前所未有的热度。过去名不见经传的十一中培养出一批又一批军、政、商、学的精锐。这是后话，暂且不提。就在这一派大好形势下，1974年，学校又调入一位热爱围棋的老师，他就是任教语文的刘勋政老师（1957年前曾任湘潭市委文教部副部长）。三个人下棋当然比两个人下棋更热闹，也更有观赏性。新来的刘老师还有两个特点，第一个特点是他乐意给学棋的学生们讲棋。讲棋理、棋道，摆定式。乐此不疲，任劳任怨。第二个特点是他没有家眷，课余、周日、节假有的是时间下棋。为此，他广交棋友。

七十年代湘潭围棋界的顶尖高手把刘老师的房间以及旁边的那间教室当作每个星期都必来的"快乐大本营"。

这其中有黄稻原、黄淮清两兄弟，张先舒、张建国两兄弟，吴首元、吴首念两兄弟，沈芝雄、向远、曹子衡……还有教育界的张大宜老师、边舒威老师、李良麟老师、朱仙贵老师、唐锋老师……我记得每个星期天的早晨，刘勋政老师就要把旁边的教室门打开，把藕煤炉提到走廊上烧上一壶开水，静候棋友。每到晚上还要打扫卫生，整理桌椅。棋友们的快乐就是他的快乐。

八十年代是十一中围棋的黄金时代。有四个标志性的事件。

第一，有一批爱下围棋的学生考上了他们心仪的大学。其中最具代表性的有沈升华、张亚南和杨锟。他们都是校围棋队的队员。其中沈升华曾两度获得市中学生围棋赛个人冠军。他被浙江大学录取。张亚南被北京大学录取，他在1989年高考全省理科排名为第十一名。杨锟被武汉大学录取，他在1985年高考全省文科排名为第一名，全省文科状元。他们以优异的高考成绩说明了一个事实：棋下得好，高考同样也考得好。他们的成功提高了围棋在十一中的地位。

第二，十一中出了一批棋下得好高考又能考上顶尖名牌大学的学生之后，大大地提高了十一中在社会上的地位，扩大了十一中在广大学生、家长中的影响和美誉度。报考十一中的学生日益增多。在湖南省首届大学生围棋赛中，女子组的冠军余小伶（财贸学院）和亚军戴旭（湖南师大）都是出自十一中，这是知名高校开始到十一中考察生源的一个重要原因。毕竟围棋是一个高智商的领域。

第三，十一中培养了一大批热爱围棋的学生。他们毕业之后活跃在各个单位的围棋活动中。其中更有在湘潭围棋界知名的棋手。如刘前斌、张洋、宾洪君、翁斯强等。

第四，十一中围棋活动的开展为青年教师的成长提供了一条健康向上的通道。他们棋下得好，书教得更好。他们深受学生欢迎，也深受学校领导和老师们赏识器重。

这其中棋艺突出的有：曾获得市教工围棋赛冠军的汤光明老师和亚军的李慕钊老师。教学业绩突出的有刘剑波老师（现为海南名师）和夏晓凡老师（中学生围棋冠军沈升华的班主任，调离十一中后，2001年任教数学兼班主任，一次培养了五个清华、北大生），有上课生动风趣的王湘冀老师。女教师中热爱围棋的代表有沈顺老师和曹赛玲老师。他们的劳动和奉献使学校变得更丰富多彩。

回顾十一中的围棋活动，我的感受是：围棋给老师们带来了快乐。围棋给同学们带来了快乐。快乐围棋！

（徐意诚）

第三节 棋中三"痴"

时至今日，我与围棋结缘已近四十年。回顾这些年的棋坛纷纭，往事如烟如梦却历历在目。从"自创"围棋、喜欢围棋，到痴迷围棋、传播围棋，围棋交织在我的生活中，融入到我的生命里，始终无法割舍，永远无法忘怀。我或许不是"棋"中最痴者，但我肯定是"棋"中真痴者。我痴于学、痴于赢、痴于"输"，这份痴在岁月的沉淀中历久弥香，让人回味无穷。

一、痴于学棋

与围棋的相遇是一个美丽的误会。

1980年夏，我十七岁，正是朝气蓬勃、喜欢探索的年龄。当时刚刚高中毕业即将走入社会的我，时常和附近几个青年朋友聚在一起，谈天论地，畅想未来。那个年代生活比较单调，娱乐消遣的内容和方法都需要自己琢磨。有一天，我临时起意说玩一个"吃子"游戏，大家都说好。于是，我从家里

宾洪君在比赛中

找出100多枚大小相近深浅两色的扣子当作棋子，用牛皮纸画上格子当作棋盘，按照小时候玩过的"西瓜棋"的吃子规则，和朋友们玩了起来。

正当大家你来我往，不亦乐乎的时候，恰好一位前往邻居家做客的长辈路过。他说，想不到你们这些小朋友都会下围棋啊。当时，我们都很疑惑，因为我们从来没有听说过围棋，只知道所玩的不过是大家突发奇想出来的"吃子"游戏罢了。但说者无心，听者有意。好奇之下，我便向这位长辈讨教起了围棋的知识。一番简单的讲解后，我自然是似懂非懂、一知半解。

可越是模糊朦胧，我就越是兴趣浓厚，就越想接触它、了解它，揭开它的神秘面纱一睹尊容。这位长辈告诉我，市工人文化宫就有人下围棋。当天晚上，我满心兴奋，骑上自行车，直奔市工人文化宫，迫不及待想要打开"围棋"这个新奇世界的大门。那一天，我第一次看到了真正的围棋、见识了真实的对弈，就立刻被这至简于黑白两色、至繁于千变万化的纵横世界深深吸引，从此一发而不可收拾。

"棋"到浓时难自抑。在我参加工作前，围棋就像是我的初恋一样，朝夕相处，难舍难分。我东拼西凑，挤出了3元6角5分钱，添置了我的第一副围棋。还到市图书馆借阅了吴清源的《黑布局》和《白布局》——这是我学棋的第一套围棋参考书。学棋之初，虽然棋艺很低，但活力满满、痴心甚重，只要一得空，就到市工人文化宫找高手对弈请教。虽然输多赢少，但只要学到了围棋妙招、手筋并且在实战中下了出来，我都会兴奋不已。而回到家里，第一件事就是将高手的棋复盘出来，并反复琢磨，从中领悟高手的棋招，反思自己的失误。

我坚信勤能补拙，只要坚持看棋谱、做死活，记定式、学手筋，就一定能够提高棋力水平。到了晚上，我经常伴着昏黄而微弱的煤油灯，独自一人看书、打谱、复盘到深夜。那时，父亲一是担心灯火安全，二是关心身体健康，三是操心吃穿用度，时不时催促我上床睡觉。我只好躲在毯子、被窝里，打起手电筒，继续学棋招、看棋谱、悟棋道，为了提高棋力真是一刻都不想耽搁。

在参加工作和成家之后，我对围棋的热情和初心也没有丝毫减弱。特别是九十年代末的那几年，我的业余生活都沉浸在围棋的世界里，不知疲倦、不知苦累。周末时间，经常通宵达旦地看棋、学棋、悟棋、行棋。甚至为了和高手下一局棋，我可以骑自行车，顶风冒雨地赶上十几公里路。

那时，在业余时间，我常常是下围棋的时间多、陪家人的时间少。妻子有时也抱怨："到底我是你老婆，还是围棋是你老婆？"我只好赔笑："你嫁给了我，可我在认识你前，就已经嫁给了围棋。"妻子对我的执拗无可奈何，久而久之也被我的执着打动了，理解了我对围棋的挚爱，转而默默支持我。

二、痴于赢棋

寥寥三百六十一个点，区区纵横十九条线，不知让多少棋手呕心沥血，尽一生才华。每个人的境遇不尽相同，但围棋让我始终保持着敬畏之心、进击之态，无论是顺境还是逆境、无论是在职在位还是离岗退休，我都将棋艺的精进和人品的修行贯通起来，以求得棋局、生活和事业的共进共赢。

1982年夏，我参加税务工作。当我得知系统里的曹子红同志是湘潭市围棋界的一流高手，我便专程上门向他讨教棋艺。在他授让三子的情况下，我依旧被杀得一败涂地。这一下子就激起了我的求胜之心。在此之后的很长一段时间，我把业余时间全部交给了围棋，像"入定老僧"一样沉浸在黑白世界里，棋力水平也迅速上升。1984年夏，在湘江区运动会围棋赛中，我获得了第四名，进一步激发了我下棋的热情。1990年夏，在全市税务系统围棋赛中，我侥幸获得了冠军。国地税分家之后，在市国税系统组织的五届围棋比赛中，冠亚季军，我各得一次。

2003年春，我被推选为湘潭市棋类协会副主席，并在主席离开湘潭后主持棋协工作。我和湘潭棋界志趣相投的朋友们以及国税系统陈江南、赵新华、赵德权、李钢峰等同志一起，在协会规范化运作、组织竞赛及其他活动中，着实动了一些脑筋，想了一些办法，克服了一些困难，因地制宜地办了一些实事。我协调推动棋类协会正式成为民政局批准登记的社会团体，走上了规范化管理道路；在经费紧张的情况下，四处筹资乃至自掏腰包，成功主办或协办了"亚太杯"围棋赛、海峡两岸围棋邀请赛、湖南省围棋精英赛等一系列赛事；还致力于青少年围棋推广，争取学校、企业和社会支持，推动棋类进学校活动，不仅让很多系统内干部子弟成为围棋爱好者，而且为不少系统外青少年围棋爱好者讲棋。其间，我还有幸得到"棋圣"聂卫平老师的下棋指导，给职业九段郑弘老师当"棋童"，同台讲棋……这些都增添了我的阅历，拓宽了我的视野，提升了我的棋力。

"下围棋的没有坏人"，这句话我深以为然。这些年来，我与很多朋友都是因棋相识、因棋相知、因棋相交。特别是税务系统内的围棋爱好者，大家一起下棋、共同谋事、协力做事。让我感到欣慰的是，这些同仁既有健康的生活方式，又有积极的工作态度，在各自岗位上做出了应有的业绩，这与围棋的支撑和引领是密不可分的，围棋始终把人引向高处、引向善处、引向妙处。在某种意义上说，围棋扮演着情感纽带的角色，让我的人生充满着温度。

在我的税务工作中，围棋也给予了不少助力。记得我在楠竹山税务所工作的时候，我们查了一个企业的账，要求企业补缴了几十万税款，产生了一些误会，税企关系一度弄得很僵。恰好，该厂的主管会计也是一位围棋爱好者，我们以围棋为桥梁，融洽了私人关系，工作上的误会也随之消解，工作的配合就更加顺畅了。国地税分家以后，我和市地税局陈湘涛同志以及税务系统围棋爱好者一道，将围棋作为加强沟通、增进友谊的载体，组织了多次围棋联谊活动，为国地税合作乃至合并积聚了新动能。在围棋活动的开展过程中，我们将"局必方正，道必正直"的围棋理念融入到税务工作的方方面面，逐渐滋养和催生湘潭国税"忠诚于理念、真诚于言行"的诚道文化，成为湘潭税务文化建设的中坚力量。

三、痴于"输"棋

围棋是一个争胜的游戏，谁都喜欢赢，谁都不愿输。但围棋十诀的第一条就是"不得贪胜"。随着摸棋的时间越来越长，我体味出"不得贪胜"

所蕴含的人生哲理。我感觉围棋之乐，不仅在于棋局之上的寸土之争，而且在于棋局之外的成人之美。

有一回，我和一位好友对局，当时我的棋力是要略强一筹。连下三局，我均获胜利。第四局至中盘，我已成胜势，可以说棋局基本结束了。可好友正襟危坐，冥思苦想，求胜之心可见一斑。陡然间，他向我的实空强行打入。正常而言，这个打入是很难活出的，如若被吃就再无翻盘可能了。但是，如果能够活出，局面将回到均势，双方还可以再战。

我突然感到，此局其实我已立于不败之地，胜利的喜悦我已经得到。但如果让好友的棋活出的话，对我而言，不过只是再下另一盘棋了。即便是我输了，好友同样也能得到胜利的欢喜。一局棋两份喜，何乐而不为呢？于是，我不着痕迹地配合着好友，让他的棋成功活出。之后，好友趁势追击，几番战斗，最终获得胜利。好友喜悦之情溢于言表，我自是胜亦可喜，败亦欣然。

"不得贪胜"这四个字中最发人深思的是"不贪"二字，如果能把它当作人生的一种指导，我们的心境必然更加自由晴朗，胸怀必然更加宽容豁达，工作必然更加行高致远，生活必然更加阳光顺意。此局之后，我对"胜"和"败"有了一种全新的理解，那就是"求胜"与"求败"同样妙味无穷。与强手挑战，即使技不如人、屡战屡败，只要能找准自己不足，必然能在棋局之中成长；与弱者对弈，哪怕偶尔退让、助其得胜，只要能激发对方斗志，可谓是收获在棋盘之外——我们比赛行棋的目的不正是为了共同提高吗？对手不是前行的绊脚石，而是进步的好帮手。所谓"求败"，不是白白把胜利拱手相让，而是把对手视为朋友，帮助对手，共同提升。若能如此，无论结果如何，都能一笑泯之，彼此都有收获，胜负又有何妨？

行棋有规、落子有道。我总觉得，棋力的提升总是有限的，人品的修炼却是无限的。纹枰手谈我总是把讲礼仪、讲规矩摆在首位。与人对弈，如果执黑，第一手棋我总会落子右上，与人方便。网上对局，棋局开始，第一手棋后，我总要问候"您好"，感谢手谈。从我学棋开始，第一手棋我就从来不下目外，不想给人一种目中无人的感觉。至于一盘棋局的输赢，大家各凭棋力,各显神通,结果就显得没有那么重要了。

"弗思而应诚多败,信手频挥更鲜谋。不向静中参妙理,纵然颖悟也虚浮。"尤其是在我离岗退休后,更加能够感觉到围棋没有止境、悟道没有穷期的魅力,更加能够领悟到棋如人生、人生如棋的道理。行棋和处世相似相通,都讲究有理、有利、有节。有理就是要尊重客观规律,有利就是要看重发展价值,有节就是要注重审时度势。何时该取,何时该弃,何时求胜,何时认负,运用之妙,存乎一心。如果能够融会贯通,彼此参悟,围棋和人生都将更加精彩、更加快乐。

每个人的生活离不开快乐,而"棋"乐融融的我离不开围棋,无论是过去,现在,还是将来。

人棋皆"痴",胜败同乐,幸甚至哉!

(宾洪君)

第四节　思维的力量

我与围棋的缘分，就在我的第二故乡——湘潭。

1987年夏，预考时位居全县文科榜首的我，高考时遭遇了"滑铁卢"，被录取到连志愿也未填的湘潭大学。此时的我，没有应届考上重点大学的半点喜悦，只有或委屈或愤懑或迷茫的人生无奈。考虑到父母年事已高、家庭条件较差等因素，我勉为其难地步入了大学校园。

在湘大北山那片荒凉的"黄土高坡"上，我不紧不慢、不喜不忧、不冷不热地读着"我的大学"。教室、宿舍、食堂、图书馆、篮排球场以及露天电影院，几乎成了我学习和生活的全部。这种简单而乏味的日子，麻醉着我年轻而孤傲的神经。直到有一天，我遇到了围棋。

早在高中阶段，我从报纸上看到了中日围棋擂台赛，以及聂卫平九段八连胜的威风。有人说，围棋起源于中国，蕴含着中华文化的丰富内涵，凸显着东方文明的神秘色彩；有人说，围棋是智者的游戏、强者的战斗、韧者的胜利；有人说，围棋易学难精、耗时费力，不如其他项目有用有效。于我而言，围棋到底是什么，

陈湘涛在比赛中

当时是一头雾水。

1987年冬，一次偶然的机会，住在隔壁寝室的两位学长，正在饶有兴致地对弈。这是我第一次见到真实的围棋，黑白相间，其义自见。也是这一次的不期而遇，让我彻底喜欢上了那一方弥漫着力量与韧劲、哲思与妙味的黑白世界。这，或许就是传说中的"一见钟情"吧……从此，开始了我与湘潭围棋长达三十二年的不解情缘。

一、若即若离

在棋类世界，围棋虽不是我的初恋，但始终是我的热恋。自从迷上了围棋以后，我的大学生活像打了鸡血一样，重新焕发了激情和光彩。除了正常的学习和生活外，我的业余时间几乎被围棋所占据。一时间，眼睛里都是黑白世界，头脑里尽显纹枰风暴，用"走火入魔"或"误入歧途"来形容当时的我，现在看来一点也不为过。

学棋的第一个难题是没有老师。在此之前，我虽会下中国象棋，但与围棋大相径庭。刚学棋时，总是迫不及待地想杀上一盘，感受一下战斗和吃子的快乐。开局经常是遭遇战、接触战，战火从边角蔓延到中腹，战斗结束棋局就结束，谁胜谁负也一目了然。因对大场、急所、棋形、手筋等毫无概念，棋力增长缓慢，对弈输多赢少，无形中激发了我学棋的斗志。身边同学中虽有几个"能下、略懂、会吹"的"围棋高手"，但大家都是坐而论道，远远不能满足我学棋的胃口。

当得知系里一位学长有不少的围棋藏书，我欣喜若狂，即上门求教，先后借来几十本围棋资料，如饥似渴地啃了起来。当时，日本棋院出版了三本《围棋入门》，我几乎是一口气读完，对定式、布局、中盘、收官等有了初步的了解。此后，我马不停蹄地跑图书馆和新华书店，把能看到的能借到的能买到的围棋图书，一一请来、细细拜读、慢慢琢磨，对围棋的理解开始有了新的视角和感悟。

古人称围棋为"木野狐"，称棋道为"野狐禅"，言其魅惑人犹如狐也。初窥棋道，果然如此，古人诚不欺我也。可能是当时日本围棋的强大吧，我执迷于"超一流棋手"的围棋作品。石田芳夫的《定式大全》、林海峰的《布局大全》、藤泽秀行的《手筋大全》、赵治勋的《死活大全》，以及《吴清源名局精解》《坂田荣男名局细解》《小林光一名局详解》，还有"美学大师"大竹英雄、"天煞星"加藤正夫、"宇宙流"武宫正树的著作，等等，每本我都研读了两三遍以上，棋力随之水涨船高，成了系里棋坛的佼佼者。到大学毕业时，我笈中棋书竟有两米多高。

大学的围棋时光，令人难忘。担任班长以及校（系）学生会宣传部（股）长之后，乘着擂台赛连胜余威，我与其他同学一道，把围棋爱好者召集起来，煞有介事地开展校园围棋相关活动。在完成正常学业的基础上，或组织死活题型问答，或组织学棋讲棋互动，或组织班系对抗交流，徜徉在充满辩证思维和传统智慧的黑白世界里，找寻着所谓的真理以及些许的满足。在临近毕业的时候，我深有感触地写下一首诗，以此纪念大学四年快乐的围棋时光。其中两段是：秋天里来了/却从夏天里走/来时秋菊含苞/枫叶未红/走时龙舟竞渡/千里江风……曾记否/纹枰论道/赛场争雄/好歹也鏖斗了几个白昼/"燕山夜话"又已开头/那山那人那狗……

1991年夏，我被湘大推优进入湖南税务系统，分配到湘潭市税务局湘江分局工作，住进了单身干部宿舍。那是一套没有架空层的一楼旧房，面积大概六七十平方米。由于单位年轻干部较多，我与一位刚参加工作的同事，只得面对面搭了两个床铺，"蜗居"在这前出门庭、侧连厨卫、中通"三室"，号称"五福临门"的枢纽之地——小小的"一厅"里。此厅除了狭小之外，还有一些异味溢出，让刚参加工作的我略感失望。

我没有想到且格外开心的是，这不起眼的"三室一厅"里，居然有几位围棋爱好者。一位是和我同住"一厅"的湘大同届校友张俊鸽，还有两位是下榻"三室"的张勇和赵正泉，围棋很快就成了我们业余生活的主打内容。只要有闲暇时间，甚至是忙里偷闲，我们都要下上几局、比个高低。总体而言，我比他们的水平要高出一截，有意无意地"好为人师"，或多或少地"指点江山"。可谓是一段有趣的单身汉生活——下起棋来废寝忘食，谈起棋来眉飞色舞，你来我往，此起彼伏；甚至在熄灯之后，脑海里还是围棋，输的懊恼不已，赢的激动难抑，直到美美地沉入梦乡。

当时，担任楠竹山税务所所长的宾洪君，也是一位围棋爱好者。平时，只要他到局里办事、开会，都要抽时间来找我切磋棋艺，我们渐渐地成了围棋好友。客观地说，他的棋理以及布局、官子比我要强，我的中盘战斗比他拼命，整体实力不相上下。奇怪的是，二十八年来我们交锋无数，我居然未负一局，甚至要输的棋也能神奇逆转，成为大家的一件谈资。多年以后，他和我先后担任湘潭市棋协的副主席，分别带领国税、地税的围棋爱好者，为巩固和发展湘潭围棋事业继续并肩作战。

那时，年轻气盛，棋瘾上来，非要尽兴，成家之后也不知收敛。一次，当时的税务系统围棋新秀、如今的业余5段高手汪向日，周末相约来家里下棋。说好中午到外面吃饭，可下起棋来便忘乎所以。当前妻从餐馆返回，看到我们无动于衷，气得一把掀翻棋盘，才让我们回到现实中来。我颇感难堪、无言以对，他心生诧异、讪讪离去。

不久，我被调进湘潭市税务局办公室工作。这里，我结识了一位从事税务理论研究的围棋爱好者——陈镜华。此时，正处于国地税机构分设的前夕，工作压力没有那么大，纪律要求也没有那么严。当别人为自身前途忧心忡忡之时，我们两人仍是懵懵懂懂之态，经常躲在他那间较为偏僻的办公室下棋，为国地税分家抹上黑白记忆。

地税成立以后，工作节奏加快，对外联系增多。工作之余，我间或与全省地税系统一些围棋爱好者切磋棋艺。一次，省局机关的围棋发烧友周立新，正巧来湘潭检查指导工作，晚上就在他下榻的宾馆房间，在没有任何"赌注"的情况下，我们鏖战了一个通宵，不间断地下了十盘棋。最后，我以七胜三负的成绩迎来了第二天的曙光，可整个身体已呈半梦半醒状态。我想，世间之最爱，也不过如此罢了。

1996年秋，我被安排主持湘潭市地方税务局办公室全面工作。之后，领导要求越来越高，工作任务越来越重，下棋机会越来越少，我渐渐地远离所钟爱的围棋。恰好这段时间，以李昌镐为代表的"韩流"强势崛起，中国围棋陷入了整体低迷。可是，不管是在哪个岗位，不管是做哪件事情，我都没有忘记藏在心中的那一柄"烂柯",始终站在或远或近、或高或低的某个地方,默默地关注、牵挂、欣赏着它。

1999年秋,我被调往韶山市地方税务局工作,担任党组书记、局长。去的时候我带着一副最喜爱的围棋,但直到六年多后我离开韶山,几乎就没有正儿八经地下过棋。究其原因,一是工作太忙,日常事务和接待任务塞满了我的工作日程,甚至牺牲很多周末时间;二是对手太少,韶山围棋爱好者较少,高手更是踪迹难觅,"棋逢对手"成为一种奢侈,自然影响了下棋的兴致。当棋瘾涌来的时候,我就打开那罐棋盒,把温润的棋子摸了又摸,寻找那种信手由缰、点兵沙场的感觉。

回想我在韶山工作的六年多时间,仿佛是在人生的另一个棋盘上落子行棋。长期对弈所养成的围棋思维,使我在工作开展和事业发展方面受益匪浅。对一个部门、一个单位、一个系统的总体工作来说,学习、理解并合理运用围棋思维,意味着整体与局部的辩证统一,意味着进攻与防守的相对平衡,意味着战机和胜机的精准把握,意味着手段与方法的缺一不可,意味着实利与潜力的不断取舍。具体来说,工作筹划恰如布局,推进实施仿佛中盘,检查总结好似收官。在实践中,无论面对什么样的目标任务和矛盾问题,我习惯于运用围棋思维来统筹考虑——着眼大场看整体,着手急所找关键——若能举一反三,必会事半功倍。

在韶山地税文化建设方面,我们立足伟人故里税收工作实际,提炼出"奉献敬业、追求卓越"的韶山地税精神,紧扣"法治、文明、廉洁、高效"四个目标,强化"凝聚、学习、实践、创新"四种能力,迅速打开了局面,取得了明显成效。2002年冬,我局在全省地税系统思想政治工作会议上第一个作了经验介绍,被誉为全省地税文化建设的"一扇窗口、一个亮点、一面旗帜";2003年夏,国家税务总局领导视察韶山,对我局文化建设与税收工作协调发展给予了高度评价。在此过程中,我个人也得到了锻炼和进步。2004年冬,我被省委、省政府授予了"湖南省人民满意公仆"荣誉称号;2005年夏,我在全省地税系统副处级干部选拔考试中荣获第一名。其中缘由,部分要拜围棋思维的力量所赐。

二、亦步亦趋

2006年初，我从基层回到了机关，担任湘潭市地方税务局党组成员、纪检组长。那时，女儿渐渐地长大，业余时间也多了起来，与系统内外的围棋爱好者频繁交流，围棋又回到了我所熟悉的生活当中。大家周末聚在一起，聊起当年的棋闻趣事，依然历历在目、兴致勃勃。我们感觉，青春之期虽已匆匆而过，爱棋之心却未丝丝改变。在系统围棋氛围徐徐向好的时候，一个新的组织构想已呼之欲出。

一次聚会上，有人提议，"市局应成立一个棋类协会，把税务系统的围棋爱好者组织起来。"此话一出，一下子勾起了大家兴趣，你一言我一语地献计献策。有的说，现在地税系统的围棋爱好者较多，成立围棋协会可以丰富业余生活，也有利于行业文化建设；有的说，如今国税、教育、工商、政法系统有不少的围棋高手，成立围棋协会可以促进部门交流，更有利于税收工作合作……我仔细一想，全局系统或市局机关若能成立棋类协会，不仅能发展干部业余爱好，而且能促进各项税收工作。这样，棋税互动，两全其美，何乐而不为呢？从此，我逐渐从一个单纯的围棋项目爱好者，转变成了一个热心的围棋活动组织者。

2006年底，在市局党组和系统工会的关心支持下，正式成立湘潭市地方税务局棋类协会，我有幸担任会长，并坚持到国地税机构合并，时间长达十二年。在协会成立的大会上，我化用了马丁·路德·金的话说，"我有一个梦想，就是让地税系统棋类爱好者有一个家，为大家提供力所能及的服务，这是我最高兴最快乐最幸福的事情。"我们争取经费、安排场地、购置棋具，在市局机关职工之家建起了围棋活动室，让围棋爱好者有一个活动的根据地。在此基础上，多次组织系统内的围棋训练。在我的记忆里，全市地税系统正式的围棋比赛举行了四五次，非正式的比赛或集训则时常可见，极大地丰富了系统围棋运动的内容和氛围。在此过程中，汪向日、莫跃飞、张双泉等一批业余高手脱颖而出，肖军、张勇、张俊鸽、鲁品高等一批"围棋义工"乐此不疲，唐卫平、赵小球、刘俊、陈宇霞、董波成、钟铁军、肖珂、张力等一批税务人员参与其中，那是一幅"棋"心"协"力且充满正能量的湘潭地税围棋运动美好画卷。

与此同时，我也不甘落后，重新拾掇起阔别近十年的围棋。工作之余，我潜心看书、打谱和下棋、复盘，对最新定式、流行布局、中盘作战以及局部常型等反复研究。在此基础上，经常向圈内一些高手请教，质疑辨惑、问棋悟道。为了进一步提高实战能力，我撕掉所谓的税务领导干部的面子，就像一个普通的围棋爱好者一样，亲自参加各级各项围棋竞赛活动。比如，全市围棋锦标赛，全省围棋联赛，湘潭、岳阳和株洲、郴州领导干部围棋交流赛，全国"红色城市"和"海峡两岸"围棋邀请赛，炎黄杯世界华人名人围棋邀请赛，等等。即使辛苦有加，依旧兴趣盎然。至于系统内部的省市两级比赛，我从不"摆谱"，更未"逃孤"，只是关键时候不小心来点"雪崩"。市局系统的比赛，有好几次功亏一篑而屈居第二；省局系统的比赛，常在优势局面下输得莫名其妙。内战状态虽然不稳，外战结果还是不赖，曾获省直机关围棋赛处级干部组亚军等佳绩。

2016年春，在轰动世界棋坛的"人机大战"中，号称"世界围棋第一人"李世石被人工智能"阿尔法狗"击败，标志着智能围棋新时代的到来。对于我们这一代的围棋爱好者来说，学习和掌握"狗招"是延缓棋力衰退的有效办法。这方面，"棋痴"加"狗痴"唐翌教授给了我示范。"两痴"先生年长我几岁，是湘大物理与光电工程学院的二级教授，也是平时与我对局以及番棋次数最多的棋友。"不为什么，只为热爱。"谈起对围棋的痴迷和执着，在湘潭棋界几乎无人能出其右。在智能围棋迅速发展的今天，他的棋风有了改变，从过去的飘逸、大气、灵动，到当下的规矩、实在、紧凑，转变程度之大、之快令人称奇。尤为难得的是，每次他与我以及别人对局，回家后都要用"狗招"进行对应研究。"大道无门，千差有路。"如此一来，也逼着我不断学习和进步，突破自身棋力瓶颈，以免被时代和对手所淘汰。2018年冬，刚步入"知天命"之年的我，被省棋协授予业余5段证书，成为全省县处级以上干部当中为数不多的"业余高手"。

"局中局外两沉吟，犹是人间胜负心。"随着社会综合治税工作的持续推进，我们将围棋活动与税务工作结合在一起，以围棋为媒架沟通之桥，以文化为根开合作之花，有序地组织围棋交流联谊活动，密切与执法兄弟单位对口联系，主动为税务工作营造良好环境。2007—2012年，从财政、国税、地税三个系统单位起步，组织了涉税执法单位围棋联谊赛。此后，这个活动不断地扩展，先从三个到四个，再从六个到八个，审计、工商、法院、检察、公安系统单位参与其中，成为湘潭市直机关岁末年初的一项重要赛事，也成为各执法部门之间加强联系、促进合作的一个有效载体。2013—2018年，我们加强系统内各级围棋文化交流活动。邀请省地税局机关围棋爱好者来湘潭交流，与部分市州地税局围棋爱好者互访交流，还有各县市区地税局之间围棋爱好者不定期交流，营造了传播围棋文化、鼓励创先争优、助推税务工作的浓郁氛围。

在湘潭税务围棋运动大发展的进程中，"方若行义，圆若用智，动若骋材，静若得意"的围棋意理，已慢慢地深入到我所分管工作的方方面面。2006—2008年，以加强监督检查、预防职务犯罪为重点，经过全市地税系统纪检监察团队共同努力，着力打造湘潭地税"内外兼修、勤廉双优"的廉政文化品牌。2009—2011年，以服务于全市经济社会发展和地税工作大局为主线，精心策划并深入开展"双十双百"和"五项服务"主题服务活动，"青少年税收法制教育基地""样板基层单位"和"依法决策示范领导班子""依法办事示范窗口单位"系列创建活动。2012—2014年，以"二次创业"和"三个地税"为背景，进一步加强税收法制工作和文化文明建设，组织编撰出版《税收执法风险防控案例探析》专著，湘潭市国际税收研究会荣获全国社科工作先进单位，兼任会长的我被评为先进个人。2015—2017年，以金税三期上线和"营改增"为契机，全面推进信息管税、联合办税、综合治税，切实提升湘潭地税"伟人故里、敢为人先"的创业创新品质，为实现税收事业新的发展贡献了围棋思维的力量。

在我和原市国税局副局长宾洪君的带动下，全市国税与地税系统之间多次组织对抗和交流活动，深受税务系统广大围棋爱好者的欢迎。2017年春，举办了湘潭市税务系统"深化合作杯"围棋友谊赛，共有32名选手进行了三天七轮的角逐。此项活动开全省国地税合作先河，加强了互动、促进了工作、树立了形象，为国地税合作乃至合并增添了围棋文化元素。有不少税务围棋爱好者自豪地说："围棋是湘潭国地税第一个合并的项目！"此赛让我记忆犹新的是最后一轮，我执白对阵围棋前辈曹子红。他胜稳拿冠军，若败退居次席；我胜能进前六，败则踢出前十。棋至中盘，我吃掉他边角一条大龙，盘面已领先二十多目，胜势不可动摇。收官阶段，我一不留神，自撞几气被提，结果小输几目。围棋就是这样，不到最后一刻，不知谁是赢家。我想起了聂卫平棋圣赢棋后说的一句话："我终于战胜了我自己。"是啊，人生最大的对手又何尝不是自己呢？

在参加系统内外各项围棋赛事活动的同时，我努力推动围棋文化在湘潭的普及和提高。2009年夏，在改任湘潭地税局副局长后不久，我被推选为湘潭市棋协副主席。兼职期间，积极为举办、协办各项棋类比赛鼓与呼。比如，在组织第四届海峡两岸围棋邀请赛、中国女子围棋甲级联赛（韶山专场）以及湖南省第四届大众体育运动会围棋赛、湖南省老年人运动会象围棋赛过程中，热心为赛事活动顺利举办牵线搭桥，得到了全市乃至全省围棋界的认可，我荣幸地被省棋协评为"2009—2012年度湖南省棋类工作先进个人"。2011年夏，我与市国税局陈江南等人相约，组织湘潭税务队参加"垂钓白鹤井杯"湖南省围棋联赛，意外地获得团体第十名，并创全省税务系统参赛最好成绩。2018年冬，我作为湘潭市一名县处级干部代表，赴四川参加第二届全国"红色城市"围棋邀请赛，遗憾地获得团体第三名，未能如愿为我市实现卫冕。坦率地说，这些成绩已超过了我的棋力水平，是团结协作的成果，我乐享其中、虽梦尤香。

2019年秋，在庆祝新中国成立七十周年的浓烈氛围里，刚满周岁的国家税务总局湘潭市税务局迎来了两大围棋盛事：一是湘潭市入选中国围棋协会《围棋与名城》系列丛书。在全国初定的77个城市里，湖南占了3个；而在《围棋与湘潭》拟定推介的2个机关和行业代表里，税务名列其中。我与陈江南、张雪光、翟盼、彭翱、赵新华、鲁品高等一起，搜集资料、考证历史、征求意见、反复修改，撰写了《湘潭税务围棋运动四十年》，总结湘潭税务围棋活动的经验。二是筹办全市税务系统第一届围棋精英赛。我与肖军、唐素云、陈江南、朱文平、张勇、张介平等一起，认真研究赛事方案，精心做好各项准备，为深化围棋运动、弘扬围棋文化和促进系统融合、彰显税务形象而奋斗。

因为围棋，我得到了莫大的心灵慰藉。"黄梅时节家家雨，青草池塘处处蛙。有约不来过夜半，闲敲棋子落灯花。"这些年，我对围棋的热爱从未间断，始终身在其中、心在其中、乐在其中。随着与黑白世界结缘的时间越长，越是感到围棋的博大精深和无穷魅力。人生如棋，充满寓意；燕室于心，玲珑一局。《论语》曰："有得必有失，有失必有得，事多无兼得者。"围棋教会了我许多，凡事要顺应自然、遵循规律，绝不能随心所欲、急功近利。三十二年的"坐隐"和"忘忧"之旅，特别是在人生遭遇困难之时，围棋给我打开了另外一扇窗，让阳光照进生活，让心灵得到慰藉，让思维与时俱进。

因为围棋，我结识了不少的良师益友。比如，湘潭大学唐翌、何云波教授，湘潭棋院唐述平、欧阳遇舟院长，棋界标杆郑跃军、刘前斌老师，商界精英易浩特先生，党政机关彭瑞林、成诚、戚献、肖军、谢坚同志，税务系统赵新华、赵德权、温沙、朱银根、李钢峰同志，业余豪强宾锋伟、张洋、腾军老师，培训机构汪星光、颜应坤、曾慧勇、朱朝晖老师，年轻一代棋手丁一舟、曾泽润，等等。围棋有"五得"：得好友、得人和、得教训、得心悟、得天寿。在前"两得"方面，湘潭围棋使我体会尤深。其实，我们所走的每一局棋，都是一次近距离的思维交流，个中境遇和滋味自有人解之——即使一言不发，也能心意相通；虽有胜负之欲，更有手谈之乐。这一切，让我倍感亲切、实在、温暖。

因为围棋，我品味了另类的人生哲理。棋理隐喻世理，思维影响思想。围棋，这个源自于帝尧时代的游戏，看似简约平易，其实暗藏玄机。对弈之时，最公平的"交替落子"和最简单的"气尽提子"，最普通的"行棋调子"和最直接的"终局数子"，让这黑白两色的纵横之地，变成道法自然的众妙之门。我的理解，"空"就是价值取向，是理想是目标；"围"就是价值追求，是方法是途径。毋庸讳言，在棋盘上落子经营的过程，就是一个不断追寻价值的过程，时刻都在讲究整体与局部的关联、虚势与实利的转换、舍弃与获得的权衡。而其中折射出的生存、发展、竞争之道，透过思维的力量，势必会对学习、工作、生活有所助益。

（陈湘涛）

第五节　我的围棋平常心

从初识围棋到现在,已经有几十年的光景了。在这期间我充当过多种围棋角色——一个倾心的爱好者、一个热心的服务者、一个用心的感悟者——但于我而言,这些并没有什么与众不同,只是因为我有一颗爱棋的寻常之心。

一、倾心投入学棋

对围棋,我可谓是一见倾心。那还是我上高中的时候,一次偶然的机会,看到班上几个同学簇拥在一起,其中两位同学一手黑棋一手白棋交替把棋落在带格子的棋盘上。我好奇地凑了过去,顿时觉得星罗棋布,奥妙非凡,这种落子对弈的感觉一下子就吸引了我。每当看他们下棋、听他们讲棋,我虽然似懂非懂、一知半解,但总是兴致勃勃、津津有味。我觉得,围棋中的点尖挖打、刺夹镇扑,拆压撞跳、双并渡连,侵消打入、分投做活,就好比是一个高级技工完成一件完美的成品需要综合使用钳子、扳手、刀具等工具,非常有意思。

为了了解"棋"中的奥秘,我尽其所能收集各种围棋资料。那时围棋书籍非常难得,我只要听说谁手里有一本围棋书,就会想方设法地借来,然后如获至宝,细细品读。我用了较长一段时间,陆续学习了吴清源先生的《定式要领》《星定式和对局精解》等围棋经典书籍,对围棋有了一些认识和理解。只要学到一点围棋技巧,我就会迫不及待地找同学对局,总要千方百计运用出来。有时甚至兴致上来的时候,就不知不觉地和同学在寝室里鏖战到天明。

1983年，我被分配到湘潭市税务局湘江分局工作，继续延续着我的"围棋梦"。1984年，年轻的我被举国上下万众瞩目的"中日围棋擂台赛"深深吸引。经过一年多15场的紧张、激烈的搏斗，最终中国围棋队以8比7获得胜利，全国上下一片欢腾。聂卫平突破日本最强棋手的剑阵，成为了我们心中当之无愧的英雄！也使我对围棋的兴趣空前高涨，学棋的热情更是一发而不可收拾。

让我惊喜的是，居住在单位单身干部宿舍的我，陆续迎来了的几位室友，都是围棋爱好者。于是，围棋成为了我们这几个单身汉快乐的源泉。只要有空，大家就会聚到一起切磋几盘。论水平，我居他们之下，下起棋来虽然是输多赢少，但并不影响我对围棋的兴趣与热情。以平常心来学棋弈棋，对棋局的细细品味，对棋道的点点探究，反而得到了另一种满足。这就是所谓的钓胜于鱼吧！

二、热心参与服务

随着工作与家庭的各种琐事增多，虽然我学棋下棋的时间越来越少，棋力水平与身边一些围棋好友的差距越来越大，但心中对围棋的向往从未磨灭，始终将以棋会友当作人生一大乐事，积极主动地参与到系统内外的各项围棋赛事活动中。

2006年12月，市地税局成立了棋类协会，为我打开了与围棋续写缘分的另一扇窗。协会由时任湘潭市地方税务局党组成员、纪检组长陈湘涛担任会长，从此全市地税系统围棋活动从个人的自发的业余文化娱乐走向有组织有计划的系统文化活动。而我也逐渐从一个单纯的围棋业余爱好者，转变成了一个热心的围棋活动服务者。

从那时开始，无论是系统内部的围棋比赛，还是对外交流的围棋活动，我都积极参与、献计献策、出工出力。可以说，我是湘潭税务与围棋运动的交织互动、共同发展的亲历者、见证者和参与者。从列入税务职工运动会项目举行围棋比赛，到策划围棋爱好者活动举办专门赛事，从组织财政、国税、地税三个系统单位的围棋联谊活动，到组织公安、检察、法院、工商、审计、财政、国税、地税八个系统单位围棋联谊活动等等，围棋既是湘潭税务干部丰富业余生活、陶冶思想情操的有益方式，也是湘潭税务系统促进系统内外交流、深化税收合作的重要桥梁，为税收工作开展营造良好环境。我为能够成为其中一员，并每一次都参与其中，贡献出自己力所能及的力量，感到非常荣幸和自豪。

"偶无公事客休时，席上谈兵校两棋"。让我感觉特别有意义的是2019年11月举行的全市税务系统第一届围棋精英赛，我作为承办单位雨湖区税务局的具体执行者，参与了整个赛事活动组织策划的全过程，大到制定方案、各方联动，小到布置场地、后勤保障，我都尽心而为、全力保障。在这项活动中，全市税务系统市局机关、城区局、县市局3个代表队32名围棋爱好者，尽情地挥洒竞技激情，经过三天七轮的角逐，决出了团体冠军和优胜个人，释放了运动活力，展现了税务风采，延续了四十年湘潭税务围棋运动的热潮。

三、用心感悟人生

围棋子，黑白交替，恰如昼夜；围棋盘，纵横交错，经纬天地——这一切，虽朴素简单，却富含哲理。与围棋打交道这么多年，无论是弈棋观棋，还是学棋品棋，我常常感慨于它的深奥玄机，体味棋如人生的道理，并将这些感悟渗透到我工作生活的各个角落。

围棋教会我做人之道。纹枰就像棋子的共生体，黑白双方在纹枰上开垦围地，既是竞争关系，也是合作关系，稍赢即可，不可太贪，更不可为将对方棋子赶尽杀绝而冒风险，因为围棋规则胜半目和几十个子结果是一样的。人与人之间从本质上是平等的，就像棋子，无任何等级之分，单个棋子没有独立价值，某个棋子能闪闪发光是因为放在了重要的合适位置，且需其它棋子的配合。围棋虽内涵深奥，但与现实社会比较，外延简单，无非是在纹枰上黑白对弈。就是这样一个简单封闭的系统里，即便是顶尖高手，几乎每盘棋都要犯错，更何况现实生活中的普通人呢？所以做人要保持一颗平常心，对周围人与事保持包容和大度，更不要做完美主义者。

对局中常有在优势情况下，因走出缓手使局面被拉近而后悔不已、心情大坏走出恶手，直接断送好局。其实，每一步棋都是新的开始，人生同样不必拘泥一时起伏，而应平和心态，立足当下，着眼未来。

围棋教会我从业之道。从围棋的整个对局过程来看，大致分为布局、中盘、收官三个阶段，这与我们做事、工作异曲同工。做一件事情，干一项工作，无外乎布置、落实、检查。有的棋手下棋，不根据对手的特点作通盘的考虑，凭经验、凭感觉、凭个人的喜好选择开局定式，一开始就会陷入被动；还有的棋手在中盘阶段疏于计算，一块大龙有时会相差一气惨遭全歼；更有棋手在收官阶段会拱手相让唾手可得的胜利果实。下棋就好比是做事、工作，如果对弈双方实力相当，那么赢者往往是有大局意识、思维敏捷、做事认真、工作踏实的一方。下棋认真的棋手做事一般来讲也会考虑问题全面周到、细致负责。

人生渺小，围棋广大；岁月有限，追求无尽。围棋于我而言，结果已然不是重点，享受过程、升华人生、超越自我，于此足矣！

（张勇）

第六节 我的"职业围棋"生涯

一、不速之客

2002年初春的一天傍晚,我在家里和女儿下围棋。

女儿刚刚进入小学二年级,之前把她送到我的好友欧阳老师处学了将近一年围棋,当时棋力大约有1段的样子。

欧阳老师全名欧阳遏舟,是市内文熙街小学的体育老师,围棋5段,业余时间长期坚持带学生学习围棋,人称金牌教练!前年暑假带着他的学生在西安参加一个由全国围棋育苗工程理事会主办的围棋赛,他本人获得了同步进行的领队、教练员围棋赛冠军。参赛人员来自全国各地,其中有几位强5高手,所以欧阳老师能够夺得金牌殊为不易,"金牌教练"的名号由此而来。

此时有客人来访,一位30来岁戴眼镜的年轻人,手里提了一袋水果,还有两瓶酒。我不认识。

"王老师好!"女儿打招呼,原来是她的班主任老师来了。

"今天不是作为老师来家访,而是特意来拜访你们两位家长!"王老师说:"据说你们两位都是围棋职业棋手?"

我莫名其妙,矢口否认,好半天才弄明白,原来,王老师8岁的儿子和母亲在广州生活,想调回湘潭,只是儿子学围棋已经达到5段,担心湘潭没有相应的围棋老师教,又不愿放弃,所以迟迟没有成行,这次王老师偶然翻阅学生档案,发现我女儿填写的资料,父母职业一栏居然都是围棋,以为我们是职业棋手,高兴之下,就来拜访了。

我笑着解释，我俩都是业余爱好者，目前在一家棋校担任围棋教练工作，棋力也就业余段位水平而已。王老师虽然有些失望，但那天依然和我聊了很久，看得出他很喜欢围棋，我也感觉和他一见如故，遂邀请他一起共进晚餐，席间把酒言欢，聊了很多围棋界逸闻掌故，看得出这位王老师也是性情中人，他喝得酩酊大醉，我把他送回家，好在先前互留了联系方式。半年后他终于还是调到广东去了，我倍感遗憾，下定决心一定要培养几个高手学生出来。

二、决定改行

我86年开始学习围棋，90年获得过湘潭市一个区围棋赛冠军，后来由于单位改制，和夫人一起下岗创业，开了一家书店，整整十年没有摸过棋子，直到千禧年后，生活趋于稳定，才又重拾起久违的围棋，第一件事：教女儿下围棋！

想了好久，担心教不好会扼杀女儿的兴趣，于是把她送到欧阳老师那儿，我只是作为家长陪同，然后回家陪练。

此时，曾经红火的书店遇到瓶颈。于是和夫人商量转行，我提议搞围棋培训，我和夫人也是因围棋结缘，她的围棋是我教会的，所以我的提议立刻得到了响应，就这么定了。

三、两个欧阳

没有想到的是，我们还没有付诸行动，就居然被人盯上了，第二天有人找上门来，极力游说我加盟他的棋校。

此人与欧阳遏舟同姓，之前与我并不相识，他注册了一家棋类培训机构，名称很大，叫做"湖南省棋协少儿棋校"，据说有几年了，但目前没有几个学生。他许诺我只要交几千元加盟费就可以了，由我担任副校长，利润对半，发财指日可待。

我感觉这个人说话不靠谱，因为我既然打算进入这一行业，肯定要做市场调查的，调查后我得到的结论是：搞棋类培训风险很大，现在认同的人还不多，招生不易，也许能解决温饱问题就算不错了。

我的调查结论显然与这位仁兄所描绘的美景差距有点大。

虽然前景不明，之所以还是想干，完全是深植于骨子里的围棋情结。

记得还是高中时期，一次偶然看见两人在校园凉亭里下围棋，我在旁边看了整整半天，虽然没有看懂，但痴迷程度不亚于当年王质观棋烂柯，为此事班主任把父亲叫到学校，好一顿训。

高中毕业了，高考没考好，进了长沙一所中专学校。感觉这下总算有时间学围棋了，但找不到老师买不到书，记得第一届中日围棋擂台赛，聂卫平与藤泽秀行擂主之战，中央一台破天荒花了半天时间直播，我从中午12点开始就到学校礼堂电视机前守候，直到傍晚新闻联播了都不舍离去，尽管当时对围棋还一窍不通。

直到86年毕业分配到湘潭市工作，才开始正式学围棋，依然没有老师，只能买书来看，自学成才！买的第一本围棋书是日本坂田荣男著《围棋攻逼法》，这本书至今还在我的书柜里，但已经烂得不成样子了，因为至少看过不下十几遍。

和夫人结婚的时候我的资产就是一柜子围棋书籍，数一数至少有几百本。老婆也喜欢围棋，所以倒也没有埋怨我。

后来单位改制，我俩双双下岗，开始了为生计奔波的日子，没有心情和时间下围棋了，但每天晚上在床头看棋书的习惯从未改变。我知道自己骨子里对围棋的痴迷，恐怕一辈子都难以改变了。

俗话说男怕入错行，我想：如果把兴趣爱好和工作乃至事业结合在一起，一定是很惬意的吧！

我自认为想得很透彻，尽管感觉这个欧阳老师说话有些不靠谱，还是答应与他合作了。

四、外出学习

随着对合作人的深入接触，我越来越感到与他在一起合作是个很轻率的决定。

这位仁兄口才倒是不错，但总感觉他与我三观严重不合，后来才知道他在湘潭围棋圈中口碑其实很差。我越来越感觉羞与为伍了，另起炉灶的念头越来越强烈。

下一步怎么办？夫人建议我，先出去看看，回来再做决定。去哪儿？首选当然是北京，那里的围棋培训应该开展得不错，何况还有棋迷心中的圣地中国棋院。

2002年4月，我满怀憧憬，还有家人的全部希望，踏上了北上取经之路。

我辗转到了京城，先到中国棋院，见到了心中的大神陈祖德院长，说了我此行的目的，陈院长坦言在围棋普及、培训这一块已经提到议事日程，年前刚刚出台了一个三棋进校的文件，但还没有出台相应措施，工作确实有些滞后，他表示非常支持我从事这一行，临行还送给我一本他的签名著作《超越自我》。

作为中国围棋的掌门人，陈祖德九段儒雅、睿智、没有架子，给我留下了非常深刻的印象，8年后他终于有机会到湘潭，特意到湘潭棋院做客，并亲笔为我们棋院题写了招牌。

按照预定的出行计划，我根据一个产业围棋培训的广告找到一个叫京西围棋会馆的地方，负责人黄希文老师，职业六段，是聂卫平棋圣的学生，胖胖的人很好说话。

可惜黄老师广告宣传的产业围棋似乎并不擅长，教来教去基本上就是提高棋力那一套，我待了大约十多天就离开了。

期间参加了一个升段赛，居然拿到了5段证书，我自认棋力可能顶多强3段，这个结果大大超过我的期望值，本来以为会激动万分的，但一想到在此期间曾把几个怀揣5段证书的老教授杀到让3子，也就兴味索然了，也不知他们的5段是如何打上去的。

后来黄希文老师在网上遭到围攻，质疑他广告宣传的5天涨一段是吹牛，我撰文力挺他，认为至少成年人1段升到2段或2段升到3段，经职业棋手点拨一周左右时间未始不能达到。黄老师显然已经不记得我了，问我是谁，我只发了个笑脸，没有现身。

大约是2018年暑假期间，突然听说他因病去世，想想那一段经历，不胜唏嘘，黄老师为围棋事业做了大量的工作，是一个值得尊敬的人。

离开京城后，又去了几个城市，走访了几家棋类培训机构，感觉大家招生和教学模式都差不多，基本上偏于传统，我感觉靠这样的方式方法恐怕难以在短时间内打开局面，心中没底却又彷徨无计。

想家了，还是打道回府吧！

五、另立门户

令我没有想到的是，欧阳遏舟老师，几乎在我北上的同时，居然也离开湘潭，南下到达广东，考察围棋普教工作，我在北京时曾听说，广东的围棋普教工作异常火爆，领头的老师名叫刘健，来自武汉，坐拥十几家棋院，常常为学生太多没有老师发愁。我想是不是有些言过其实呢！

回到湘潭的当天，立刻与欧阳遏舟老师联系，约定时间见面，互相交流所见所闻，他展示了一堂围棋招生课，彻底把我震惊了。

整堂课30分钟左右，语言基本儿童化，知识点运用了大量比喻，比如把棋子比作将军，气比作鼻子，趣味性很强。

我相信，按这样的方法招生，按这个思路教学，应该很容易打开局面。

我仿佛看到了湘潭围棋普及市场的美好未来，邀请欧阳遏舟老师一起干，他因为有公职在身，婉言谢绝了。

不久，我和合作人的办学理念的矛盾冲突，终于到了临界点，左思右想之下，终于下定决心退出！加盟费也懒得要了，算是净身出户。

2003年5月，我找到体育和教育部门，办理相关手续，注册了自己的培训机构，名称是欧阳遏舟老师建议的，叫做湘潭业余围棋学校！

一切从零开始，我不在乎，由于之前我刻意强调诚信经营和教棋育人的理念，而且身体力行，算是积攒了一定声誉，很快就有了第一个学生。到年底的时候，院生达到将近50人，外围也与几所学校、幼儿园建立了合作关系。

我对围棋培训的未来充满信心。

六、举办比赛

2003年底，我决定举行一次围棋定级赛，邀请湘潭地区所有的培训单位参加。

类似的比赛，之前举办过两次，第一次参赛学生只有19人，第二次28人，这次虽然放开报名，也只是增加了一个参赛单位，人数不到70人。

新增的单位名叫光大围棋教室，负责人杨石刚老师，是湘纺小学的在编教师，和欧阳遏舟老师一样，杨老师对围棋情有独钟，业余时间带了一批学生，可能他不满足于小打小闹，于是停薪留职创办了光大围棋教室，学生中涌现了后来名震三湘的业余强豪丁一舟6段，还有戴誉5段等一批少年高手。

可惜的是，杨老师后来师资队伍出了问题，受到一些打击，愤而关闭了围棋教室，又回原单位上班了，一家在业内颇有建树的围棋培训单位就此沉寂。

围棋定级赛后来渐渐演变成湘潭市一个传统赛事——青少年围棋级段位赛，改由湘潭市棋协主办，湘潭棋院承办，固定每年两次，2019年8月第33届湘潭市青少年围棋级段位赛，参赛人数达到1000人以上。

七、教练问题

我深知，要想把棋校办好，最重要的是师资队伍建设，棋校刚起步的时候，在欧阳遏舟老师的协助下，我物色到两位优秀教练，肖杨老师和胡晓春老师。

肖杨老师棋力不强，但教学很有特色，深得学生喜欢，只是没干多久就去长沙发展了。

胡晓春5段，曾数次荣获湘潭市围棋赛冠军。这是一个天生的围棋教师，尤其擅长把学生带入到他营造的特定环境中，教学深入浅出，举重若轻。为了让学生更容易接受自己，他业余时间观摩了大量动画、卡通片，儿童世界的很多卡通人物的姓名、特点他耳熟能详，而且能够很好地融入围棋课堂中。

可惜由于家庭原因，胡老师无奈离开了湘潭，辗转于广东、江西等地任教。

由于肖杨和胡晓春、芦淞等老师的先后离开，湘潭业余围棋学校老师出现断层，我只好亲自顶上。

得知我缺老师，一位家长向我推荐了一个人，姓汪，刚刚从单位下岗，棋力大约有5段，见面后我感觉各方面都不错，唯有一个缺憾：有些轻度口吃，我想，有这样缺憾的人可能不太适合从事教学工作。咨询欧阳老师的意见，他表示认同，我权衡之后放弃了。

令人没有想到的是，这位汪老师，颇有自强不息的精神，他在湘潭县县城一个叫易俗河的地方，自己开办棋校，通过短短几年发展，就成为湘潭地区仅次于我们的第二大棋类培训机构，而且培养出了职业棋手张紫良这样的高手。我曾经特意去听他上课，只见他口若悬河，没有丝毫口吃的痕迹。

不得不说，是我们这样的成见和世俗眼光成就了他，如果他在我这里，肯定干不出今天这样的成绩。

八、进军株洲

欧阳遏舟老师带来的围棋招生课，让我有了足够的底气进入学校和幼儿园招生，同时，欧阳老师也带来了另一个信息：刘健老师可能随时进军湖南！我一时头脑发热，雄心勃勃，想抢先占领株洲！

株洲毗邻湘潭，早年隶属于湘潭，由于得天独厚的交通条件，已跃升为湖南第二大城市，经济地位仅次于长沙。

说干就干，2003年，湘潭业余围棋学校刚刚成立，我马不停蹄，又在株洲注册了株洲业余围棋学校，并邀请了好友熊颖出任校长，来自湘潭的围棋高手周粤洪出任副校长，我因为牵挂湘潭，只是担任教学副校长，欧阳老师担任技术总顾问。此前，欧阳老师已在长沙与人合作，据说他的加盟，使得该培训机构增加了一千多学生，后来他又到常德开发围棋市场，应该说后来常德围棋培训市场的火爆，乃至被评为围棋之乡，与欧阳老师当初的贡献是分不开的。

株洲业余围棋学校，是株洲市第一所正式注册的棋类培训机构，由于有较先进的教学理念和方式方法，很快打开了局面，当地的棋友纷纷效仿，不到一年，就有十多家棋类培训学校冒了出来。

但是，我的困惑也随之而来，由于牵挂两头，耗费了大量精力，加之自身也还在学习与提高的阶段，教学和管理水平均有待提高。我思来想去，决定暂时退出株洲，一心一意经营湘潭业余围棋学校，欧阳老师也有类似的感受，我俩很快达成共识，一起回湘潭，正式开始合作！

直到2014年，湘潭棋院经过十余年发展，已经进入正常运转状态，我自感各方面能力均有大幅度提升，决定再度进军株洲，这次由湘潭棋院出资，与株洲的棋友合作，成立了株洲市芦淞棋院，由我亲自兼管，并请回了当初从湘潭棋院出去的胡晓春老师担任总教练，我雄心勃勃，准备大干一场。经过一年多的运营，总部学生虽然达到100多，但没有实现预期目标，同时湘潭棋院管理上也出现了一些问题，董事会认真讨论，总结原因，一致同意，放弃株洲市场，集中全力发展湘潭棋类培训事业。

我终于意识到，人不可一心二用，决心从此不再跨区域发展。

九、教学宗旨

湘潭业余围棋学校终于迎来了发展的黄金期。

在我的坚持下，学校的经营理念明确为：社会效益第一，经济效益第二，凸显"教棋育人"为总的原则。

学校宗旨概括为四句话：

    弘扬传统民族文化；
    繁荣活跃棋类市场；
    发掘培养棋类人才；

> 拓展素质教育领域。

在聘用教师方面，首重人品和责任心，其次才看培养潜力和工作能力。

我和欧阳遏舟，在经营上面进行了明确分工，我负责日常管理，他负责教学技术和教师培训，每遇赛事，我是组委会主任，他就是裁判长。我们在一些重大问题和原则问题上面，意见基本一致，历经风雨，我们之间基本上形成了比较紧密的合作关系。

湘潭业余围棋学校，学生人数稳步增长，每年以净增50人左右的规模递增，这个增长速度在围棋培训行业中算不上很快，但我求的是一个字：稳！

欧阳老师在我之前，曾与多人合作，但因为种种原因没有成功。我俩在一起合作后，发现在诸多事情上面的看法和意见都是惊人的一致，渐渐形成了默契。

后来以我俩为中心，进行股份制改革，股东增加至6人，到2017年的时候，教师增加至30多人，院生接近1000人，外围学生超过1500人。

2008年，市棋协建议我们增加其他棋种的培训，并同意我们改名，从此，湘潭业余围棋学校正式更名为湘潭棋院。

2010年，时任中国围棋协会主席、中国棋院院长的陈祖德九段做客湘潭棋院，欣然为湘潭棋院题写了院名。

十、理念之争

不知从何时开始，网上出现了竞技围棋与快乐围棋之争，也就是在普及围棋过程中究竟是应该以提高棋力为主还是以快乐玩耍为主。此事引爆的直接原因是北京某知名棋类培训机构在幼儿围棋培训中使用二、三、四路棋盘教学，也就是口、田、曲字形状的围棋盘，一部分人认为，这是忽悠家长，哪有这样教围棋的？但也有人认为，孩子刚刚接触围棋，以培养兴趣为主，吃子为赢，慢慢再过渡到19路棋盘。

两种教学理念在网上针锋相对，谁也说服不了谁，体坛周报某知名记者甚至撰文称：不以提高棋力为目的的围棋教学就是耍流氓！

我组织老师为此进行讨论，也是两种观念激烈交锋，我在总结时说，我们的宗旨是教棋育人，如果只注重训练成绩，也就是走竞技围棋的路线，无视学围棋的许多其他好处，这条路一定会越走越窄，棋院的发展势必会走入一个死胡同。但是，只强调快乐，完全忽视竞赛成绩，我们肯定无法面对家长的质疑，也缺乏说服力和竞争力，同样会制约棋院的生存和发展。

所以，我认为，我们只有把社会效益放在第一位，经济利益放在第二位，注重学生的品质养成，真正着眼于孩子的未来，让孩子们通过围棋的学习，提升品质，锤炼个性，在潜移默化中成长，提升棋力水到渠成。

素质教育是一个比较虚的概念，我们不妨将它量化，否则难脱忽悠家长之嫌。

具体来说，我们的围棋老师，定位一定是"老师"而不是"教练"，因为我们除了教棋还要肩负育人的职责。

在教棋的过程中，我们要训练学生养成守纪律、懂礼貌、胜不骄、败不馁等等好的品质，让素质教育落到实处而不是一句空话，让家长切身感受到孩子学围棋带来的变化。

我们知道，做任何事，不付出努力和艰辛，就不要指望好的回报，学围棋也不可能例外，光是快乐，就指望涨棋？在保护孩子学棋积极性的同时，对棋艺的提升，一定要有明确的目标，要施加一定的压力，只有孩子们的棋艺逐步提升，才能感受到更大的快乐。

也就是说，应该把提升棋艺和快乐学习相结合，才会有更广阔的市场空间，关键是这个"度"的把握。

十一、特殊赛事

2008年，我和几位岳阳棋友一起，策划和组织了一个特殊的赛事：领导干部象棋、围棋交流赛。

首届比赛在岳阳举行，金秋时节的一个周末，部分湘潭和岳阳两地爱好象棋、围棋的领导同志，和一些著名学者、教授、专家汇聚一堂，切磋棋艺，畅谈友谊，增进了解。比赛取得了圆满成功，反响很不错。

第二届开始，参赛队伍逐渐增加了株洲、长沙、衡阳等城市，考虑到参赛运动员群体的特殊性，我们对赛制做了一些调整：

一、比赛不定期举办，一到两年一次；

二、每支队参赛人数控制在20人以下；

三、不占用工作时间，利用周末进行。

比赛在几个城市轮流进行，至今已成功举办了六届。

十三、编写围棋三字经

还在湘潭业余围棋学校初创时期，我发现：围棋的格言、口诀一大堆，但是长短不一，难易各异，尤其是一些古代流传下来的棋经棋理，不但是学生，甚至有很多老师包括我自己都看得一头雾水。

我想：可否把它们规范一下，依照统一的格式重新编写，以便记忆和理解？

我想到了三字经，三个字一句，先不说理解，至少好记。

网上搜索，发现没有类似的东西，我心里有了一点底，唯一担心的是自己棋力太低，对一些格言理解出现偏差，这样编出来的东西难免贻笑大方。

我花了差不多一个月时间学习，对每一句每一条都力争理解透彻，好在现在网络发达，有不懂的都可以在网上找到答案。

又是搜肠刮肚的一段时间，初稿出来了，我请欧阳遏舟老师帮忙修改了一下，然后怀着忐忑不安的心情，投到围棋报社，直到围棋报少儿版刊发出来，才感觉心头一块石头落地。

后来我到过很多城市的同行单位参观，看到围棋三字经被高高挂在墙上，有的甚至是请名家书写，虽然大都没有注明作者，心里依然会有一丝成就感。

能够得到同行们的认可，说明心血没有白费。

后记

不知不觉间,进入围棋培训行业至今已历18个春秋,按说从业时间也不算短了,但时常会有诚惶诚恐的感觉,有太多新的东西需要学习:教学方式的革新、网络的冲击、高效的管理等等。

有太多新的问题需要面对:行业的竞争、骨干员工的背叛、企业文化的打造和完善……

但无论如何,我都不曾为当初选择围棋作为职业而后悔!

因为围棋是我的至爱,以前是,现在是,一辈子都是。

(唐述平)

第七节　湘潭棋友趣闻录

湘潭市，别称莲城，历史上曾经有"小南京""金湘潭"之说。这里伟人、文人、名人辈出，琴棋书画，冠绝一时，是一座具有深厚文化底蕴的城市。

湖南省有14个地州市，省会长沙，因为先天优势，在围棋这个层面，无论高度还是厚度，是无可争辩的老大。但说到棋友之间凝聚力、日常交流、人气、弈风之盛，也许湘潭应该排在第一。

湘潭河西白马湖畔，有一处著名的围棋交流场所——闲云阁。

这里汇集了湘潭市绝大部分围棋爱好者，时常有各地慕名而来的棋友。每天中午过后，这里生意兴隆、高朋满座，迟到的棋友经常因为没有棋桌而只能当看客。

闲云阁茶楼，最初开设在雨湖区熙春路旁一栋二层楼房内，营业面积约200平方米，后来由于棋友太多，遂搬迁至白石公园后街，面积大了很多，依然人气很旺。

闲云阁首位阁主刘前斌，是湖南省"业余围棋四老"之首，曾夺得湖南省九星杯围棋冠军和福建省TCL杯围棋5段组冠军，从而被称为两省棋王，是湘潭九十年代围棋第一人，凭借着对围棋的执着和追求，刘老师在湖南围棋界一直有着超高的人气。在他的推动下，闲云阁成功举办过湖南省城市围棋联赛、湘潭市恒利达杯围棋赛第一、二、三届，湘潭市汉朗杯围棋赛等围棋赛事。

2015年，闲云阁与时俱进，进行了股份制改革，由张洋出任董事长兼总经理，刘老师则开办了自己的围棋道场，正式进入围棋培训行列。

闲云阁在张洋总经理的管理下,再创辉煌,将湘潭围棋热潮推向更高,参与、资助、承办了更多的围棋活动,闲云阁的名声很快传遍三湘四水。

我在这里认识了更多的棋友。以下是我亲历和听闻的一些湘潭棋友逸闻趣事,如表述与事实有出入之处,敬祈谅解。

一、教授不是二百五

教授姓唐,湘潭大学博导,曾经担任物理学院副院长,围棋5段。

唐教授在学术专业领域卓有建树,但业余时间,则基本上奉献给了围棋,尽管家里颇有微词依然痴心不改。他待人真诚热心,朋友遍天下。可以毫不夸张地说,凡是认识唐教授的人,只要说到他的为人,一定是全部会给予五星好评!

唯独到了棋盘前,唐教授就像变了一个人,知天命的年纪,想要长棋,而且是大长!他拜师学艺,追星追狗,目标是提高两个子!棋友们都觉得太难,泼冷水的不少,但执著的教授自我感觉良好,依然乐此不疲。

教授对局时态度非常认真,记谱复盘,探讨得失,胜则神采飞扬,像个孩子似的眉飞色舞,输了就闷声不乐,我劝他不必太在意,他可能认为我们对围棋不够执着。

他和我水平差不多,早年刚认识时如此,这几年他刻苦追求提高棋艺,而我的主要精力都花在教学管理方面,对提高棋力耗时较少,自感围棋水平也就这样了,没想到现在和他对局依然胜负相当,我说这个年纪长棋太难了,他表示认同,但依然我行我素。

一次他与人对局,

2012年的唐翌教授

对手中盘死了大龙，推枰认负，并随口说了句如果大龙不死应该是细棋，他不乐意了，觉得一定是大胜！而且颇为孩子气地坚持一个人收完单官数子，居然以250个子大胜，然后兴奋地大叫：我是二百五，我真的是二百五！满棋室笑喷！

又一次比赛，他对上一个业6，一个漏算大龙愤死，大好的局面被对手捡漏，可能他觉得虽败犹荣，见人就说这盘棋，宛如祥林嫂。那天我刚到棋室，见他又把这盘棋摆了出来，摆到大龙被屠处，招呼棋友们过去看："大家快来看，看我是怎么死的！"

二、肥羊九子不开胡

肥羊是外号，本人其实骨瘦如柴，第一次认识的棋友根本对不上号，据说是因为其早年下棋时有一次被当作肥羊痛宰，因而得名。

肥羊年轻时是一帅哥，且是某单位服务公司经理，春风得意。一日经过雨湖公园旁的棋摊，见有人邀约，不觉技痒，谈好条件便开战，几局弈罢，小有斩获，双方约定次日再战。

肥羊次日依约来到棋摊，对手果然在等他，有了昨日的战绩垫底，肥羊提议玩大一点，没想到连输数盘，感觉遇到了扮猪吃虎的高手，只好自认倒霉，正准备抽身走人时，对手提议：如果再来，可以让他2子。

肥羊自感围棋水平与对手应该相差不大，没想到被让2子还是输了。对手坦言不愿意占他的便宜，如果再下可以让3子，肥羊被气馁和不甘的情绪纠结，心态肯定是不对了，子越让越多，依然无一胜绩。最后被直接打到让9子。

肥羊总算清醒过来了，原来自己与围棋高手差距不是一般的大！痛定思痛，肥羊不再轻易与人对弈，只当看客。

他慢慢变成了棋室的常客，日积月累，棋力渐涨，与当初那位高手的差距缩小到2-3子之间。

三、魔术棋手小卫子

小卫子是本地围棋界知名人物，倒不是因为围棋，而是他独创的一些歪招。

下完棋数子时，他手掌内能够扣5个子而不被人发现。

有段时间，他专门邀请一些菜鸟到家里去下棋，管烟管酒管饭，唯有一个条件，必须由他来数子，而且总是数自己的子，对手频频输棋，有时候不免困惑，明明觉得是赢棋，怎么他一数子就输了。

多年以后秘密被他自己曝光：原来他用的棋盘是专门特制的21路棋盘！

小卫子早年经营皮具，赚了一些钱，思量想赞助一个围棋赛，找到棋室里来，被人拖住下棋，输了一天一夜，接洽赞助的人来了，他苦笑道：搞不成了！连门店里的皮具都是别人的了，下次吧！

四、双枪名将颜老师

颜老师是著名的围棋和中国象棋双枪将，围棋5段，中国象棋足有大师级水平，他经营一家棋类培训机构，很敬业。

颜老师在同级围棋水平的棋友中年龄最大，他个性很要强，眼里容不得沙子，喜好争论，每每音高而尖锐，声振屋瓦。

一次与人对弈，对手是棋友老张，老张腿有残疾，拄着拐杖，他不知在哪里背来一袋桔子，足足20来斤。第一盘颜老师胜，老张提出他行动不便，要求以桔子抵彩头，颜老师不干，经众人劝说才勉强接受，后面几局皆老张胜，颜老师也不干了，径直跑到市场里买来几十斤桔子给老张，老张无可奈何，也不知是怎样把这些桔子弄回去的。

五、彩妹不识省棋王

"彩妹"也是外号，本人姓周，关于这个外号的由来，据说是因为他来自彩色印刷厂，"妹"是本地人对脾气性格好而且关系较好的朋友的一种昵称。

彩妹曾经获得过湘潭市围棋赛第三名，是本地有名的高手，单位下岗后一段时间待业，无所事事，每天泡在棋室里，专等菜鸟上门。据他说凡是不认识且说本地方言的棋友，基本上可以放肆砍，最多可以让到4子。

一天，棋室来了一位操本地方言的老者，看样子似乎想找人下棋，我和彩妹一同进入棋室，棋室老板说有一位不认识的老者想找人切磋，问我们是否愿意作陪，彩妹求之不得，欣然答应。老者也不客气，抓起一把白子示意猜先，彩妹心中窃喜：这老头不认识，说本地话，不用让子！哪一条都符合心中菜鸟的标准，看样子今天是来着了！

棋至中盘，我见那老者的棋丝毫不落下风，直觉他不简单。直到收完最后一个单官数子，彩妹幸运半目胜。

推枰再来，彩妹可能因为第一盘获胜了，这一盘下得奔放飘逸，中盘时便已确立了不小的优势。这时门外有人进来和我们打招呼，原来是欧阳遇舟老师到了，他显然是认识老者的，主动和我们介绍：这位是来自长沙的6段高手易老师，湖南省九星杯冠军得主！

彩妹得知对方的来头，吃惊不小，心理莫名其妙发生变化，棋的节奏明显不对了，执子的手都有些发抖，后半盘像变了个人，这一盘很快就输了。

事后我们都笑他心理素质不行。为此，后来我在学生参赛前都要刻意提醒：比赛时不要去打听对手的级别，以免心态变形影响发挥。

彩妹后来接受了我和欧阳遇舟老师的建议，到株洲从事围棋教学工作，成为株洲业余围棋学校的副校长。

六、老秦钟爱宇宙流

老秦不算老，六十来岁年纪，退休前是一位工程师，据说20世纪红卫兵大串联时跟一位下放的职业棋手学的围棋，一下子迷上了，早年找不到对手，一个人在家里左右互搏，妻子分娩时还在研究围棋，托人捎信来叫他买些纸送去，他误听成了"尺"，还很疑惑生小孩要尺干什么？难道是量孩子的尺寸？于是他到单位借了一把游标卡尺送到产房里，夫人和亲友都哭笑不得。

老秦说话有很重的口音，一段时间他迷上了武宫正树，逢人就大谈特谈"乳罩流"，同事们很纳闷：不是说围棋很高雅吗？怎么会有这样不入流的名字？

老秦棋力不强，年龄比他小的他都下不过，总算熬到能够参加老年围棋赛了，喜获第六名，荣誉证书被他装裱起来，挂在书房，拍照发朋友圈，还邀请一大帮棋友聚餐，以示庆贺！

七、英年早逝油鼓子

2019年8月，井冈山红色城市围棋邀请赛过去十余天，突然得知：老胡走了！

那天早上我刚刚打开手机，没想到见到的是这样一条令人难过的消息。

老胡原来是某区局的二把手，正宗科级干部，五十刚出头。由于他体型矮而胖，腰围赛过身高，棋友们送一外号油鼓子（汽油桶），倒也贴切，人人喊他油鼓子，他也丝毫不以为意，总是笑呵呵回应，这一点令我肃然起敬，但我从不喊他的外号。

最后一次见老胡，是在去井冈山参加比赛的车上，他是去观战的，我俩同坐后排，另一位棋友开车——老胡的车，他坦言自己身体不行，开不了这么远，我以为他是想偷懒，就顺口说我也开不了长途，逢服务区必进也不行，太累！算是认同他的说法，他很高兴。

一路聊天，聊到人工智能，我坦言光是这几个名称就难以记住，第一代阿尔法狗，第二代大师，第三代阿尔法元，老胡向我建议：何不改一下，就叫做阿尔法狗，阿尔法狮，阿尔法猿，都是动物，不就好记了吗？我脑洞大开，衷心佩服老胡的思路。

老胡烟瘾很大，客气地说在他的车上可以放肆抽烟不必介意。没想到当晚我们刚到宾馆不久，他居然不告而别，一个人把车开回了湘潭。当时听到这个消息我们几个都不以为意。后来才得知，是老胡感觉自己身体突然不行了，担心会影响我们比赛，所以干脆一个人开车返回湘潭，当晚就直接进入医院直到辞世。

三百多公里，他一个癌症晚期的病人，不知道是以何种毅力坚持到家的，想起来就令人揪心、愧疚！

老胡在闲云阁茶楼，是永远的中心人物，只要他来下棋，边上一定围得水泄不通，打鸟的来者不拒，尽管输多赢少也不怒不恼，人说胖子性格好，果然是真的。

一切恍如昨日，那次同车出行竟成永诀。想起憨态可掬的油鼓子，不胜唏嘘！

很后悔以往没和他多下几盘，他倒是多次邀请，被我拒绝了，不是怕他棋艺高，就怕他陷进去，下起棋来没完没了。他精力旺盛远在我之上，我输了倒还好，万一我手气好，不下足五盘以上只怕脱不了身。

老胡英年早逝，令人惋惜！

八、九段餐馆冯老板

雨湖区观湘门路旁，有一个小面馆，名曰"九段面馆"，店面不大，经营的也就是一些寻常面食。老板姓冯，自称骨灰级围棋爱好者，他个性孤僻，为人十分低调，平常只在网上下棋，或者一个人在家里玩左右互搏，所以虽然有弈城7d左右的水平，却几乎不为本地棋友所知。我在一个偶然的机会和他相识，见是同道中人，于是经常光顾他的店子，邀他一起喝酒，渐渐混熟了，得知他来自湖北，四十来岁，没有老婆孩子。一次可能是喝得有点多，他神秘兮兮地拿出几张纸给我看，字是手写的，很工整，标题是：围棋主题餐厅构想。

餐厅名称：黑白（方圆、弈客、乌鹭、九星）餐馆；

包厢名称：一 不得贪胜，二 弃子争先……其实就是围棋十诀；

然后是菜谱：每一道菜名都是一个围棋术语，括号内是说明。

金角银边草肚皮（卤味拼盘）；

金鸡独立（白切鸡）；

二子头（豆苗炒金针菇）；

金井栏（炒三丝）；

镇神头（老干妈蒸鳙鱼头）；

黄莺扑蝶（韭花蛋汤）；

龟不出头（豆腐蒸泥鳅）；

老鼠偷油（溜白薯）；

滚打包收（擂辣椒皮蛋）；

……

以围棋术语为菜名，倒也令人耳目一新，虽然有的菜名较牵强。

老冯跟我解释：他有两个心愿，一是弈城打上9段，二是开一家围棋特色餐馆，只是一直资金不够，所以先开了这家九段面馆。

新年伊始，我再光顾九段面馆，发现冯老板已将餐馆转让了，电话也打不通。接盘的老板居然也姓冯，他告诉我，冯老板父母病危，他回湖北老家去了。

适逢新冠病毒肆虐时期，我心里有些发沉，但愿还能见到冯老板，见到他的黑白餐馆早日开业。

九、网棋冠军罗眼镜

罗眼镜，在工商部门工作，围棋棋力在弈城7段左右，他下棋基本上以网棋为主，偶尔光顾棋室，与人交流也从不带彩。

20世纪90年代联众网络围棋风行的时候，老罗创造了下网棋2万多盘的惊人记录：也就是说平均每天下了100多盘棋。

棋下得多了，水平自然提高，一次酒后闲谈，老罗说起最近在新浪网上没怎么费力就打上了9段，言下颇有得色。

言者无心，听者有意，同桌的另一位强5高手腾老师，隐藏身份注册了一个ID号，直接把他从9段干到8段，又换一个马甲把他干到7段，不到一星期他变成了1段，郁闷之余，百思不得其解，从此不再上新浪下棋。后来有人告知真相才恍然大悟。

十、扫地僧不识真国手

刘前斌6段，20世纪90年代湘潭围棋第一人，昵称"留一桶"，不知是说他棋艺高超一统江湖，还是酒量大能够喝一桶。

关于他的逸闻趣事不少，这里说两个有代表性的故事。

第一个故事发生在厦门。

九十年代，刘前斌曾在厦门工作过一段时间，刚到厦门时，为了节约开支，由朋友介绍，暂时寄居在某棋馆阁楼，不用交寄宿费，只需要闲暇时帮棋馆搞一搞卫生，接待一些早到的棋友。

一日上午，来了一位外地棋友，自称姓金，希望找人下棋。因为时间尚早，棋馆里客人不多，有人介绍正在打扫卫生的刘前斌应战。

金棋友刚刚在黄河杯围棋锦标赛获得亚军，晋升6段，他以为刘前斌不过是棋馆里打杂的伙计，根本没把对手放在眼里，没想到分先连输数盘，心里暗暗吃惊：难道厦门业余围棋这么牛，一个扫地的我都下不过？

后来湖南常德棋手满辉6段，据此写了一篇趣闻，标题就是"金6段不识扫地僧"，一时刷爆网络。

第二个故事发生在长沙。

千禧年，湖南省第15届九星杯业余围棋锦标赛在长沙举行，刘前斌一路过关斩将夺得冠军。赛后，几位长沙棋友约战刘前斌，可能是觉得意犹未尽，刘欣然应战，连胜数人，颇不服气的长沙某王姓6段高手问刘，可否请他曾经的学生小吴来下，刘前斌当然不会反对。

小吴来后，连胜刘前斌数盘，算是为长沙棋友们出了一口气！刘前斌和几位观战的湘潭棋友均是郁闷不已，奈何技不如人，只得怏怏而返。

后来不久，有人在电视围棋频道看到，那小吴正在讲棋，字幕显示他竟然是职业六段棋手！这才恍然大悟，去电质询王某某，为何骗人，岂料王6段振振有词：我可没骗人，那小吴以前确实是我的学生。

得知真相的刘前斌等相顾莞尔，没有继续追究。

（唐述平）

第八节　湘乡围棋界的"应昌期"

社会上每一个圈子，都有混得好的，混得一般的，混得差的。如果混得好的很多，那么这个圈子一定欣欣向荣，生机勃勃。围棋界也是一样，闻名于世的应氏杯围棋赛就是由大富豪应昌期资助的，影响力之大令人羡慕。

同样，湘中小城湘乡市也出了几个"应昌期"式的人物，他们在企业商界是成功的大享，百忙之中在围棋界却经常出现他们的身影，由于工作太忙，对围棋研究少，所以棋力相对较弱，但他们的无私奉献，幽默有趣，为湘乡棋界带来了无尽的欢乐，他们是谁呢，给大家介绍下两位。

一是成立超，生于1966年，毕业于湖南工程学院（原湖南机电专科学校），1989年大学毕业分配至湘潭柴油机厂，1992年下海到珠海经商，1998年创立湖南湘军高压电杆有限公司，担任董事长。现兼任湘乡市围棋协会会长和保龄球协会会长。

在围棋界我们都亲切地称成会长为"四哥"，四哥身为董事长，虽然手下众多，但每天工作依然繁忙。不过他有个宗旨，只要围棋协会有事，不论大事，小事，闲事，坐飞机都会赶来，在围棋协会经费困难时，二话不说立马自掏腰包解决，协会许多活动包括协调关系、外出比赛的经费都是四哥私掏腰包，并为棋队设巨奖成千上万。四哥的棋力大概为成人业余二级水平，下棋不假思索，一般喜欢找个高档茶馆包厢邀上水平差不多的好友干上几把，五百至一千一盘，从棋具和环境来看那架势，别人以为是世界比赛决赛。当我们坐在旁边观棋时却发现，简直是刚学棋不久的两个小朋友下快棋一样，并且边下边吹，臭棋可用篓子来装。四哥赢棋了好说，要是输了便一定会拖你去比保龄球，把输的钱全赢回来，四哥保龄球水平可是省里拿前三名的，有几个打得赢他呢，我们普通人根本消费不起呀，四哥得意地说这叫以己之长击敌人之短才能胜之。

现在大家在四哥的领导下，围棋协会红红火火，热闹非凡，真是人生大幸。

二是邓平，1970年生，毕业于湖南大学，佛道双修，佛名释灵云，道名云瀚真人，湘乡道教协会副会长。

邓总于2012年创办了弘吉福泰集团，主要弘扬中国传统吉祥文化，为人低调实在，办事沉稳冷静，对围棋非常喜爱，回到湘乡后经常就会跑到棋室找人下棋，下棋水平确实不敢恭维，笔者（业余5段）和他对弈，即便让九子邓总都难有胜绩。棋友们都喜欢和邓总下棋，因为和邓总下棋往往能赢到彩金。2019年邓总当上湘乡围棋协会副会长，他说围棋起源于中国尧舜时期，后传到日本、韩国，围棋本就属于中国传统龙图腾。

"中国梦，龙图腾"，2020年5月底，邓总在湘乡赞助了一场"龙图腾"杯大型快乐围棋赛，本次比赛是近10年内最成功的赛事之一，近30位棋手参赛，获得前三甲的选手均得到了弘吉福泰集团提供的奖品，笔者（这次比赛幸运夺冠者）就获得了超能量陨石龙奖品。赛后，很多棋友们感叹，快乐"龙图腾"杯赛事是本年度最幸福的几天，大家真心感谢邓总对湘乡围棋协会的支持。

龙城湘乡，人杰地灵，伟人辈出，作为工作和生活在湘乡的笔者，总是以湘乡优良的围棋环境而骄傲。除了以上两位，还有很多棋友默默无闻地为湘乡围棋无偿奉献，不求名利，只求在喧嚣的城市里有一隅之地可以静静地思考，品茶谈心，以棋会友，人生如此足矣！

（刘继宁）

第五章　湘潭围棋文萃

第一节　棋说

【明】李东阳

李东阳（1447—1516），字宾之，号西涯。茶陵州（今湖南茶陵）人，明代中后期茶陵诗派的核心人物，诗人、书法家、政治家。明英宗天顺八年（1464）进士，授编修，累迁侍讲学士，充东宫讲官，孝宗弘治八年（1495）以礼部侍郎兼文渊阁大学士直内阁，预机务。《弈人传》记李东阳曰："为文典雅流丽，朝廷大著作多出其手。工篆隶书，碑版篇翰，流播四裔。奖成后进，推挽才彦，学士大夫出其门者，悉灿然有所成就。立朝五十年，清节不渝。既罢政家居，请诗文书篆者填塞户限，颇资以给朝夕。一日，夫人方进纸墨，东阳有倦色。夫人笑曰：'今日设客，可使案无鱼菜耶？'乃欣然命笔。其风操如此。"李东阳多才多艺，酷爱围棋，多有咏棋诗歌留世。《棋说》一文，可见一端。

吾尝观于弈矣。弈之初，本无情也。卒然而合之，强分类别，击取攘劫，若有得失乎其间者。及其地交意逼，主于必胜，其势莫肯先却焉。故或役心命志，如蛛游蜩化[①]而不自知。其胜者施施然[②]，若辟土地朝秦楚。

[①] 蛛游蜩（tiáo）化：用北宋黄庭坚诗意。黄诗《弈棋二首呈任公渐》有云："心似蛛丝游碧落，身如蜩甲化枯枝。"说对弈者的心思如蛛丝飘浮在空中，无牵无系，飘忽不定。而身躯就如蝉蜕一样，僵硬无知，仅是一个空壳，早已化为枯木朽株了，毫无生意。诗人极言弈者的苦心经营，比喻生动，深受历代诗家、棋家赞赏，并在咏棋诗文中常被当作典故引用。清代蒋澜说："此二句穷形极相，真是绘水绘声手。"方回说这两句"尽弈者用心忘身之态。"蜩甲，蝉蜕。

[②] 施施然：形容洋洋得意。

不胜则赧颜戟指①，无所不止。今之言弈者，必以适。以适而反自劳，则不若缩手旁观者之为适也。劳与适相遭，非智者不能卒辨。至于覆图敛枰，则其所谓胜负者，始茫然其不可揽，然后劳亡而逸见。其甚者犹或以夸之乎人，或者怏怏②郁结，愈不可释。呜呼，此又何哉。古之不善弈者曰苏子瞻，其言曰："胜固欣然，败亦可喜。"用是知不工于弈者，乃得弈之乐为深。人之达于是者，可与言弈也。世之善喻者，必以弈。以弈观世，鲜有不合者也。

（选自黄俊《弈人传》，岳麓书社，1985年版）

---

① 赧（nǎn）颜戟指：因羞愧而脸红，乃至发怒，伸指如戟，指责对方。
② 怏（yàng）：不服气。

第二节　晚清湘军系统围棋活动探析

吴　强

　　湘军系统在晚清政治舞台上是一支非常活跃的政治和军事力量，对于风雨飘摇的晚清朝廷，可以说，以曾国藩为首的湘军系统是毫无疑问的"朝廷柱石"，使晚清朝廷的分崩离析延缓了很长时间。湘军系统在太平天国起义的狂潮中应运而生，并在晚清政局走向中发挥了重要的作用，以军事为起点，湘军系统的影响力遍及朝政的方方面面，如军事、洋务、地方治理等各方面都有湘军系统人员的身影。

　　作为湘军系统的创造者、领导者和精神领袖，曾国藩在湘军体系的搭建及发展、用人上都有自己的思想脉络，其根本就是维护名教义理，由此，逐渐形成了湘军系统"文人将军"的特点。以曾氏为核心，围绕在其身边的湘军主要人物也基本以读书人为主，这也成为湘军典型的特征。后来李鸿章从湘军分出，形成淮军系统，就可以看出在用人取向上的重要区别。

　　同样，因为湘军领袖和骨干以文人为主体，文人的思维方式、行事理念、个人爱好等都在湘军系统内得到充分的展示。如以曾国藩为首，湘军主要人物在行军打仗之余，写下大量家书，除一般地安排家中事务之外，对于子女教育、家风建设、地方事宜等多有描述，成为后世研究的重要材料。特别是曾国藩家书成为至今历史、教育、政治、洋务研究中不可或缺的重要素材，其他如湘军骨干左宗棠、彭玉麟等都有家书传世，影响巨大深远。

　　除家书外，湘军主要人物在日记、诗文、学问研究上都投入大量精力，也形成了较大影响，有一批值得重视的成果。这些文学色彩浓厚的材料，较为形象地勾勒出湘军领导集团的文人气质。

围棋，也由此成为晚清湘军系统的重要活动内容之一。

一、晚清围棋活动基本概况

湘军体系相关人物的围棋活动离不开时代发展的特点。晚清处于内忧外患、风雨飘摇的状态下，社会经济发展和正常生活状态都被打破，因此，相较以前承平时期的文化建设，各方面都处于较低的水平，围棋的发展自然不能独立于时代之外。因此，自范西屏、施襄夏之后，至清末民初，中国围棋水平都处于较低状态。

但这并不意味着围棋发展的停滞，围棋因其自身的魅力和在文人体系里的地位，不管时代如何变迁，政局如何起伏，也一直在顽强地生长。在局势动荡的晚清，虽然水平不如范施远甚，也依然有所谓"十八国手"之说。《清朝野史大观》记："乌乎！弈至范施极盛，难为继矣！范施后，复有十八国手之目，然弈品实皆不逮范施矣。行箧无书可检，所谓十八国手者，已不能悉举其名。"据围棋史家陈祖源先生考证，"十八国手"之说，含义较为模糊，也很难确定具体是哪十八人，但大致可确定时间为道光、咸丰年间。至同治年间，因为战乱平息，虽然外患频仍，但相对于此前的一番乱象，总是有了喘息之机，因此社会局面较以前稳定，即所谓"同光中兴"。在这种局面下，围棋活动也迎来了一个相对的苏醒期，这一时期的代表性棋手（也是晚清棋坛最后的代表性棋手）周小松、陈子仙棋艺水平达到巅峰，影响也日渐扩大，形成晚清围棋活动的一个小高潮。

除周陈之外，徐耀文因为在同治四年（1865 年）和陈子仙在汉阳晴川阁对弈两局，成为当时棋坛盛事，产生了轰动效应，颇有点当年当湖对弈的意思。清末围棋史学家邓元鏸在其著作《国朝弈家姓名录》中称陈子仙为"大家"，徐耀文为"名家"，并在《弈评》中赞道："陈子仙如剑客侠士，饶有奇气；徐耀文如名医，诊疾脉络分明。"

晴川对弈的组织者将当时文人留下的诗文，以及画家绘就的《江汉对弈图》和对局棋谱汇编，辑成《晴川会弈偶存》刊行。

此事十八年后，光绪九年（1883年），周小松应杭州富商高云麟之邀，到杭州红栎山庄，与地方高手徐艺斋、金明斋对弈。据记载，周与金授二子对弈十局，与徐艺斋授二子弈一局。金明斋是治印名家，亦善刻石，是西泠印社第一批社员。他曾经手刻一块石棋枰，高云麟题名曰"弈隐遗枰"。金氏后人后来将石枰赠送给西泠印社，安放在孤山西泠印社小龙泓洞，今日游人至此，可见石枰原物。再十二年，光绪二十一年（1895年），周小松离世，至此，晚清围棋最后的光辉消失。

晚清湘军系统的围棋活动，就是在这样的大背景下产生和进行的。

二、晚清湘军系统围棋活动起因

晚清湘军系统围棋活动成为一个值得探析的话题，严格说来带有强烈的个人色彩。因为湘军的创造者和精神领袖曾国藩是一个超级围棋迷，其对围棋的痴迷持续终生。因此，在湘军系统内部，围棋活动成为一项常见活动，并对湘军主要人物的思想产生一定的影响。

曾国藩对围棋的痴迷，表现之一是下棋时间长，可以称为终生下棋的典范。从曾氏日记的记载来看，最早出现的下棋记录，是道光十九年二月初八日，"与尹光六下棋"。时曾国藩年二十九岁，前一年刚进士及第，朝考一等第二名，为翰林院庶吉士，八月请假出都，年底抵家。在家中的这段时间，出现了上述下棋记录。可以想见，曾国藩学会下棋当然远早于此时，只是因为"是岁始为日记"，才开始在日记中记录下棋信息。

曾氏日记中最晚出现的下棋记录，则是同治十一年二月初三日，"围棋二局"，这实际是曾氏去世的前一天。而此前三天，曾国藩也是每天"围棋二局"。可见，曾国藩对围棋的爱好持续终身，几未间断。从持续时间看，是当之无愧的围棋爱好者。很多年份，甚至几乎达到了无日不下的情况，如同治元年，曾国藩记录下棋的天数达到了创记录的345条（天），下棋之狂热，可见一斑。

因为曾国藩终生酷爱围棋，甚至几乎无日不下，不管是在修身进学的京官时期，还是处于和太平军作战的前线，抑或是在后期总督两江的衙署之内，围棋基本上成为曾国藩每天的例行活动。作为湘军领袖，曾国藩这样"无棋不欢"的举动，对湘军系统内围棋活动的开展起到了巨大的推动、促进作用，使曾国藩身边及幕府聚集了一批围棋爱好者，同时也促使本来对围棋兴趣不那么浓厚的湘军将领也不知不觉间受到熏陶和感染，成为围棋活动的一分子，并进而使围棋思维成为湘军系统交流的思想共鸣点之一。

因为，曾国藩不仅仅是弈棋终生，围棋思维也不可避免地体现在他修身、治学、家教、从军的各个方面，成为其思想体系的重要组成部分。如他思考"上知下愚"的道理，"是夜，思孔子所谓'性相近，习相远'、'上智下愚不移'者，凡事皆然。即以围棋论，生而为国手者，上智也；屡学而不知局道，不辨死活者，下愚也。此外，则皆相近之资，视乎教者何如。教者高则习之而高矣，教者低则习之而低矣。"即以围棋为例，深入思考教育人才的基本规律。曾氏幕府人才济济，号称"晚清第一幕府"，即与其因势利导，用人所长是有密切关系的。

在指挥军事行动时，曾国藩的围棋思维也随时表现出来。咸丰六年正月十三日，曾国藩致信罗泽南，就近期的军事局势进行了安排，提到"凡善弈者，每于棋危劫急之时，一面自救，一面破敌，往往因病成妍，转败为功；善用兵者亦然。今江西之势，亦可谓棋危劫急矣。"以围棋喻兵势，可谓言简意赅，通达明了。同年七月十五日，在给林秀三的指示信件中，曾国藩讲道："望阁下坚持定力，不动不摇。疾风暴雨，终朝即止；危棋急劫，须臾乃定。"再度以棋喻事，指挥机宜，也正是曾国藩围棋思维在军事上的体现。

三、晚清湘军系统围棋活动人员考证

因为曾国藩的带动，在湘军系统内部和曾氏身边形成了一个围棋爱好者群体。曾国藩幕府号称晚清第一幕府，其中人才济济，涵盖各方面人才，其中，围棋也是集聚人才的纽带之一。

据曾氏日记等文献考证，有名有姓的棋友达60余人，如下：

刘蓉（字霞仙）、欧阳小岑（筱岑），邹芸陔（云阶）、何子贞、何子敬、毛寄云、陈海秋、郭嵩焘（筠仙）、柯小泉（筱泉、竹泉）、程尚斋、鲁秋航、程颖芝、甘子大、黎竹舲、曾国荃、钟子宾、胡莲舫（何廉昉）、刘谷人（仁）、少鹤、胡砚山、郭雨三、观亭、张楠阶、易问斋、陈石山、黄鹤汀（荷汀）、杨昆峰、蕙西、朱廉甫、徐石泉、黎寿民、陈作梅、子序、程尚斋之弟程三、马征麐、王春帆、黄开元、鲁秋航（杭）、位西、申夫、隋龙渊太守、癸甫、程朴生（石洲、石舟）、马学使、刘开生、徐石泉、屠晋卿屠楷、李壬叔（善兰）、程四世兄、方元徵、陈纬文、薛炳炜、杜文澜、程希辕、杨见山、杏南、刘咏英、冯鲁川、刘申孙、薛叔耘、谢立夫。

除了这些棋友外，曾国藩偶尔还和"内人"对局。

这些棋友，除了在幕府中参谋和做一些基本的工作之外，有一些则是在湘军系统内发挥重要作用的骨干。如刘蓉（字霞仙），比曾国藩小五岁，两人曾同学于岳麓书院，两人情感深厚，志趣相投。后来曾国藩办团练，刘蓉又投身幕府，参赞军务，为好友出谋划策。因此，早在道光十九年二月二十二日，日记中即有"至霞仙家，下棋数局"的记载。后来刘蓉曾入幕府，参赞其间，对弈记录也是所在多有。再如欧阳小岑，邹芸陔（云阶）等人，既是家乡学友，早就熟悉，所以少不了下棋。而到了京城之后，相互照应，成为同声相应，同气相求的同道，切磋学问的同时，更是成为下围棋的黄金时期。

郭嵩焘，字筠仙，道光二十七年（1847年）进士，咸丰四年（1854年）至咸丰六年（1856年）佐曾国藩幕，后官至广东巡抚，又被罢官归里，后再出山，成为首任驻英国公使，兼任驻法使臣。从履历可以看出，郭嵩焘是湘军系统走出的重要人物，对政事有较大影响。同时，在曾国藩幕中时，即是曾氏的重要棋友，日记中记载和"筠仙"的对弈记录相对频繁。

综观曾国藩的这些棋友，可以发现，其中有的逐渐成为湘军系统的重要骨干成员，并在晚清政局中留下自己的影响；有的以幕僚身份在曾国藩身边工作，为湘军系统出谋划策；有的只是游幕其间，但也担任相关基础工作。诸如此类，不一而足，但总体来看，可以看出在湘军系统内部，围棋在一定程度上成为一种共同的"交际语言",这样的一个群体,也因此体现出明显的"围棋色彩",在晚清局势动荡不停,围棋整体发展日渐低迷之际,形成了一个局部的小气候。虽然对围棋的整体技战术水平提高并未有较明显的贡献,但对围棋氛围的浓厚和保持还是发挥了不可或缺的作用的。

湘军系统的高层骨干中,有多位成员要么如郭嵩焘和曾氏曾多次对弈,要么如左宗棠在文字中多处体现围棋思维,要么如彭玉麟在家书中不经意间体现出围棋观点。彭玉麟是湘军水师的创建者,人们把他与曾、左并称为"大清三杰",官至两江总督兼南洋通商大臣,兵部尚书。其在家书中对子弟学习就有这样的告诫:

……推而至于作文、围棋,亦然,打仗亦然。故在上必以身作则,身似碑帖,人则临写者也;身似棋谱,人则博弈者也;身似古文,人则雒诵者也;身如利器,人则挥舞者也。作则有未善,下焉者未可与语也;作则而确为良碑帖,良棋谱、良古文、良利器,而有临写不工,博弈不佳,雒诵不熟,挥舞不精者,此犹非朽木之不可雕,乃乏良教者以导之也。

彭玉麟在家书中谈的是作文治学之道,但以围棋为例加以解说,可以让人明显感受到,其围棋思维浑然天成,并无刻意为之的迹象。由此也可以推测彭玉麟至少是会下围棋的,否则不会产生这样的体会。而围棋思维和个人志趣结合之紧密,在湘军创建者、高层骨干左宗棠、郭嵩焘身上体现得更为明显。

四、左宗棠与围棋

提到湘军系统,除了创建者和精神领袖曾国藩之外,左宗棠对湘军的贡献和影响力并无其他人可以匹敌,世人也多以"曾左"并称。左宗棠字季高,一字朴存,号湘上农人,湘阴人。晚清重臣,军事家、政治家、湘军著名将领,洋务派代表人物之一。与曾国藩、李鸿章、张之洞并称"晚清中兴四大名臣"。

就资历而言，左宗棠开始并不能和曾国藩相比。曾国藩进士出身，入翰林院，任京官多年，回籍之后因太平天国运动，奉谕旨以在籍侍郎身份帮办团练，无意中以一介文人身份卷入时代大潮之中，一手创办了影响中国近代史的湘军。左宗棠虽在20岁中乡试中举，但此后在会试中屡试不第，因此则在家乡留意农事，关注山川地理水利等实学，但在科举制的体系下，也做好了终老是乡的精神准备。

但时代风云的激荡，改变了曾国藩和左宗棠等人的命运走向，最终，两位湖南同乡借助太平天国运动的时势，成为晚清朝廷重臣，在近代史上留下自身的鲜明印迹。如前所述，曾国藩终生嗜棋如命，左宗棠也有相关围棋的记载。

甘肃平凉地方志《柳湖志》记载了一段左宗棠与围棋的轶事：

1872年左宗棠奉命率兵赴新疆平叛前夕，在平凉微服出巡，在药王楼附近的街上看到一位六十多岁老人在写有"天下第一棋手"六个大字的招牌下摆围棋擂台。左宗棠觉得老人自称"天下第一棋手"实属狂妄，就萌发了教训教训他的念头，便走上前去挑战。没想到这位老人竟如此不堪一击，在左宗棠的凌厉攻击下老人很快就败下阵来。左宗棠在得意之余，同时也命老人赶快自己砸了招牌走人，不要再在这里狂妄自大、丢人现眼。

1882年当左宗棠从新疆平叛归来路过平凉时，突然发现那块"天下第一棋手"的招牌依然竖在那里。他一见顿时很不高兴，决定再教训一次这个不知天高地厚的老人。

出乎意料的是，这一次左宗棠被老人杀得落花流水，竟然三战三败。左宗棠自然是非常不服，第二天又与之约战，结果这几局棋输得一败涂地。左大人终于醒悟，对方绝对是弈林高手，他们之间棋力显然不在一个档次。左宗棠觉得有些不可思议，就问老人为什么在不到十年的时间内棋艺会进步得如此之快、水平达到如此之高。老人微笑着回答："上次虽然您是微服出巡，但我早知道您就是那位为咱平凉百姓做了许多好事、善事的左大人。而且我还听说大人您即将出征新疆，我当然不能挫伤大军主帅的锐气，想让您作为一个击败了'天下第一棋手'的胜利者满怀信心去平叛立功。如今，您已经得胜凯旋，我也就无所顾忌、不用再谦让了，主要也想让左大人您能了解一下我们平凉人真实的围棋水平。"

左宗棠听后顿时对自己夜郎自大感到羞惭不已，同时又感到平凉这样一位民间普通老人，不仅棋力深奥莫测，居然也如此深明大义，便上前虚心求教一二。正好应了："对弈终无语，争先各有心；手谈无羁束，期君向社稷。"

这样的记载只能算是轶事，虽然有可能展现出左宗棠与围棋的关系，但毕竟可信度不如信史。而在湘军系统内的围棋记载，最权威的，首先当数170余万字的《曾国藩日记》。曾国藩对围棋的酷爱体现在日记中，只要是当天有对弈或观棋活动，一定会在围棋中记录下来。据统计，曾氏日记中记录的下棋记录达2950余条，涉及弈棋、观棋记录达3730余次。其中，不少条记录是"围棋二局"，或更多。显然，其实际下棋的数量要远大于这个数字。而曾国藩从二十九岁才开始记日记，且在道、咸年间的日记存在不全现象，综合看来，曾国藩终身下棋的盘数超过一万局是可以确定的。

以这样翔实、全面的记载，湘军系统中涉及围棋活动的人员几乎都有体现，但有趣的是，其中并没有与左宗棠的对弈记录。而实际上，左宗棠在曾幕的一段时间，曾国藩对其非常尊重，几乎每天见面谈话，日记中，与"季高""鬯谈"的记载颇为不少，涉及的话题不仅与当前的军事行动有关，举凡进业、修身、家风、子弟等堪称无所不谈，而且曾国藩在日记中多次表示"季高"的意见颇有见地。

另一方面，曾国藩痴迷围棋，棋友圈非常广泛，除了有密切关系的湘军将领之外，其他如请来看病的医生、幕中的刑名夫子等，都有对弈记录。实在无人可下的话，曾国藩还有和"内人"的对局记载。这样一对比，曾国藩竟然不和左宗棠对局，实在有点不可思议。难道上述轶事仅为传说，左宗棠并不会下围棋？要解开这一疑惑，除了曾氏日记之外，再考诸左宗棠本人的文集，或可觅见踪迹。

《左宗棠全集》汇集了左氏一生文字，有奏稿9册，书信3册，未刊奏折、家书诗文、札件一册，附册、轶事汇编各一册，堪称洋洋大观。对其梳理后，发现左氏的围棋踪迹：

1、咸丰五年（1855年），左宗棠"与夏憩亭方伯"的信中，讨论水师被太平军击溃之后的局面，提到"今空武汉之兵，为之孤注，正犯着俗语'低棋不顾家'五字"。这里提到"低棋不顾家"，正符合棋经十三篇中所讲述的弈棋要义："四顾其地，牢不可破，方可出人不意，掩人不备。"先要把自己的根据地建立扎实了，才可以攻击别人。同样也与围棋十诀中"攻彼顾我"的思想一致。左宗棠这里以围棋为喻，指出在战场上"空武汉之兵，为之孤注"，正如围棋对弈中只顾攻击，却不管自己能否站得住脚跟，是典型的"低棋"。从这段描述中，可以发现，围棋思维是左宗棠的思维方式之一，所以自然而然地以围棋论军事大势。

2、同治十三年（1874年）十一月初三日，左宗棠在《敬筹移设粮台办理采运一切事宜折》中写道：

> 台设北路，不但景廉遗存乌、科之粮得资转运，并可收乌、科一带新旧之粮分运巴、古。所购驼只，啖口外碱草，壮健有力，但需日间放草，胜喂盐料，较之肃州喂饲须耗人食之粮，又资节省。譬如围棋，一着活而满盘俱活矣。

这一年七月，左宗棠晋升东阁大学士，继续留任陕甘总督。清廷以景廉为钦差大臣，督办新疆军务。八月，清廷命左为督办粮饷转运，袁宝恒为副手料理此事。左宗棠的这份奏折就是呈报粮台系列事宜的。相对于其他内容讨论当前国内外大势，这份奏折主要讨论西征粮饷筹措转运事宜，属于具体工作。在这样客观具体的工作中，左宗棠也如同一位围棋高手，从大处着眼，向朝廷说明粮台设置在北路的好处。为了增强说服力，左宗棠再一次以围棋作为说理的工具。尽管这次的表达对象不是同僚或下属，而是朝廷中枢，但围棋是一以贯之的表达"利器"，以"一着活而满盘俱活矣"强调了如此调度的重要性，显得简明、有力、生动。

3、光绪三年（1877年），筹划西征事宜的左宗棠致信时任陕西巡抚谭钟麟（文卿），讨论西征相关事宜、俄官行抵汉中等事，信中提到再次以棋为喻：

> 大地山川千万，古未之有改，而兴亡成败，远者数百年，近者数十年、十数年，如棋局然，何尝披图按谱，学磨牛践迹之为乎？胜局须防一着之错，败局原有一局之生，其分在用子之人，其效在一心之用而已。

左宗棠对谭钟麟说这番话，是对谭此前来信内容的答复。谭钟麟在前信中，谈及西人游历中国，图画山川形势，认为这有危险，应该加以禁止。左宗棠在回信中，对此有较长篇幅的议论，他认为，"西人到处图绘山川，本是常态"，而且"彼人亦各以其国地图相示，不我靳也"，所以"不能禁其游历，而必诧其画图，殊不必耳"。更重要的是，左宗棠在上述这段话中所表示的，大地山川形势自古皆然，兴亡成败不在于此，如同围棋对局，胜负在于用子之人的一心之用，而不能够扣住图谱，如同拉磨之牛蹈袭因循。这番议论，立论高远，也显示出左宗棠的自信，强调了指挥之人的关键作用。从中，可以进一步看出左宗棠的围棋思维是其思维体系的重要组成部分。

4、光绪六年（1880年）左宗棠"与徐筱云太常"的信中，论及与俄罗斯的斗争：

> 俄事恐非决之武力，终无归宿。昨雷纬堂来营，据称昔与多礼堂将军论及黑龙江事，多将军力言非由黑龙江出兵深入俄边不能掣爱呼俄兵之势，意以用棋局劫着为宜，并谓俄越境入中国所坏者中国地方，我越境入俄，所坏者俄国地方，得失固相当也，彼须时防后路，自不敢一意向前。所言极为有理。

这一年，68岁的左宗棠于四月中旬启程出关，舆榇以行，亲自策划指挥对俄斗争，以配合赴俄复议条约的曾纪泽。可以看到，对俄事的考虑，左宗棠充分考虑到问题的复杂和艰巨，以做好武力斗争的准备。与徐筱云谈到出兵深入俄国边境的构想时，用"棋局劫着"为喻，指出如同围棋打劫的着法一样，能够对敌方形成有效的牵制，使其不能任意行动。

这里可以充分看出，左宗棠对围棋有较深的了解和研究。善弈者都会知道，打劫是围棋对局中常见却十分有效的手段，善于打劫的高手，会让劫本身对对手形成有力的制约。面对和俄罗斯在军事和外交两条战线上错综复杂的斗争，以及国内政局混乱、民生多艰的困难局面，左宗棠在冷静应对的过程中，围棋思维再一次悄悄浮现出来。

5、光绪六年（1880年）左宗棠在"上总理各国事务衙门"的信函中，再一次以围棋晓谕事理：

> 愚见主战固以自强为急，即主和亦不可示弱以取侮。譬之围棋，败局中亦非无胜着，惟心有恐惧，则举棋不定，不胜其耦矣。慨自海上用兵以来，其始坏于不知洋务之人，不知彼己真实情形，侥幸求胜；其继坏于自负深悉洋务之人，不顾大局，长久下落，苟且图存，以致愈办愈坏，无所底止。

左宗棠的这封函件，一是向总理衙门报告西北近期各项措置，这是属于日常常规工作；二是就曾纪泽赴俄谈判以来的综合形势提出自己的意见，特别是和战之间，朝野议论纷纭，莫衷一是，左宗棠特地提出战和之间，要有自己的凭借，就如同围棋，即使面对败局，并非不能挽救，从局势中还是可以寻出胜局来。但最不利的，是心怀恐惧，造成举棋不定的局面，陷入犹豫不决的窘境，问题就会越发严重。

左宗棠的这段话，引用了"举棋不定，不胜其耦"一说，出自先秦左丘明《左传·襄公二十五年》："弈者举棋不定，不胜其耦。"意思是下棋的时候拿着棋子，不知该如何下。比喻做事情的时候有很多顾忌，犹豫不决。

在这里，左宗棠信手拈来，用以影喻当前局势，十分贴切，也可见其对相关围棋文化和信息的熟悉程度。和前面引述的相关内容一样，遇到需要解说的问题，左氏的围棋思维就会发挥作用。

左宗棠的围棋思维还引起了国外研究者的注意。美国人贝尔斯在其著作《左宗棠传》中，有这样的描述：（曾纪泽在圣彼得堡谈判时）左宗棠给总理衙门写信说，战争就如同一盘棋，棋手的技巧决定了整盘棋的胜负。作者在研究左宗棠生平事迹及思想时，注意到了左宗棠以围棋比喻战争，并强调了人（棋手）的作用，这也是左宗棠围棋思维的直接体现之一。

清末民初著名学者、民主革命家、思想家章太炎在其著作《检论》中也提到了左宗棠，其中也有围棋的信息：

> 宗棠身死无美财，终身衣不过大绌，食不过一肉。时时与人围棋宴游，或具酒肴，杂以茶荈，言谈时及载籍文辞，恢啁间之，其山泽之仪不替也。故其下吏化之，不至于奸。初政十年，吏道为清矣。

章太炎的这段话，是对左宗棠的俭朴自奉，却又于学问中出以威仪，对吏治以熏陶教化作用的肯定，其中，提到左宗棠"时时与人围棋宴游"，也从一个侧面证明了左氏的围棋活动。

综上所述，我们可以基本明确，左宗棠是会下围棋的，而且，对围棋的感悟颇具深度。同时也能判断出，他对围棋的嗜爱远不及曾国藩之甚。曾国藩每天几乎无棋不欢，既有下围棋的具体行动，也有把围棋思维迁移到军事、思想、治学等各方面的思考。就围棋思维这一角度来讲，左宗棠和曾国藩并无二致，在思考与讨论问题时，几乎是下意识地把围棋思维引入到思考领域里面来。这既可以看出围棋本身的文化影响力，也可以看出湘军两大领军人物在围棋及围棋文化上的共性。

那么回到本节开始的问题上来，在曾幕中相处的时间里，极度爱棋的曾国藩为什么没拉着左宗棠下两盘呢？曾左二人对此并未留下相关言论让我们了解他们的想法，在此，笔者大胆揣测一下，这或许由于两人性格上的巨大差异，使双方对弈不能成为消遣，反而会搞得双方都太累，起不到放松的作用所致。

曾国藩天性多思多虑，在治军行政的过程中，更是戒慎恐惧，时刻有倾覆之忧。打仗，崇尚"结硬寨，打死仗"，一步一个脚印，强调首先立于不败之地；做官，倡导激流勇退，保全身家等等，这方面的反思、告诫在其日记、家书中不胜枚举。而左宗棠自负奇才，以"今亮"自许，时常议论纵横，在其后来的治军过程中，就对曾氏的谨慎颇不以为然，而喜欢主动出击，把握主动权。其实，从开始曾国藩对左宗棠的器重，到后来两人交恶，终于彻底绝交，从一定意义上讲，也是性格走向的一种结果。

如在咸丰年间，左宗棠就在致友人的书信中评论曾国藩：涤公自田镇以后，颇露骄愎之气，弟数与书而不一答，盖嫌其太直也。而多年以后，左宗棠自领一军，在与太平军作战的过程中，致曾国藩的信件中更加措辞激烈，暗指曾氏用人不当，错失良机，也招致曾国藩的反击：昔富将军咨唐义渠中丞云："贵部院实属调度乖方之至。"贵部堂博学多师，不仅取则古人，亦且效法时贤。其于富将军可谓深造有得，后先辉映，实深佩服。这样夹枪带棒的一顿尖刻议论，"今亮"看了当然暴跳，从此之后，再也没给曾国藩写过私人信件。

由此反观当初尚处于"蜜月期"的曾左二人，性格上的天生底色也一定会清晰体现出来，在这种情况下的围棋交流，恐怕很难取得"手谈"的默契效果。特别要是"今亮"对棋局大加评点，恐怕非天天自我反思的"涤生"所喜，所以，双方干脆作朋友、书友、诤友，还是不要作棋友来得好。当然，这只是笔者的一管之窥，尚待新的史料和有识者正之。

五、郭嵩焘与围棋

郭嵩焘（1818年—1891年），字筠仙，号云仙、筠轩，别号玉池山农、玉池老人，湖南湘阴城西人。湘军创建者之一，中国首位驻外使节。道光二十七年（1847年）进士，咸丰四年（1854年）至咸丰六年（1856年）佐曾国藩幕。同治二年（1863年）任广东巡抚，同治五年（1866年）罢官回籍，在长沙城南书院及思贤讲舍讲学。光绪元年（1875年），经军机大臣文祥举荐进入总理衙门，不久出任驻英公使，光绪四年（1878年）兼任驻法使臣，次年迫于压力称病辞归。

在湘军系统的高层人员中，郭嵩焘的经历较为独特。在晚清风云激荡，外患频仍，内忧不断的局面下，湘军高层几乎都和洋务运动有或多或少的关系，而郭嵩焘作为清廷首任驻外公使，实实在在地看到了中外国力的巨大差距。报告传回国内，却遭到国内官员、士人的多方攻击。连湖南著名学者王闿运在日记中也称郭的《使西纪程》："殆已中洋毒，无可采者。"清流党核心成员翰林院侍讲张佩纶也上疏要求将郭嵩焘革职，最终郭氏黯然称病辞归，蛰居乡野以终。

郭嵩焘和曾国藩向来交好，不仅因为两人是湖南同乡，先后入岳麓书院读书，更因为志趣相投，在求学、修身、治事等方面有很多共同语言。所以从京城相聚，"疑义相与析"，到后来外任督抚，各自成为一方大员，双方关系一直较为密切。而围棋，也是两人切磋交往的重要领域。

就郭嵩焘和曾国藩的交往，在一起的时间并不很长，大部分时间，主要靠信件往来展开。在家乡攻读时，郭嵩焘比曾国藩晚两年入岳麓书院，其时，曾国藩已离开。他们相聚的主要时间，是曾国藩任京官，郭嵩焘多次赴京赶考，落脚京城的一段时光。这段时间，两人见面频繁，除了谈论学问时事之外，围棋对局次数不少。如曾国藩道光二十四年日记所载：

二月廿六日

早，习字一百。拜客数家。至何丹畦家会课，申正散。与树堂、筠仙久谈。旋与筠对棋 二局。

四月初八日

听榜。遣人到处查访，不得的信，与筠仙下棋。夜，竹如来谈。

四月十八日

早，至陈岱云处早饭，未正散。拜客数处，戌初归。与筠仙围棋。

四月廿日

在寓写寿屏,屡为客耽阁,且天气甚热,仅写二幅。酉正,至萃英堂送周默庵、韩臣、吴西桥殿试。夜与筠仙围棋。

四月廿二日

晏起。饭后,出门拜客,酉正归。夜与筠仙围棋。

四月廿三日

晏起。拜客,至会馆早饭。旋拜数家,申正归,吃点心。复至镜海丈处,久谈,戌初归。夜,与筠仙围棋二局,头昏眼花,以后永戒不下棋也。

四月廿四日

晏起。饭后写小字,下雨,写至未刻止。雨甚。闻三鼎甲信。申初,与筠仙围棋,复蹈昨日之辙。

从这部分片段可以看出,曾国藩和郭嵩焘一碰面,就会下围棋。而且头一天曾国藩"与筠仙围棋二局"之后,头昏眼花,所以发誓"以后永戒不下棋也",结果第二天又"与筠仙围棋",誓言转眼成空。光四月份,曾国藩和郭嵩焘下棋即有六次,不可谓不密集,由此我们可以了解到,郭嵩焘的棋瘾也不比曾国藩小。

郭嵩焘和曾国藩一样,进士出身,也有记日记的习惯。在郭氏日记中,也能够发现围棋文化的影响。咸丰六年四月初十日,郭嵩焘游衢州烂柯山,还特地把晋人樵夫王质入山遇童子对弈事记入日记中,并把烂柯洞朱淳诗匾录下,其中有"平生豪气三杯酒,万古仙踪一局棋"之语。

类似与围棋有关的诗文、联语录入日记中,是郭嵩焘日记的一大特色。相对于曾国藩日记基本以记事为主,郭嵩焘日记中内容丰富不少。除了记事之外,描景、诗文、评论、轶事都有体现,往往一篇日记篇幅甚长。其中涉及到围棋的也有多处,虽然并非专为围棋记,但留下了宝贵的史料。如咸丰六年日记在附录中录入的联语,即有"舆图一帙,唐律一编,辛苦著书逾七载;筹笔暂停,棋声暂歇,等闲告别便千秋"之句。

同年五月十八日,郭与李瀚章等人外出游览,至水观音关,听霁月和尚弹琴两曲，并记下"霁月能诗，善书，工弈，颇有雅人深致"。能了解到和尚擅围棋，可以推断郭嵩焘与对方至少有相关话题的交流，且有较深印象，所以特地点出这一特点。咸丰八年九月初三日，郭嵩焘晚就朋友孙琴西处一谈，孙以所藏诗集见示，郭则不厌其烦地长篇录入，其中即有"幕中婉婉子房画，指挥诸将若棋弈"之句。

除了体现围棋的诗文轶事之外，郭嵩焘和曾国藩左宗棠一样，对时局的看法总是于有意无意间以围棋为喻，可见围棋文化及围棋思维对他们的影响之深。同治七年正月十五，正值元宵节，郭嵩焘日记记载：

> 十五日。阴。接霞老及崔春二信。吴仲仙调川督，马谷山升闽督，李筱荃调浙抚，郭远堂署湖督，丁雨生升苏抚。朝廷用人如弈棋，不必有胜着也。惟丁雨生开府，足为一喜。

在这篇日记里，郭嵩焘记下近期朝廷用人安排，并以围棋为喻，加上了一句自己的评语"朝廷用人如弈棋，不必有胜着也"，这句话有何考量，值得揣摩。结合当时郭嵩焘的境遇，或可了解一二。同治二年，郭嵩焘署广东巡抚，同治五年，因为与两广总督瑞麟不合，而被罢官回籍。在广东督抚不和的处理上，又产生郭嵩焘与左宗棠之间的一段公案，这对同为湘军创建人，且是儿女亲家的朋友因此事几近绝交。

原来，广东督抚不和日趋严重，影响镇压广东境内太平军余部的行动，于是清廷命左宗棠调查并报告。左本因与郭的姻亲关系，请求回避，未获允准。后来左提交的报告，既指出了瑞麟的责任，同时对郭也加以批评，甚至还有"是郭嵩焘咎由自取"之语，责之非轻。左宗棠更上书举荐自己的部下蒋益澧代替郭任粤抚。后来，郭嵩焘对此一直难以释怀，在左离世时，更撰一挽联"世须才，才亦须世；公负我，我不负公。"虽以家人百般阻拦未曾送出，但事隔多年，激愤之情依然溢出文字之外。

郭嵩焘的上述日记，正是回籍赋闲之时写的，此时此境此情，郭评论"朝廷用人如弈棋，不必有胜着也"，虽着墨不多，但心有积郁，也历历如见。只是不知左郭二人对彼此的交谊行止有没有以围棋为喻的念头？

郭嵩焘为官多年，交谊广泛，从其日常交游，也可窥见其活动氛围及围棋因素。

同治九年三月二十九日，郭嵩焘记下："廿九日。阴雨。黄南老邀食熊掌，至则客或琴或棋方盈室。"从这里可以看出，郭嵩焘的交游圈文化氛围较为浓厚，所以客人聚齐后，有的操琴，有的弈棋。此时的郭嵩焘，自回籍之后依然乡居，但并没有因此颓废消沉，而是保持着对国家大事的关注，和湘淮军的高层人物也保持着通信往来，此时的交游也正是其乡间活动的缩影。

光绪元年，因军机大臣文祥举荐，再度出山，授福建按察使。后因云南"马嘉理案"，英国要挟中国派遣大员亲往英国道歉，八月，清廷正式派郭嵩焘为出使英国大臣，这也是中国历史上第一位驻外使节，郭嵩焘自此踏上和湘军同僚们不一样的人生道路。在出使英国的时间里，他切实感触到了英国何以强大，中国如何落后，并把相关观察和建议汇报朝廷。可惜郭嵩焘超前的眼光终于受制于时代的限制，最终在顽固派的攻击之下，于光绪五年回籍以终。

但郭嵩焘性情刚直，回籍后同前次从粤抚任上回籍一样，依然热心国事和地方事务，因此，交游活动仍然不少，在这些活动中，围棋活动也和以前一样，是郭嵩焘活动场景的一部分。

如光绪九年九月初九日，郭嵩焘应约重九之会，"在王午云处会饮，分两局围棋。有诗云：'午云湖上有高楼，九日招酣酒百瓯。荆树几枝花正放，楸枰两局子分投。时方凉薄君青眼，客尽英年我白头。赖有少年狂兴在，秋行春令寄清讴。'"虽然迭遭挫折，屡受攻击，最终回籍闲居，但郭嵩焘寄兴围棋，并以围棋入诗，表达了虽然"客尽英年我白头"，但依然有"少年狂兴在"的气势。

光绪十二年九月初三日，郭嵩焘在日记中记下朋友赠人的一首诗，诗中有"一官早具陶潜酒，半局权收谢傅棋"的句子，也可见郭嵩焘的朋友圈在围棋思维上有共同点。光绪十五年腊月初六，郭嵩焘接熊鹤村信，有诗见示，郭特和诗一首，有句云"昨日今朝事不同，弹棋赌酒（又作：拈韵）小园中"，棋的因素随时渗进笔端。熊是郭的好友，也是郭嵩焘兄弟在长沙发起成立的碧湖诗社的重要成员，早在光绪十二年三月十七日的郭嵩焘日记中，就记录有熊的《自嘲》诗，其中有句"留宾对弈常难胜，课子传经总不通"，看来和郭嵩焘是棋友无疑。

结　语

综上所述，我们可以了解，晚清湘军系统围棋活动有自身独特的历史原因和活动样式。

首先，湘军系统的围棋活动形成于"文人将军"的特定历史背景。

曾国藩、左宗棠、彭玉麟、郭嵩焘等湘军创建者和高层骨干，本质都是读书人，在太平天国起义的时代狂潮中，意外地卷入军事斗争，并逐渐成为左右政局的关键力量。在这一过程中，围棋作为文人的社交活动之一，被带入并保留在湘军系统内部。这固然是文人特色，也同样体现了围棋本身的魅力。围棋之所以能够在文人圈内盛行，与其自身变化万千，且气质高雅密切相关。自古以来，围棋除了自身的竞技功能外，入诗入词入画入文，在文化领域占有重要的一席之地。以文人为主体的湘军高层骨干团队，在组建湘军之前，都是沿着"学而优则仕"的传统规划自己的人生的。被时代推入到军事领域之后，文人色彩并未改变，围棋因之成为湘军系统的文化符号之一。

第二，湘军系统围棋活动受到曾国藩个人爱好的直接影响。

曾国藩作为湘军的创建者和精神领袖，因守制回籍之前，整体上京官生涯过得顺风顺水，在京城官场积累了较高声望和资历。一方面是因为其本人治学甚为刻苦，也善于积极向师友请益；另一方面，曾国藩也能够主动交游，有时候一天拜客多人次，这使曾国藩在京期间学问日增，人脉渐长。在曾国藩的人际交往中，围棋扮演了重要角色。这倒不是说曾国藩刻意以围棋作为工具去进行人际交流，而是说曾国藩痴迷围棋，所往来朋友也基本是文人圈内人，喜欢下围棋者也不乏其人，加之曾国藩作为超级围棋爱好者，会主动找人下棋。因此，不知不觉间，围棋在京官曾国藩的活动中成为重要因素。

创建湘军之后，直至临终，曾国藩的这一超级爱好一直保留，且并无丝毫弱化。无论是在与太平军对抗的前线指挥部，还是在行军的路途中，抑或是后期的总督衙署之内，曾国藩都有下棋的记录。因为曾氏的这一嗜好，使其身边聚集了一批围棋爱好者，成为幕府人员活动的组成部分。而这一部分成员也基本上是湘军系统的各级重要骨干，他们的围棋爱好因曾大人的爱好而激发，并反作用于曾国藩的日常活动，使湘军系统围棋活动频繁，色彩明显。

第三，湘军系统围棋活动不重竞技，主要体现在围棋思维方面。

晚清政局风雨飘摇，围棋因国运而日趋衰微是可想而知的。但在湘军活跃的同一时期，以周小松、陈子仙为代表的晚清（职业）高手也在努力延缓晚清围棋的最后一抹光辉。相对于在这一领域活跃的棋手、商人、爱好者等，湘军系统围棋活动的显著特征之一，就是和竞技基本上无关，从曾国藩开始的相关人员弈棋，主要心理旨归是发自内心的爱好，以及对现实工作强度的舒缓，或者是因琐事烦恼的调整。

同时，以文人为主色调的湘军系统领导团体，在思维中也随时显现出围棋特点。曾、左、彭、郭等人，除了日常对弈之外，举凡如奏折、书信、诗文、日记、家书，都可以找到与围棋有关的论述，往往以围棋喻军事、喻政局、喻治学、喻交往、喻修身，均显得生动贴切，自然无痕。完全可以说，充分秉承了中国围棋文化与各项文化紧密结合的优秀传统。

参考文献：

[1][清]曾国藩著，李鸿章编，李鸿章校：《曾文正公全集》，中国城市出版社，2014年。

[2]陈祖源著：《黑白钩沉》，浙江古籍出版社，2017年。

[3]王国平主编：《中国围棋论丛第 2 辑》，杭州出版社，2017年。

[4]王国平主编：《中国围棋论丛第 3 辑》，杭州出版社，2018年。

[5]唐浩明编:《曾国藩日记(修订全本)》,岳麓书社,2015年。

[6]唐浩明评点:《曾国藩家书(最全本)》,岳麓书社,2002年。

[7]梁绍辉著:《曾国藩评传》,南京大学出版社,1999年。

[8]黎庶昌、王定安等撰:《曾国藩年谱》,岳麓书社,1986年。

[9]李鼎芳编:《曾国藩及其幕府人物》,岳麓书社,1985年。

[10]马东玉著:《曾国藩和他的幕僚们》,团结出版社,2013年。

[11]朱东安著:《曾国藩传》,百花文艺出版社,2001年。

[12]朱东安著:《曾国藩集团和晚清政局》,华文出版社,2007年。

[13]萧一山著:《曾国藩传》,江苏人民出版社,2015年。

[14]张拟原著,严华审订:《棋经十三篇》,商务印书馆,1986年。

[15][美]贝尔斯著,赵欣译:《左宗棠传》,哈尔滨出版社,2014年。

[16][清]左宗棠撰,刘泱泱等点校:《左宗棠全集》,岳麓书社,2009年。

[17]秦翰才辑录:《左宗棠逸事汇编》,岳麓书社,1986年。

[18]中国第一历史档案馆《左宗棠全集》整理组编:《左宗棠未刊奏摺》,岳麓书社,1987年。

[19][清]郭嵩焘著,陆玉林选注:《使西纪程:郭嵩焘集》,辽宁人民出版社,1994年。

[20][清]郭嵩焘著,湖南人民出版社校点:《郭嵩焘日记》,湖南人民出版社,1980年。

[21]廖正华著:《晚清强人:雪帅彭玉麟》,华中科技大学出版社,2014年。

[22]左景伊著:《我的曾祖左宗棠》,湖北人民出版社,2010年。

[23][清]彭玉麟著:《彭玉麟集》,岳麓书社,2017年。

[24][清]彭玉麟著,沈抒寒译:《彭玉麟家书》,外文出版社,2012年。

[25][清]郭嵩焘著,梁小进编:《郭嵩焘全集》,岳麓书社,2012年。

——原载《中国围棋论丛》第4辑,王国平主编,杭州出版社2019年版。

第三节　毛泽东的大棋局

林建超

毛泽东（1893—1976），中国人民的领袖，马克思主义者，伟大的无产阶级革命家、战略家和理论家，中国共产党、中国人民解放军和中华人民共和国的主要缔造者和领导人。

毛泽东一生有两大爱好，一个是游泳，另一个就是围棋。韶山毛泽东纪念馆中就保留着毛泽东生前用过的围棋。中国革命战争中，在井冈山时期的艰苦环境里，毛泽东和朱德总司令曾经在八角楼下棋，至今那里还摆放着他们用过的棋桌。

红军长征到达陕北后，毛泽东在相对安全的环境中，重又开始下围棋，在大型电视连续剧《延安颂》中，就有两处集中表现毛泽东和张闻天等党中央主要领导下围棋的情景。

这是他在1936年至1938年的重要军事理论著述中反复以围棋阐述战略问题的重要原因。1936年12月，毛泽东为总结第二次国内革命战争即"十年内战"的军事经验，写作了《中国革命战争的战略问题》，系统阐明了中国革命战争的基本战略问题，其中专设"战略问题是研究战争全局的规律的东西"一节，指出："如果全局……也是如此。""没有全局在胸，是不会真的投下一着好棋子的。"1937年8月22日至25日，中共中央政治局在陕北洛川召开扩大会议，研究确定党在抗日战争时期的纲领、路线、政策和军事战略方针问题。毛泽东在报告中首次明确运用围棋思维、概念，来阐述红军所采取的独立自主的山地游击战战略方针。据会议参加者、时任抗日军政大学政治部主任傅钟回忆：毛泽东同志高瞻远瞩，用形象的比喻阐明雄伟、深远的战略思想，给人以不可磨灭的印象。他说，我们已采取"山雀满天飞"的办法，撒出了大批干部，到华北敌后各地组织群众开展游击战争。我们的主力部队到华北，要像下围棋一样做几个"眼"，"眼"要做得活，做得好，以便和敌人长期作战。（曲青山主编《抗日战争回忆录》：傅钟《敌后抗战的开端》，北京，党建读物出版社，2015年版）这一战略思想，在尔后八路军（1937年8月25日，红军改编为国民革命军第八路军）的作战筹划与实施中得到了充分贯彻。1937年11月11日，八路军总部领导朱德、彭德怀、任弼时、左权与129师领导刘伯承、张浩，在山西顺县石拐镇商讨该师的战略发展问题。朱德指出："在8月下旬的洛川会议上，主席提出，我军要实行'围棋'战，采取'山雀满天飞'的办法，把部队撒出去，首先要撒到有利于开展游击战争的山区，依托山地开展游击战争，尔后向平原发展。"刘伯承指出："我们129师的任务，就是要将主席的'围棋'战略具体化。我们的设想，是要通过创建游击支队，建立军区，划分军分区。也就是从游击队开始建设正规军，从游击区开始建设根据地。这就算是'做眼'吧。"（赵建国著：《刘伯承元帅》，解放军文艺出版社，2007年第二版）可以说，这是毛泽东围棋战略思想最初的提出与贯彻。1938年5月30日，在发表于延安《解放周刊》第40期的《抗日游击战争的战略问题》中，毛泽东专列"敌我之间的几种包围"一节，明确指出："由是敌我各有加于对方的两种包围，大体上好似下围棋一样，敌对于我我对于敌之战役和战斗的作战好似吃子，敌之据点和我之游击根据地则好似做眼。在这个'做眼'的问题上，表示了敌后游击战争根据地之战略作用的重大性。"同期，毛泽东于1938年5月26日至6月3日，在延安抗日战争研究会发表讲演，即著名的《论持久战》，其中又专设"包围和反包围"一节，进一步指出："这样，敌我各有加于对方的两种包围，大体上好似下围棋一样，敌对于我我对于敌之战役和战斗的作战，好似吃子，敌的据点（例如太原）和我之游击根据地（例如五台山），好似做眼。如果把世界性的围棋也算在内，那就还有第三种敌我包围，这就是侵略阵线与和平阵线的关系。"这里关于围棋的直接论述，大致可以构成毛泽东围棋战略思想，其要点是：①围棋的核心概念"包围"，与战略上的包围与反包围完全相通；②围棋的基本手法"吃子"与"做眼"，与战争的基本法则消灭敌人与保存自己，以及战争的基本样式进攻与防御，完全相通；③围棋进程所呈现的犬牙交错态势与战略上敌我双方的层次包围与反包围，完全相似；④世界性围棋即大棋局的概念，是围棋战略思维更高层次和范围的扩展；⑤围棋中局部与全局的关联和军事上全局与局部的关系及处置原则，完全相通；⑥围棋的原则与现实军事战略指导，完全相通。

毛泽东的围棋战略思想，引起了现代美国战略研究者的高度关注和极大兴趣。美国战略问题专家鲍尔曼在他的著作中最早进行了这方面的专门研究。他在20世纪70年代指出：共产党中国军事战略与中国古代围棋游戏远非只是表面上的相似。围棋的目的是包围对方的棋子，将其消灭，并控制地盘即区域。围棋是一种很微妙的游戏，它的基本主题是包围与反包围。谁是攻方，谁是守方，通常是分不清的。围棋的胜负只是比较而言，胜者要比负者控制更大的地盘，但不是所有地盘。由于它的复杂性，棋手可能在某一局部遭到战术上的失败，但却能通过从战略上智胜对手而卷土重来。与西方战略常常着眼于单一的决定性战役不同，毛泽东的信条是着眼于更加持久的斗争，小区域的控制、地理上的分割，最终将发展、合并，从而导致战略上的胜负。

《围棋与人生》封面

毛泽东着眼于"世界的围棋"，下出了人类历史上的伟大棋局。

（选自林建超著《围棋与人生》，经济科学出版社，2017年）

第四节　中国革命战争中的毛泽东围棋战略思想

林建超

在现代军事思想体系中，对围棋战略智慧运用最为得心应手的，是毛泽东军事思想。毛泽东文韬武略俱全，也会下围棋。井冈山八角楼上，至今摆放着一张桌面上刻了围棋盘的方桌。这是一件仿制品，文物原件保存在国家博物馆。第一次土地革命战争时期，在极端艰苦、危险的战争环境里，毛泽东和朱德仍在八角楼从容弈棋。当然，现在看来，毛泽东的围棋水平至多是个业余好手，但他却善于运用围棋的哲理去研究战争、指挥作战，是在军事理论上把围棋与"战略"的概念直接联系起来第一人。毛泽东1936年12月在《中国革命战争的战略问题》一文中深刻指出，"说'一着不慎，满盘皆输'，乃是说的带全局性的，即对全局有决定意义的一着，而不是那种带局部性的即对全局无决定意义的一着。下棋如此，战争也是如此。"[①]"没有全局在胸，是不会真的投下一着好棋子的。"[②]如果把中国比作一个大棋盘，中国革命比作一个大棋局，可以说，毛泽东"胸中自有雄兵百万"的大局观和行军布阵的"棋艺"是雄视古今、鲜有敌手的。

当中国革命处于低潮时，毛泽东鲜明地指出："中国是一个大国——'东方不亮西方亮，黑了南方有北方'，不愁没有回旋余地。""如果棋盘太小，没有足够的回旋余地，那么，三十五计用完，第三十六计（编者注：

---

① 《毛泽东选集》第一卷，人民出版社1991年，第175页。
② 《毛泽东选集》第一卷，人民出版社1991年版，第221页。

指'走为上计')就用不上了。"①他把中国当作一个大的围棋盘，所以总有地方可以建立根据地，在一处不能立足时，可以转移到另一处寻求出路。毛泽东深谙这个道理。大革命失败以后，毛泽东改变单纯进攻大城市的战略思路，主张先到敌人力量薄弱的广大农村地区去，从而在井冈山建立了中国的第一块农村革命根据地。这正应了棋理的一句话："起手据边隅。"第五次反"围剿"失利后，中国工农红军被迫进行了二万五千里长征这个战略大转移，最终在陕北站稳脚跟。这充分说明了中国这个"大棋盘"所具有的回旋余地。

抗日战争初期，日寇尚处战略进攻，形势险恶，中国共产党内和党外都有许多人轻视游击战争的重大战略作用，而只把自己的希望寄托于正规战争，特别是国民党军队的作战。1937年8月22日至25日，中共中央政治局在陕北洛川召开扩大会议，研究确定党在抗日战争时期的纲领、路线、政策和军事战略方针问题。毛泽东在报告中首次明确运用围棋思维、概念，来阐述红军所采取的独立自主的山地游击战战略方针。据会议参加者、时任抗日军政大学政治部主任傅钟回忆：毛泽东同志高瞻远瞩，用形象的比喻阐明雄伟、深远的战略思想，给人以不可磨灭的印象。他说，我们已采取"山雀满天飞"的办法，撒出了大批干部，到华北敌后各地组织群众开展游击战争。我们的主力部队到华北，要像下围棋一样做几个"眼"，"眼"要做得活，做得好，以便和敌人长期作战。②这一战略思想，在尔后八路军（1937年8月25日，红军改编为国民革命军第八路军）的作战筹划与实施中得到了充分贯彻。1937年11月11日，八路军总部领导朱德、彭德怀、任弼时、左权与129师领导刘伯承、张浩，在山西顺县石拐镇商讨该师的战略发展问题。朱德指出："在8月下旬的洛川会议上，主席提出，我军要实行'围棋'战，采取'山雀满天飞'的办法，把部队撒出去，首先要撒到有利于开展游击战争的山区，依托山地开展游击战争，尔后向平原发

---

① 《毛泽东选集》第一卷，人民出版社1991年版，第221页。
② 傅钟：《敌后抗战的开端》，载《抗日战争回忆录》，党建读物出版社2015年版，第208页。

展。"刘伯承指出:"我们 129 师的任务,就是要将主席的'围棋'战略具体化。我们的设想,是要通过创建游击支队,建立军区,划分军分区。也就是从游击队开始建设正规军,从游击区开始建设根据地。这就算是'做眼'吧。"①可以说,这是毛泽东围棋战略思想最初的提出与贯彻。

1938 年 5 月,毛泽东写下了《抗日游击战争的战略问题》一文,发表于延安《解放周刊》第 40 期,指出抗日游击战争发展的正确道路。他以围棋为例,讲敌我双方的攻防作战行动,着重讲"做眼"即建立根据地的战略意义,指出:"由是敌我各有加于对方的两种包围,大体上好似下围棋一样,敌对于我、我对于敌之战役和战斗的作战好似吃子,敌之据点和我之游击根据地则好似做眼。在这个'做眼'的问题上,表示了敌后游击战争根据地之战略作用的重大性。"②在此战略指导下,八路军和新四军广泛在敌后开辟抗日根据地,将日军的"实空"淘光,迫使日军龟缩在大中城市和交通线上,成为一条"无眼"的"困龙"、难逃最终覆灭之命运了。

1938 年 5 月 26 日至 6 月 3 日,毛泽东在延安抗日战争研究会的讲演《论持久战》中,又延续了《抗日游击战争的战略问题》中的说法:"这样,敌我各有加于对方的两种包围,大体上好似下围棋一样,敌对于我、我对于敌之战役和战斗的作战,好似吃子,敌的据点(例如太原)和我之游击根据地(例如五台山),好似做'眼'。"紧接着,毛泽东又讲到,"如果把世界性的围棋也算在内,那就还有第三种敌我包围,这就是侵略阵线与和平阵线的关系。敌以前者来包围中、苏、法、捷等国,我以后者反包围德、日、意。但是我之包围好似如来佛的手掌,它将化成一座横亘宇宙的五行山,把这几个新式孙悟空——法西斯侵略主义者,最后压倒在山底下,永世也不得翻身。"③在一个月内,毛泽东两次用下围棋来比喻中国抗日战争的战略问题,第二次又比前次有了丰富和发展,提出"世界性的围棋"的说法,把围棋的棋盘拓展到全球、用大棋局比拟世界格局,既体现了毛泽

---

① 赵建国:《刘伯承元帅》,解放军文艺出版社 2007 年版,第 185—186 页。
② 《毛泽东选集》第二卷,人民出版社 1991 年版,第 427 页。
③ 《毛泽东选集》第二卷,人民出版社 1991 年版,第 472—473 页。

东的恢宏战略视野，也反映了围棋战略思想的层次性、深刻性和实用性。《论持久战》这一著作发表不久，在武汉的周恩来即将其基本精神介绍给国民党高级将领白崇禧。白崇禧大为赞赏，联系自己的思考，将其归纳为"积小胜为大胜，以空间换时间"，并建言蒋介石。蒋很赞成，认为这是克敌制胜的最高战略方针，对于抗战的最后胜利起到了至关重要的作用。

　　毛泽东围棋战略思想，总的看有以下特点：一是运用围棋最本质、最核心的概念"围"。正如《毛泽东军事文选》对"围棋"的注释："围棋是中国的一种很古老的棋。双方的棋子互相包围，一方的一个或一群子被对方所包围，就被'吃'掉。但如果在被包围的一群子中保有必要的空格（'眼'），这群子就是'活'的，不被'吃'掉。"将全局指导建立在包围的思想上。二是将军事上层层包围与反包围的战争局面与围棋上错综复杂的包围局面有机融合在一起。三是在包围中运用了吃子和做眼表现攻防行动，蕴含着"保存自己、消灭敌人"这一最基本的战争法则。四是不仅注重在战略战役上的运用，而且拓展到世界性的战争格局之中，由民族之间、国家之间的战争上升到国家联盟之间的较量，使围棋战略思想的内涵在更高层面上得到展现和升华。

　　西方有学者也发现并指出，毛泽东经常用围棋来解释他的战略。美国耶鲁大学教授斯格特·鲍尔曼在《拖长的游戏：从围棋角度解释毛泽东的战略》一书中指出，毛泽东正是利用围棋的原理带领中共打赢中国革命战争的。鲍尔曼指出，共产党中国的军事战略与中国古代围棋游戏远非只是表面上的相似。围棋的胜负只是比较而言，胜者要比负者控制更大的地盘，但不是所有地盘。棋手可能在某

《围棋与战略》封面

一局部遭到战术上的失败，但却能通过从战略上智胜对手而卷土重来。在鲍氏看来，当时被共产党控制的农村地区，就像围棋中的边角，而被国民党控制的城市就是棋盘的中心。与西方战略常常着眼于单一的决定性战役不同，毛泽东的信条是着眼于更加持久的斗争，小区域的控制、地理上的分割，从而导致战略上的胜利。美国战略研究专家爱德华·博伊兰对鲍尔曼的研究给予充分肯定，进一步指出，毛泽东这一代人对孙子思想的继承，使中国古代的许多观念和做法在现代战争中仍然起着重要的作用。如果中国再次面临战争，上面讨论过的许多特色也将重现。

（选自林建超著《围棋与战略》，经济科学出版社，2017年）

第五节　毛泽东军事策略与围棋
——兼评《旷日持久的游戏——毛泽东军事策略的围棋阐释》

何云波　任　晨

围棋是中国的国粹，既是琴棋书画四艺之一，中国古人也经常把它跟兵法联系在一起，所谓"略观围棋兮，法于用兵，三尺之局兮，为战斗场"（马融《围棋赋》）。围棋是对战争的游戏模拟，又被看作是一门战略学、策略学，包含着深厚的哲学内涵。2014年7月3日，习近平主席访问韩国，在与时任韩国总统朴槿惠和著名棋手李昌镐会见时强调："围棋中包含着人生的哲学和世界战略。"

毛泽东是当代伟大的政治家、军事家，他与围棋也结下种种不解之缘。他虽然只是偶尔下棋，但他多次在自己的文章中以围棋打比方论述中国革命战争的战略与策略问题，为中国革命下了一盘大棋。中国围棋协会主席、中国人民解放军总参谋部原办公厅主任林建超少将在《围棋与战略》一书中，专辟一节《中国革命战争中的毛泽东围棋战略思想》，论述毛泽东如何将围棋战略运用于中国革命战争中，强调毛泽东"善于运用围棋的哲理去研究战争，指挥作战，是在军事理论上把围棋与'战略'的概念直接联系起来的第一人。"[①]美国学者斯科特·伯尔曼的著作《旷日持久的游戏——毛泽东军事策略的围棋阐释》，还有西方一些政要和学者，从各个角度分析战争时期毛泽东革命策略所体现的围棋思维，对我们深入探讨毛泽东军事策略与围棋的关系，具有重要的启示意义。

[①] 林建超《围棋与战略》，经济科学出版社，2017年版，第175页。

一

　　毛泽东主席是否会下围棋，曾经有不同的说法。但从曾在毛泽东身边的工作的人的一些回忆中，毛主席显然是会下棋，也下过棋的。李耀宇、李东平在《一个中国革命亲历者的私人记录》中，曾谈到在延安时期，普通战士和领导干部们的娱乐。延安的娱乐方式五花八门，原始的与现代的相互交融。战士们在黄土地上画个田字格，摆上石子、土疙瘩玩"拱牛"。更高级的就是王鹤寿与毛主席下围棋，张闻天陈云他们下国际象棋。毛泽东还曾谈到围棋的起源，认为围棋一定是我们老祖宗认识到土地的重要以后，你搬一些黑石头围上自己的地盘，他搬一些白石头围上自己的地盘，开始争夺私有财产，后来就变化成了围棋。

　　树军《中南海备忘录》也曾写到钟灵与主席下棋的经历。钟灵是1938年入延安鲁艺美术系学习的，毕业后在陕甘宁边区做文化教育工作。和主席下棋是1946年冬天和1947年春天的事。而毛泽东卫士长李银桥《走下神坛的毛泽东》一书，曾谈到50年代和60年代初，毛泽东偶尔也会和身边的工作人员下盘围棋，别人赢了他也不恼，别人谦让他就恼。对日理万机的毛泽东主席而言，下棋不过是他偶尔放松一下的一种方式，自然也就不太在意胜负。在韶山毛泽东纪念馆陈列的主席生前用过的物品中，就有一副围棋。而在井冈山八角楼上，至今还摆放着一张桌面上刻了围棋盘的方桌（原件保存在国家博物馆），据说当年，在战火纷飞的间隙，毛泽东就曾与朱德在八角楼从容弈棋。韶山宾馆就有一幅当代画家画的毛主席与朱总司令对弈图。

　　毛泽东下棋虽然算不上高手，棋不过是闲暇时打发时光的一种娱乐而已，但他将棋理运用于中国革命战争中，却取得了巨大的成功。

　　1927年，第一次国共合作破裂，毛泽东领导了秋收起义，在井冈山，与朱德八一南昌起义的部分会合，建立了井冈山革命根据地。1934年10月，因为第五次反围剿失败，开始了长达1年的长征，最后到达陕北延安，有了新的根据地。1936年12月，毛泽东撰写《中国革命战争的战略问题》，曾谈到："中国是一个大国——'东方不亮西方亮，黑了南方有北方'，不愁没有回旋余地。……如果棋盘太小，没有足够的回旋余地，那么，三十五计用完，第三十六计就用不上了。"①如果说广大的中国就是大棋盘，"金角银边草肚皮""起手据边隅"，放弃大城市，先在"边角"站稳脚跟，然后再伺机挺进中腹，逐鹿中原，这就是毛泽东面对中国革命的"战略"中，首先制订的围棋谋略。如果形势不利，不做无谓之牺牲，赶紧"腾挪"，开拓新的天地。

在这过程中，"大局观"特别重要。研究带全局性的战争指导规律，是战略学的任务。研究带局部性的战争指导规律，是战役学和战术学的任务。毛泽东用围棋来打比方，说明全局与局部的关系：

要求战役指挥员和战术指挥员了解某种程度的战略上的规律，何以成为必要呢？因为懂得了全局性的东西，就更会使用局部性的东西，因为局部性的东西是隶属于全局性的东西的。……如果全局和各阶段的关照有了重要的缺点或错误，那个战争是一定要失败的。说"一着不慎，满盘皆输"，乃是说的带全局性的，即对全局有决定意义的一着，而不是那种带局部性的即对全局无决定意义的一着。下棋如此，战争也是如此。②

"没有全局在胸，是不会真的投下一着好棋子的"③，下棋如此，战争更是如此。到抗日战争全面爆发，国共第二次合作，停止内战，中国共产党的军队投身于抗日的洪流中。如何把握大局，制定全局性的战略，以指导具体的决策，便显得尤为重要。针对一些指战员在群情激奋中，急于到前线打一些大仗，显示中国共产党领导下的军队抗日的决心和能力的倾向，1937年8月22日至25日，中共中央政治局在陕北洛川召开扩大会议，研究抗日的战略方针。毛泽东在会议报告中，首次运用围棋的思维、概念，提出了采取独立自主的山地游击战的战略方针。毛泽东用围棋打比方说，这就好比围棋中的做'眼'。据会议参加者、时任抗日军政大学政治部主任的

---

① 《毛泽东选集》第1卷，人民出版社，1991年版，第189页。
② 《毛泽东选集》第1卷，人民出版社，1991年版，第175页。
③ 《毛泽东选集》第1卷，人民出版社，1991年版，第205页。

傅钟在《敌后抗战的开端》中回忆：毛泽东同志高瞻远瞩，用形象的比喻阐明宏伟深远的战略思想，给人留下深刻印象："我们已采取'山雀满天飞'的办法，撒出了大批干部，到华北敌后组织群众开展游击战争。我们的主力部队到华北，要像下围棋一样做几个'眼'，'眼'要做得活，做得好，以便和敌人长期作战。"①

其后，这一"山雀满天飞"战略思想，在八路军的作战谋划与实施中得到贯彻。朱德总司令将主席的战略思想形象地称之为"'围棋'战"。129师师长刘伯承则指出："我们129师的任务，就是将主席的'围棋'战略具体化。我们的设想，是要通过创立游击支队，建立军区，划分军分区。也就是从游击战开始建立正规军，从游击去开始建设根据地，这就算是'做眼'吧"②

与游击战相应，为了进一步明确抗日的战略方针，毛泽东还提出了建立抗日根据地的思想。毛泽东在一九三八年五月撰写《抗日游击战争的战略问题》，发表于延安《解放周刊》第40期，提出一切军事行动的指导原则，都根据于一个基本的原则，就是尽可能地保存自己的力量，消灭敌人的力量。要保存自己的力量，就要先"做眼"，建立根据地。毛泽东由此说到"敌我之间的几种包围"：

由是敌我各有加于对方的两种包围，大体上好似下围棋一样，敌对于我我对于敌之战役和战斗的作战好似吃子，敌之据点和我之游击根据地则好似做眼。在这个"做眼"的问题上，表示了敌后游击战争根据地之战略作用的重大性。③

围棋，"围地"之棋，正是在不断的包围与反包围中，达成最后的战略目标。而其中先要"谋活"、做眼，在敌后方建立根据地，站稳脚跟后，成功地实现反包围，在这过程中，灵活地开展游击战术……这一切都与棋理相通。1938年5月26日至6月3日，毛泽东在延安抗日战争研究会做演讲

---

① 《抗日战争回忆录》，党建读物出版社，2015年版，第208页。
② 赵建国《刘伯承元帅》，解放军文艺出版社，2007年版，第185页。
③ 《毛泽东选集》第2卷，人民出版社，1991年版，第427页。

《论持久战》，在强调抗日战争是"持久战"的同时，又延续了《抗日游击战争的战略问题》的说法，强调八路军、新四军向敌后进军，与日军的攻势形成了包围与反包围的关系，这种你中有我、我中有你的犬牙交错的状况，就好像是下围棋。围棋是围绕"地"的争夺，是一种包围与反包围的游戏。围棋两眼活棋。这"眼"就如同根据地：

这样，敌我各有加于对方的两种包围，大体上好似下围棋一样，敌对于我、我对于敌之战役和战斗的作战，好似吃子，敌的据点(例如太原)和我之游击根据地(例如五台山)，好似做眼。如果把世界性的围棋也算在内，那就还有第三种敌我包围，这就是侵略阵线与和平阵线的关系。敌以前者来包围中、苏、法、捷等国，我以后者反包围德、日、意。但是我之包围好似如来佛的手掌，它将化成一座横亘宇宙的五行山，把这几个新式孙悟空——法西斯侵略主义者，最后压倒在山底下，永世也不得翻身。①

毛泽东不仅用下围棋来比喻中国抗日战争的战略问题，并且在这里进一步提出了"世界性的围棋"的概念，把世界反法西斯战线比作一盘更大的"棋"，有着更大范围和战略意义的包围与反包围。"把围棋的棋盘拓展到全球，用大棋局比拟世界格局，既体现了毛泽东的恢弘战略视野，也反映了围棋战略的层次性、深刻性和适用性"，②建立根据地是"做活"，放眼全球是为了"谋大势"，既能够高瞻远瞩，立足全局，又脚踏实地，务实谋活，便能立于不败之地。

《抗日游击战争的战略问题》《论持久战》等文章，明确阐明了抗日战争的特点、性质和中国共产党的战略和策略，对抗战的胜利起到了重要作用。而围棋战略与战术思维成了其中一个重要的因素。

林建超在《中国革命战争中的毛泽东围棋战略思想》中概括毛泽东的围棋战略思想，有以下特点：

一是运用围棋最本质、最核心的概念"围"。……二是将军事上层层包

---

① 《毛泽东选集》第2卷，人民出版社，1991年版，第472—473页。
② 林建超《围棋与战略》，经济科学出版社，2017年版，第178页。

围和反包围的战争与围棋上错综复杂的包围局面有机地融合在一起。三是在包围中运用了"吃"子和"做"眼表现攻防行动,蕴含着"保存自己、消灭敌人"这一最基本的战争法则。四是不仅注重在战略战役上的运用,而且拓展到世界性的战争格局之中,有民族之间、国家之间的战争上升到国家联盟之间的较量,使围棋战略思想的内涵在更高层面上得到展现和升华。①

有道是棋盘小宇宙,天地大棋局,毛泽东不仅会下围棋,还在中国的革命战争中下了一盘具有经典意义的大棋,为战争的最后胜利奠定了基础。

二

毛泽东的围棋战略思想,也受到国外政治家和学者的关注。

1969年,美国耶鲁大学社会学教授斯科特·伯尔曼(Scott A. Boorman)出版了一本书《旷日持久的游戏——毛泽东军事策略的围棋阐释》(*The Protracted Game: A Wei-Ch'i Interpretation of Maoist Revolutionary Strategy*),分析战争时期毛泽东革命策略与围棋的关系。他站在西方旁观者的角度,将毛泽东的军事策略与中国传统文化结合在一起,以围棋为切入点,将中国的革命战争视作一场大棋局,而毛泽东则是运筹帷幄的棋手。这本书可谓另辟蹊径,在西方多数人还认为围棋只是"东方游戏"的时候,他已经洞察到了棋中的深意,并关注到了中国领导人毛泽东在战争中对围棋策略的运用,为西方的毛泽东研究提供了一个新的视角。

伯尔曼观察到:"毛泽东在指导中国革命时期的许多战役中使用的战术战略,都可以用中国围棋的棋法来解释"。②他选取了中国革命的几个重要阶段以及一些重点战术战略系统地探讨了这些毛泽东革命策略的应用实践与中国棋盘游戏围棋之间的相似性,同时与西方对相似事件的平行分析做了类比。伯尔曼指出与西方传统的战略选择模型相比,以围棋为类比的毛

---

① 林建超《围棋与战略》,经济科学出版社,2017年版,第179页。
② Scott. A. Boorman, *The Protracted Game: A Wei-Ch'i Interpretation of Maoist Revolutionary Strategy*, Oxford University Press, 1969.5

泽东革命策略对战略体系的分析呈现出了一种更为复杂和灵活的博弈论形式。

伯尔曼通过研究发现，由于传统的围棋棋局黑白棋子众多，棋局规模庞大，平均走法众多，相关策略也显得异常复杂、微妙。因此，对于初学者来说，围棋的策略十分隐晦。但也正是因为围棋策略的复杂性与微妙性，才使得围棋军事策略方面的理论得以蓬勃发展。而且，围棋的另一个优点是：它是一种具有复杂战略意义的游戏，是中国古人历经千年的智慧结晶，棋手的行棋策略与军事斗争的策略相类似。"虽然围棋没有明确被定为中国共产党革命战略的模型，但其基本游戏规则和游戏结构能够很容易地对应的军事冲突中找到对应；特别是它的抽象性，使得相对浅显的平行类比显得更有深度。"[1]伯尔曼结合围棋的棋法，将毛泽东在战争时期的军事策略放在江西时期、抗日战争时期、解放战争时期三个时间段里，并分阶段加以阐释。

（一）有效利用边缘棋子——农村包围城市战术

伯尔曼首先从江西时期入手，他认为中国共产党在江西的革命战争决策，在许多战略布局上都类似于围棋的开局，也就是19×19棋盘上的大约前50步棋。此时共产党需要做出的战略决策，在内容上与围棋选手在比赛开始时必须做出的决策相似：即关注棋局中最重要的区域以及如何渗透到敌方的势力范围内，建立安全的基地，同时在这些基地里进行防御，以抵御对方的进攻。1927年，由于国民党集团的破坏，中国共产党及其领导的组织遭到严重损失。为了改变被动的局面，中共中央纠正了党内的右倾投降主义路线，决定在大型城市发动起义，武装反抗国民党反动派，先后爆发了南昌起义、广州起义、秋收起义大型城市武装运动。但残酷的斗争结果表明，将包围的中心放在大城市是行不通的。于是，毛泽东果断抉择并

---

[1] Scott. A. Boorman，*The Protracted Game: A Wei-Ch'i Interpretation of Maoist Revolutionary Strategy*，Oxford University Press，1969.49

带领部队转移至江西井冈山，同党和红军的其他领导人一起，开辟了一条具有中国特色的农村包围城市的道路。伯尔曼十分欣赏毛泽东的这个决定，并表示这个策略正如围棋的高明布局，围棋是包围的游戏，与战争一样，控制领土是首要目标，围剿与反围剿的关键原则就是对领土的争夺。围棋有句棋谚叫"金角银边草肚皮"，说的便是根据棋子在棋盘上围空时能发挥出的效率，角的价值最大，边其次，中腹最小。围棋高手通常从棋盘的边缘落子而不是中心地区，因为在棋盘边缘附近的棋子比在棋盘中心的棋子更容易占领潜在土地，也更不容易被包围；而中心区域，无论是城市中心还是人口中心，都相对难以控制。"围棋初学者的失误就是，试图以几串相连的棋子实现对几个重要交叉点的包围，低估了其他边缘潜在的区域，因此可能造成被对方的反包围。"[1] "吃子"的欲望可能会促使初学者强行占领地盘，从而被抓住弱点被反包围。在1927年的大型城市起义中，由于国民党军队的异常强大和共产党武装力量的相对弱小，所以共产党通过夺取中心城市武装反抗国民党的斗争很快失败了。此时计划进攻和防御的目的，往往不是为了夺取领土，而是为了包围更多潜在的领土。围棋初学者常常在进攻与防御的交替中犹豫不定，而高手则会合理利用他放置在棋盘上任意位置的棋子，这些棋子都有可能在将来占领住更多潜在的领土。因此，"毛泽东懂得如何利用棋盘的边缘来争取包围最大的领土，边缘的棋子是一堵天然的围墙。"[2] 毛泽东通过对当时国情的分析，果断判断出当时共产党的力量还不足以攻打城市，在这种情况下，必须转移到敌人控制力量相对较弱的农村，去建立革命根据地，占领潜在的土地。他以天才般的思维论证了在中国建立农村革命根据地的必要性，指出，中国红色政权存在和发展，亦必有相当的条件……"因为有了白色政权间的长期的分裂和战争，便给了一种条件，使一小块或若干小块的共产党领导的红色区域，能够在

---

[1] Scott. A. Boorman, *The Protracted Game: A Wei-Ch'i Interpretation of Maoist Revolutionary Strategy*, Oxford University Press, 1969.73

[2] Scott. A. Boorman, *The Protracted Game: A Wei-Ch'i Interpretation of Maoist Revolutionary Strategy*, Oxford University Press, 1969.27

四围白色政权包围的中间发生和坚持下来"①。毛泽东分析认为，中国革命形势是随着国内、国际各种势力连绵不断的战争而持续地向前发展的。所以，不但小块红色区域的长期存在没有疑义，"而且这些红色区域将继续发展，日渐接近于全国政权的取得"②。伯尔曼强调：从最终的战争实践来看，正是这些小块红色根据地的建设，也就是围棋棋盘上摆放的非中心地区的"政治棋子"，使得中国共产党保存了革命武装，并且为积蓄革命力量提供了有效途径。

（二）全局意识——抗日战争中的持久战略

在肯定了江西时期毛泽东正确运用了"金角银边草肚皮"战术确立了农村包围城市、建立农村革命根据地的策略之后，伯尔曼又将眼光转向了抗日战争的战场。他首先阐明了围棋战略意义的第二个特征：正如毛泽东所认同的那样，如果中国是一个大棋盘，那么棋盘上分散的、非线性的、割裂的棋子使得整个局面显示出一种不确定性，因此这会是一场持久的战斗。1936年7月16日，毛泽东本人在同美国记者斯诺的谈话中，谈到中日战争的持久性："在这场斗争中，最后胜利必定属于中国人民。如果中国单独作战，相对地说，牺牲就会大些，战争的时间也会拖得长些，因为日本是一个充分武装的强国，而且还会有它的盟国。"③伯尔曼在这里用围棋作类比，表示在一般的棋类游戏中，棋盘上所有的棋子都可以在给定的回合中移动，但是在围棋棋局中，只能一次落子，并且棋子在被"吃子"之前无法移动，这就导致了围棋也是一场持久战，若用于军事策略的阐释，围棋的这种特性具有深远的战略意义。

一方面，从战术上讲，如果棋盘上某一处的棋子受到了小损失，棋手可以通过战略上的智胜对手来恢复自己的地位；1934年10月，毛泽东失去

---

① Scott. A. Boorman, *The Protracted Game: A Wei-Ch'i Interpretation of Maoist Revolutionary Strategy*, Oxford University Press, 1969.71

② 《毛泽东选集》第1卷，人民出版社，1991年版，第175页。

③ 《毛泽东选集》第1卷，人民出版社，1991年版，第445页。

军事指挥权，第五次反围剿失败，中央主力红军为摆脱国民党军队的包围追击，被迫实行战略性转移，退出中央根据地，进行长征。但是这次挫折并没有左右整个战争的大局，在毛泽东重新挽救中国革命之后，共产党依然获得了最终的胜利。另一方面，伯尔曼举例了西方最著名的棋类游戏，国际象棋和跳棋，在这两种棋类游戏中，只要一方棋手犯了一个战术上的错误，对手就能得到极大的优势——这对失误的一方是致命的。与之相反，围棋棋局里，只有考虑到棋盘上所有战斗的长远结果，才能保证最终的胜利。如果只着眼于局部成功的战略往往会导致最终的一败涂地。

随后，伯尔曼又由此引申转而论述了毛泽东在抗日战争中所表现出的大局观，在指导革命战争的过程中，毛泽东显然是一个能够运筹帷幄的高手，他胸中始终有大局，始终在大局下思考和行动。他曾说过，战略指挥员"最要紧的，是把自己的注意力摆在照顾战争的全局上面。"[1]毛泽东认为：中国的抗日战争应该包括三个连续的阶段。在第一阶段，整个国家处于战略防御的阶段，日本人将从沿海地区向内陆大城市延伸势力范围；第二阶段，僵局将接踵而至；第三阶段，中国军队就可以组织战略进攻了。日本对于中国的入侵就像棋盘上的局面，虽然当时棋盘的大部分地区都被中国棋子占据，但是在毛泽东看来，中国棋手并没有强大到阻止日本棋手占领更多的土地，未能来得及动员自己的部队，而"持久战"才是一个更有效的策略。西方的军事战略以实现一次决定性的战术接触为导向，但是我们所知悉的毛泽东派系军事辩证法中，"围棋棋局中虽有速战速决之策，但本质上还是一场持久战，激进主义不仅可能会导致一场交战的失败，而且会将整个战局置于危险之中。"[2]类似的情况还有，抗日战争中的对战双方中国和日本，正如两个对弈的棋手，以毛泽东军事策略为主要指导的中国军队是熟练的高手，而远程作战的日本军队则是相对较弱。如果一个围棋高手与新手长时间对峙，那么较弱的新手结局大多是溃败。在国际象棋

---

[1]《毛泽东选集》第1卷，人民出版社，1991年版，第160页。
[2] Mao Tse-yung, Selected Military Writings, Peking: Foreign Languages Press, 1963.110

中也是这样，当一个有一定经验的二流棋手遇到一个刚开始下棋的业余棋手时，他的战略战术经验上的优势会帮助他在棋局开始后准确推算出对手的下一步棋，直至完全控制棋盘。鉴于中国抗日战争的实践结果，这一假定能得到相对印证。

伯尔曼同时也关注到，毛泽东的这种大局观在解放战争时期表现得尤为明显。如果说中国革命战争的江西时期和抗日战争时期都能看作是围棋棋局的一部分的话，那么解放战争时期既可以看作是历时大棋局中的收官部分，也可以看作是大棋局中完整的小棋局。毛泽东在棋局伊始便推测出了后面的路数，循序渐进地指导人民军队从布局到战略防御再到战略反攻直至取得最后的胜利。在西方读者眼中，中国的革命战争战役众多，毛泽东的军事理论与西方传统军事理论也有一定差异，伯尔曼以围棋为类比，既还原了战争的完整性，也解释了其中一些不易被人理解的军事策略。

（三）断裂的联系——毛泽东的游击战术

在西方，研究毛泽东军事思想中"游击战术"的人和机构数目最多，美国外交关系委员会研究员、军事历史专家马克斯·布特（MaxBoot）在其2015年所著的《隐形军队：游击战的历史》一书中指出："毛泽东在20世纪堪称卓越的游击战争实践者和理论大师，他有着深刻的洞察力。"①原联邦德国《军事与经济》杂志1965年1月号文总结说，"给人印象深刻是毛泽东的游击战略在全球取得胜利，这种战略已有效地改变了世界政治面貌。"②可见正是毛泽东游击战术的这种世界性影响，加深了伯尔曼等学者的学习和研究热情。

伯尔曼在第四章中提出了围棋的辩证法"断裂的联系、集中的分散、

---

① [美]马克斯·布特《隐形军队：游击战的历史》，赵国星、张金勇译，社会科学文献出版社，2016年版，第55页。

② David Lai. *Learning from the Stones: A Go Approach to Mastering China's Strategic Concept*, *Shi* [M]. New York :St. Martin's Press，2004.

包围的突围、灵活的顽固"。①这正是对毛泽东所提出的游击战术理论十六字诀"敌进我退，敌驻我扰，敌疲我打，敌退我追"的延伸总结。这种退也是为了以退为进，积蓄力量。这是"弃子"的艺术，为了整体大局和最后的胜利，可以有意识地放弃某一小片领地和领地上的棋子。以毛泽东在中国革命战争实践中都运用到的一系列游击战术为例：江西土地革命时期，毛泽东利用国民党军阀混战，井冈山周围兵力薄弱之机，指挥工农革命军广泛发动群众，开展游击战，积极向四周发展，正如围棋布局初期，在相对空白的棋盘上分散落子，寻找潜在占领土地的机会。并通过十六字诀的战略性战役指导原则诱敌深入再战略反攻，集中兵力各个击破，连续粉碎了三次"围剿"。中国的抗日战争进入战略相持阶段后，八路军、新四军和游击队的游击战，在战争全局中占了主要地位，中国共产党领导的军队成了中国抗日战争的主力军。经过长达八年的游击战，毛泽东领导的军队不但联合各方面力量打败了日本，而且在战争中促进了共产党军队自我力量的发展，为向正规战转变和随后进行的解放战争奠定了坚实的基础。毛泽东在中国这个"大棋盘"上分散建立的各个红色根据地逐渐联系起来，"当这些潜在的棋子有规律地联合起来，便转化成了难以被逆转的优势，能够在潜移默化中给对手致命打击。"②毛泽东在抗日战争当中，把游击战争提到战略地位，全面系统地论述了游击战争的基本原则，一是主动地、灵活地、有计划地执行战略防御中的进攻战，战略持久战中的速决战。解放战争时期，毛泽东成功地运用抗日战争时期的经验，在运动战、阵地战、游击战三种作战形式的结合上创造了新的经验。无论是江南地区的游击战，还是国民党控制地区的游击战，对夺取最终的胜利，都起到了重要作用。伯尔曼将解放战争比作大棋局中的小棋局，认为毛泽东在解放战争中所运用到的军事策略既呼应了之前的战争经验又突破性地完成了整个棋局

---

① Scott. A. Boorman, *The Protracted Game: A Wei-Ch'i Interpretation of Maoist Revolutionary Strategy*, Oxford University Press, 1969.113

② Scott. A. Boorman, *The Protracted Game: A Wei-Ch'i Interpretation of Maoist Revolutionary Strategy*, Oxford University Press, 1969.98

的收官。从革命战争实践来讲,对于毛泽东来说,游击战是武器和军事装备相对落后的共产党军队用于抗击强大对手的最有效方法。伯尔曼引用围棋大师吴清源的话来强调"围棋是和谐的艺术。围棋在内部结构上和双方对弈中,都具有一种审美力量上的平衡。"[①]许多游戏的策略是进攻,而围棋是避免过于集中,用有限的分散力量和断裂的联系来获得最大的领地。西方很多军事理论认为,增加棋子的数量是增加自身实力,而围棋不是,过于集中反而更容易被包围。毛泽东的游击战术策略是围棋也是实际战争中非常高明的战略方式。

三

其实,毛泽东的军事思想与谋略,很早就受到西方世界的关注。1928年,斯特朗在《中国大众》一书中首次介绍了毛泽东、朱德率领起义部队开辟井冈山根据地的经过。1935年,史沫特莱在《中国的工农红军在前进》一书中对毛泽东等人创建根据地的行动和四次反围剿战争进行了详细的介绍和描写。另外,共产国际这时也对毛泽东的有关著作,特别是军事方面的著作,如《中国的红色政权为什么能够存在?》《井冈山斗争》等进行了介绍。毛泽东的"农村包围城市,最后武装夺取政权"和"枪杆子里面出政权"军事理论和重要论断也被欧美记者和学者所关注,被介绍给西方读者。

此后,毛泽东作为一位世界性的历史伟人,日益成为西方中国学学者的重要研究对象。而毛泽东的军事思想与谋略成为毛泽东研究的重要组成部分。研究毛泽东军事思想,不但要研究游击战向运动战发展,而且还要研究正规军如何打游击战的问题,事实上,毛泽东军事思想的很多内容都直接或间接地被西方国家的军事理论所吸收。如重视人的因素,注重群众战线,游击战等有关内容,都被吸收到美国作战条例当中去了。

在这过程中,东西方的政治家和学者也不约而同地关注到围棋与战略

---

① Scott. A. Boorman, *The Protracted Game: A Wei-Ch'i Interpretation of Maoist Revolutionary Strategy*, Oxford University Press, 1969.34

的关系及其毛泽东军事战略思想中的"围棋"思维,这一方面跟围棋本身所包含的"兵家之战"的属性有关。西汉、东汉之交的桓谭在《新论》称:"世有围棋之戏,或言是兵法之类。"魏晋时期,从兵法的角度论棋,更是一种风尚。晋代曹摅《围棋赋》说围棋"拟军政以为本,引兵家以为喻"。《隋书·经籍志》将围棋方面的著作列入兵家部中。宋代的《棋经十三篇》,在内容、体例上,直接仿《孙子十三篇》,由此可见,围棋与"兵法"的内在关联。

围棋既是战术,更体现了一种战略思维,西方视野中的围棋,经常把围棋与东方谋略联系在一起。美国陆军军事学院教授来永庆(David Lai)撰文《他山之石,可以攻玉——从围棋角度剖析中国"势"的概念》,认为围棋以中国哲学和中国军事思想为基础,是中国战略思想和作战艺术的完美体现。他因此强调:"围棋对于理解中国人的真正想法非常关键。想要赢得真正的竞争,美国官员最好学会这种棋盘游戏的玩法。"[1]

而美国前国务卿基辛格在《论中国》(On China)一书中,通篇使用围棋智慧解释中国领导人毛泽东和邓小平是如何在朝鲜战争时期、数次台海危机期间、越南战争时期,中苏冲突以及中美关系正常化过程中处理和应对各种危机的。比如,在朝鲜战争打响之初,美国总统杜鲁门向韩国派出美军,在台湾海峡部署美国海军。基辛格写道:"在中国人看来,杜鲁门已经在棋盘上落下了两枚棋子,以可怕的包抄之势对中国构成了重大威胁。所以,尽管贫困的中国人厌倦了战争,毛泽东还是觉得有必要和美国正面对决。"[2]

基辛格认为,毛泽东军事理论说明,决定战争胜负的不完全依赖兵力,而是巧妙地运用兵力,打击敌人的弱点,陷敌于不利地位。他对毛泽东军事战略特点的认识可概括为:(1)着重从精神上疲惫敌人;(2)坚持持久

---

[1] David Lai. *Learning from the Stones: A Go Approach to Mastering China's Strategic Concept, Shi* [M]. New York :St. Martin's Press,2004.1

[2] [美]亨利·基辛格《论中国》,胡利平、林华、杨韵琴、朱敬文译,中信出版社,2015年版,第152页。

战；(3) 坚持"诱敌深入"的方针；(4) 必要时还可以利用谈判手段，对敌人施加精神压力或使敌人无法获得胜利果实。

　　基辛格用围棋与国际象棋的区别来譬喻中西方差异。东方重谋，西方重力，这也是围棋与国际象棋的区别。围棋不重在肉体上消灭对手，只要棋局未终，被围的棋子可以随时发挥作用。围棋中还有双活一说，就是同一块地盘上你中有我、我中有你，相互依赖、利益共享。即便局终人散、胜负已定，博弈双方在棋局中的力量对比也可能相差无几，高手对决时尤其如此。国际象棋则不同。被吃掉的棋子彻底死亡。它以杀伤对方成员为手段，以对方政权（以统帅为代表）的垮掉为目的。①

　　在西方人眼中，国际象棋可看作一种战术游戏，而围棋是更高级的战略游戏。东方民族的传统思维，更注重整体综合，在实际行动中更注重谋略的使用，伯尔曼也正是从这一思维出发，讨论毛泽东军事策略在战争中的应用与围棋的关联，伯尔曼认为毛泽东的围棋思维有两大特点：一是毛泽东革命策略与围棋在时间上的对应；二是毛泽东革命策略与围棋在空间上的对应。从时间上来看：一是两者的过程都很漫长，都要经过缓慢的思考才能逐渐增加节奏。正是由于这种缓慢特性，才能允许棋子的分散分布和战争力量的分散安排。二是毛泽东一派的战争观与围棋一样，都需要把握大局。从空间上来看：一是棋局或者战争开始时，革命者其实是处于一个没有障碍的位置，而后的战局主要考验的是实际行动的力量。二是贯穿整个战局，革命者的政治目标是对人口和地理位置的控制最大化，正如围棋一样，棋手的主要目标是最大限度地控制整个棋盘。回顾整个战场，"毛泽东始终注意争取处于边缘的根据地建设和处于边缘的农民阶级，正如一个好的棋手一样，从棋盘的边缘开始发展，而不是只在中间发展，因为在围棋游戏中，边缘的交叉点比中间要重要得多。"②宏观地看，伯尔曼从地

---

　　① [美]亨利·基辛格《论中国》，胡利平、林华、杨韵琴、朱敬文译，中信出版社，2015年版，第47页。

　　② Scott. A. Boorman，*The Protracted Game: A Wei-Ch'i Interpretation of Maoist Revolutionary Strategy*，Oxford University Press，1969.156

缘政治学的角度，将中国版图看作一个大的棋盘，地理和人口可看作是两个子棋盘。围棋中棋手可能在某一局部遭到战术上的失败，但却能通过正确的战略取得最终的全局胜利。毛泽东的信条是着眼于更加持久的斗争，从小区域的控制、地理上的分割，经过发展、合并，最终形成战略上的胜利。高手弈棋，通常具有大格局，不拘于一时的情势，能够在复杂多变的局势中寻求取胜的机会。毛泽东善于在大局观和得利观之中切换：当棋势于我不利时，我应看大局，从大局中寻求机会，而当棋势于我有利时，我应盯紧局部，迅速将局部的优势落实。

与此同时，伯尔曼也引申到了围棋与国际象棋中的军事策略对比，得出了几点结论：首先，与国际象棋不同，围棋棋子可以在棋盘上任意放置，棋手在敌后作战的能力不受任何限制。第二，国际象棋或者跳棋，一个战术失误便很难挽回，但是围棋本质上是迂回、持久的战斗。第三，没有绝对的安全的区域，一切有意识或无意识的冒进都可能会导致严重的迷失，局势会陷入被动。第四，与国际象棋类似的是，棋子间的相互合作才能取得胜利，不同的是，国际象棋只能一个一个吃子，如果擒获"国王"，当即胜利。但是围棋策略是一个连续的统一体，如果策略运用得当，能一次性大片吃子，且胜利是相对而言的，对战双方在某一区域的胜负也不影响其他区域的领地"占领"，终局时，常常也只有几目之差。

伯尔曼在解释为何用围棋来分析毛泽东的军事策略时表示：西方分析人士常常难以确定，在战争时期，中国共产党所运用的大量规则、策略中，哪一些是在革命的实践中最为关键的。西方对于毛泽东军事策略的分析常常缺乏一个系统的框架或者说是一个可以用来类比的模型。"而围棋恰好可以用简化的对弈描摹毛泽东在重要战争中所运用到的多样的、经典的军事策略，又避免了历史现实的复杂性和不确定性，可以弥合西方学者对于中国政治的认知过程和对中国领袖的形象认知。是帮助西方解决悖论与障碍的工具,为西方提供了理解中国的途径。"①

综合而言,伯尔曼在用围棋策略具体阐释毛泽东军事策略时,体现的是一种西方视野,对于一些西方政治家和学者而言,围棋作为一种高度抽象的古老东方游戏,既是政治、军事的形象化图式,也是一种东方思维与智慧的体现。西方对军事实践中围棋符号与象征的分析,正是从这一视角切入,既有真知灼见,当然也不乏西方式的"误读"。本文探讨毛泽东军事策略与围棋的关系及东西方视野中对此的不同解读,希望对毛泽东军事思想研究提供了一个新的角度。当然,当今世界局势错综复杂,在"世界战略"格局中,如何运筹帷幄,在冲突中实现合作共赢,围棋思维也可以给我们一些启示。

——原载《湘潭大学学报》(哲学社会科学版)2021年第2期

---

① Scott. A. Boorman,*The Protracted Game: A Wei-Ch'i Interpretation of Maoist Revolutionary Strategy*,Oxford University Press,1969.13

第六节　湘潭：湖南围棋事业发展的主干之一

杨志存

从1978年起，笔者就开始担任湖南省围棋赛事的裁判长，从1979年湖南省棋类协会成立至今，一直在湖南省棋类协会分管湖南省围棋工作，对全省各地、市围棋事业发展情况比较了解。

湘潭作为湖南省棋类协会推荐的全国首批《围棋与名城》丛书编撰单位，编辑工作正紧锣密鼓进行。笔者为湘潭助威助力责无旁贷，现将掌握的与湘潭围棋有关的资料粗略整理，整出发展轨迹，理清发展脉络，用2800文字，23幅照片将发展主干竖起，枝叶部分要靠湘潭围棋工作者和棋迷来"茂盛"。

记忆中，对湘潭围棋的最早印象是在1978年湖南省第四届运动会围棋赛，比赛是8月5日至16日在岳阳举行，有11个地市的33名棋手参赛，其

2010年6月，"九华杯"第四届海峡两岸围棋邀请赛在湘潭市五星级宾馆盘龙山庄举行。中国围棋泰斗陈祖德和棋圣聂卫平专程到赛助兴，图为聂卫平与湘潭棋迷下多面打指导棋。

中湘潭地区是张建国、黄淮清、黄稻元三人。长沙市、株洲市、衡阳市依次获团体前三名,湘潭地区团体第四名。个人前三名被长沙市杨云杰、梁鹤年、曾学初包揽。这是我第一次担任湖南省围棋赛裁判长。

1980年4月28日至5月8日湖南省围棋赛在岳阳地区举行,10个地市28人参赛,湘潭地区还是张建国、黄淮清、黄稻元参赛,湘潭队获团体亚军,个人冠军为长沙周定良,亚军为长沙易和平,湘潭张建国获个人季军得以入选湖南围棋队,我担任领队,张建国担任教练,棋手是杨云杰、曾学初、周定良、易和平4人。

这支队伍1981年5月赴洛阳参加了全国围棋团体赛,这是湖南省首次组队参加全国围棋团体赛,除湖南、青海两队是业余队外,其他队都是专业队,湖南队仅平了青海和河南二队,排倒数第一名。

1982年6月20日至30日湖南省围棋赛在湘潭地区韶山银田举行,只有5支队15人参赛,长沙、衡阳、株洲、湘潭依次获团体前四名。长沙易和平、衡阳唐小平、长沙曾学初分获个人前三名。

1983年11月20日至28日湖南省围棋赛在湘潭地区湘乡县举行,8地市30人参赛,第一次增设了女子团体赛,男子、女子团体前三名都依次是长沙、衡阳、株洲,湘潭周建萍获女子个人亚军,冠军是长沙方丹丹,季军是衡阳姜露芳。

1984年11月20日至28日湖南省围棋赛在湘潭举行,11个地市58人参赛,长沙市、衡阳市、湘潭地区男、女团体都获前三名,这是湘潭首次男、女队同时进入团体三甲。湘潭夏萍获女子季军。

1985年11月2至12日湖南省围棋赛在娄底举行,11地市53人参赛,湘潭获女子团体季军。

1986年9月20日至28日,湖南省第六届运动会围棋赛在湘潭工人文化宫举行,10地市56人参赛,湘潭地区各项都未能进前三名。

1988年,湘潭棋类协会成立。

1989年10月29日至11月10日湖南省围棋赛在长沙市工人文化宫举行,湘潭各项都未进入前三名。

1990年11月3日至12日湖南省围棋赛在怀化举行，13地市199人参赛，男子团体前三：长沙、长沙二队、株洲；女子团体前三：娄底、湘潭、邵阳；男子个人前三名：长沙王骞、娄底周定良、长沙朱毅；女子个人：邵阳谭元君、湘潭赵卫红、娄底邹永胜。

综上所述，在20世纪80年代，湖南省14个地市中，湘潭整体实力弱于长沙、衡阳、株洲，大约排在第四位，在全省没有水平突出的顶尖棋手。男女相比，这一时期女子水平稍高，成绩较好，出现了周建萍、夏萍、赵卫红三位能进入湖南省女子前三名的棋手，男棋手只有张建国一人进入湖南省前三名。

进入20世纪90年代，湘潭围棋不断进步。出现了王新宛、刘前斌等能代表湖南顶尖水平的高手。

1992年王新宛获"黄河杯"全国业余围棋赛季军，因此成为湖南省第一个获得业余6段的棋手。

湖南省围棋赛演变为湖南省九星杯围棋锦标赛后，1991年第6届九星杯赛中，刘前斌荣获季军，并代表湖南参加了第5届全国晚报杯赛，个人排在第21名。

1992年，湘潭滕军参加"安源杯"南方八省（区）围棋赛，获第7名。同年，由边舒威、朱岳汉等组成的湘潭队获湖南省首届老年人围棋赛团体亚军。1992年湖南省第7届九星杯赛中，王新宛获第5名。

1993年8月17日，纪念毛泽东同志诞生100周年全国业余棋类大赛在湘潭韶山偃旗息鼓，全国20个省、市、自治区的650名棋手参赛，这是第一次在湘潭举行全国围棋赛事。

在1994年、1995年的第9、10届九星杯赛中，王新宛连夺两届冠军。

在2000年的第15届九星杯赛上，刘前斌捧杯，湘潭整体实力上了新台阶。

1996年8月，湖南省第八届运动会围棋赛在零陵（现永州）收兵，常德获团体冠军，1996年常德满晖在第11届九星杯赛获殿军，1999年第14届九星杯赛又夺走冠军，常德市异军突起，这一时期，湘潭虽超越衡阳、株洲，但仍位于长沙、常德之后，居第三位。

1999年，王新宛获首届TCL杯全国业余围棋锦标赛湖南赛区5段以上组亚军。

进入新世纪前十年，湖南围棋除长沙整体实力稳居"老大"位置外，常德与湘潭的"老二"之争愈演愈烈。

得少年者得天下，进入新世纪，湘潭少儿围棋培训蓬勃发展，先后出现了湘潭棋院、九星棋院、刘前斌围棋道场等多家培训机构，2011年培养出第一位职业棋手张佩佩，后效力于女子围甲北京队。2013年湖南省第28届九星杯赛丁一舟荣获冠军。2014年又有了第二位职业棋手张紫良，后效力于男子围甲杭州队。此外，像丁一舟、曾泽润、肖泽彬、谢方为等一批高水平的少儿棋手茁壮成长起来，接过了王新宛、刘前斌、滕军、宾锋伟等老一辈棋手的接力棒，使得湘潭围棋整体实力大幅、快速提升，老九星杯主刘前斌2015年仍获湖南省第30届九星杯赛亚军，宝刀未老。2017年曾泽润获第32届九星杯赛殿军，2018年肖泽彬获第33届九星杯季军，湘潭整体实力到2018年已超越了常德市，在湖南省14个市（州）中坐上了第二把交椅。衡阳市在平凡了近30年后，近年来又重新崛起，以李金航、刘天忆、莫亚豪为代表的新锐逼近湘潭，到2020年，湖南围棋整体实力四强依次是：长沙、湘潭、衡阳、常德。

湘潭在20世纪承办的湖南省级以上围棋赛事次数仅次于长沙，进入21世纪，陆续承办了中国女子围棋甲级队联赛、第4届海峡两岸围棋邀请赛、第11届湖南省运动会围棋赛、第32届湖南省九星杯赛、第3届湖南省围棋联赛、湖南省青少年夏令营围棋赛、第3届湖南省小学围棋团体赛等重要赛事，加速推动了湘潭围棋事业大发展。

湘潭市自办赛事层出不穷，一次少儿赛事超过千人已是常态。

湘潭市还拥有一支强大的裁判队伍，其中唐述平、欧阳遏舟、曾慧勇、张晴、李里等一级裁判都是湖南省的骨干裁判，多次在全国、省级比赛执台。

湘潭大学何云波教授是我国研究围棋文化的著名专家，被称为中国第一位"围棋博士"。

  总之,湘潭围棋在20世纪70年代起步,80年代整体水平在湖南4至6名间徘徊,90年代出现了王新宛、刘前斌两位湖南顶尖棋手,21世纪初叶少儿培训兴起,整体实力上升至湖南第三位,2011年后,随着张佩佩、丁一舟、张紫良、曾泽润、肖泽彬、谢方为等新锐成长,与常德激烈争夺"老二"位置,直到2018年就座湖南第二位置,发展到2020年,依然居"老二"位置,向上冲击"老大"长沙,向下谨防衡阳超越,已进入湘潭围棋发展史上最强盛时期。

第七节　围棋三字经

唐述平

学围棋	有捷径	懂格言	战必胜	金子角	银子边	草肚皮	在中间
挂敌角	宽处来	遇方形	点中间	抢急所	胜大场	天王山	必先占
入中腹	争正面	若能跳	不要长	初行棋	莫打劫	缓三气	不是劫
早开花	三十目	提龟甲	五十目	空三角	是愚形	梅钵型	坚如铁
二拆三	三拆四	三间拆	有打入	被镇头	小飞应	被觑断	看清粘
穿象眼	莫两行	遇难题	用小尖	一间跳	无恶手	有挖断	要提防
二路子	不要爬	四线子	不可压	三线子	立再弃	二路飞	可渡过
压强棋	不压弱	断哪边	吃哪边	棋筋子	不能舍	残废子	不要逃
连续打	多俗手	扭十字	长一方	棋拐头	力如牛	二子头	马上扳
能不打	则不打	能不冲	就不冲	小飞形	不要冲	防跨断	要看清
双关子	勿觑刺	相思断	可连通	敌来靠	长或扳	扳有断	莫遗忘
二·1路	多妙手	破敌角	优先走	大猪嘴	扳点立	小猪嘴	打劫赢
有厚势	不围地	布阵势	攻来敌	消敌空	要缓进	遇厚势	莫靠近
攻弱棋	要宽松	治孤子	多用碰	攻宜飞	逃要跳	整棋型	托断靠
漏风空	不要围	应不好	则脱先	遇对杀	气算清	紧外气	再劫争
有单眼	可杀瞎	敌有眼	大眼杀	大眼气	莫忘记	直曲三	是三气
丁方四	有五气	刀花五	有八气	葡萄六	十二气	两边扳	长一气
收官子	争双先	搞不清	就扳粘	一方地	难取胜	占四角	再穿心
勤判断	数虚空	有成算	定方针	能赢棋	不闹事	处劣势	闹天宫
肉搏战	不拘形	胜负手	建奇功	三字经	要牢记	运用好	定胜利

（原载《围棋报 少儿围棋周刊》2003年5月16日第19期）

第八节　黑白无间道，原野正苍苍

何云波

围棋也是一个江湖。

围棋被看作是一种战争的游戏，为生存空间引发的争斗。

古往今来，多少英雄豪杰，在这片"江湖"里，黑白对峙，血雨腥风，快意恩仇，"痛"且"快"也。

杀完大龙，吃过矢棋，然后再去修各自的胜业，棋声流水，从此岁月静好。

湘大是一片原野，人称"黄土地"，在这片原野上，英雄豪杰，荒山论剑，竟也代有传人，生长出江湖里种种的传说。

一

1978年，一位自认身怀绝技的"棋侠"来到了湘大中文系。

他一进校，便从自己的寝室开始，进而全班，广收门徒，一时棋声丁丁，血雨腥风中，杀出七条汉子，名张振宇、谭松林、刘刚强、谢伯端、黄文学、吕明、陈树仁，他们自认人人握灵蛇之珠，家家抱荆山之玉，在棋上有不凡造诣，自号"江南七侠"，为了排座次，成为"大师兄"，争得不可开交。并且，都好为"人师"。谢哥曾描写过他们"争斗"之场景：

> 我们几位师兄弟下棋，印象深刻的有：我们下棋做不了"君子"，老要指指划划，刘刚强怕我指点，把宿舍门栓上和别人下棋，我只好找个凳子，趴在门上的窗户上，拿根棍子指指点点。杨升初和老婆离

婚后在北山青年楼分了一间房,这就有了下棋条件,我和他两人经常下通宵。

这正所谓观棋有语真君子,隔窗指导大丈夫。我在写谢哥的那篇《纹枰碧水悟钓禅》中提到这一节,然后就有多位旁观者做证,生出好几个版本:

版本一:张爱国(79中文,曾任湘大团委书记、宣传部长):

伯端兄借把椅子放在走廊窗子外,站在椅子上,手拿竹竿(晒衣杆)指点大半个晚上⋯⋯

版本二:羊老弟子闫彩平:

谢哥趴窗户上指点那一幕,犹然如在目前:下棋的是谭松林和刘刚强,不让谢哥进,是想看谢哥怎样急。谢哥果然急了,用长竹竿捅谭、刘,够不着;喊他俩开门,不应。谢哥悻悻然,在门外转圈,边转还边骂谭、刘。

最后跟谢哥求证,谢哥答:因为这样的事不止一次。
原来如此!
在这些"棋侠"中,后来成为我硕士师兄的老龚,叨居其末,大约属于人家上阵他在边上吆喝之列。他后来自认为何云老的围棋"启蒙教练",我已在写老龚与罗弟子的文章中辩明,属于"遇师不淑"之列,这里按下不表。

单表1979我进校那年,围棋江湖中一个真正老大级别的人物走进了湘大。

这位"大侠"进了湘大,遍寻对手。那天,正好遇上"江南七侠",七侠每人有一套武功"绝学",临敌对阵,都是一人先出马,别的指指点点,不行就一块上。这大侠一袭黑衣，淡定地站在那里，说：要不你们直接一块儿上吧，先让你们四招。

这四招，就是在棋盘上，先摆上四子。"七侠"一听，世上竟有如此狂妄之徒。气愤之余，连"报上名来，刀下不斩无名之徒"之类客套也忘记说了，只一句"看招"，"七侠"便一拥而上。哪知四招过后，那"黑衣人"一出手，便弄得他们手忙脚乱，顾此失彼，不到百手，便败下阵来。

"七侠"输得心服口服，连问英雄姓名，出身何门？

"英雄"这才慢慢道来，鄙人姓易，容易之"易"，名向凡，平凡之"凡"，长沙人氏，本不解棋道，在长铁一中念初中时，正值"文革"，大家轰轰烈烈罢工停课闹革命，革命之余，却也有了大把闲暇时间。何以消日，唯有下棋，然后趁机学会了围棋。陶醉在黑白无间道里，虽无名师，功力却也日益精进。1974年，参加长沙市职工围棋比武大会，跻身八强。现在攻读哲学，那棋，虽为"形下之器"，却也通于"形上之道"，有形而无形，无极而太极……今日以棋会友，不为胜负，冀同道中人，齐心合力，扬湘大之校威，开围棋之新风也。

众人听了，大为叹服。齐声赞曰：英雄易七公是也。

从此，易公专事授业，跟人下让子指导棋。环顾校园，难觅对手，独孤求败，有时手痒，便去市里过过棋瘾。1982年，曾在湘潭市围棋比武大会中，独占鳌头，为"湘大门"扬名立万。

大学毕业，易公回到长沙，由江湖入庙堂，进了湖南省委政策研究室，后来又调到省科技厅，做了17年的处座。2010年57岁时升为副巡视员，成了"易厅"。宦海之余，有时也忙里偷闲，"不务正业"，在黑白世界过一把棋瘾。1989年，他参加长沙市最强棋士战，获4段组冠军，挑战5段组冠军杨云杰，以2比1挑战成功，圆了冠军梦。1991年，又获长沙"金鸟杯"围棋赛冠军。他还曾几次参加湖南省"九星杯"围棋赛，屈居次席。2014年退休，有了"自由"之身，他又重新回归江湖，曾获全国红色城市围棋赛和湖南省首届名人围棋赛厅干组冠军。他还组织湖南名人围棋帮，自任帮主，帮里有儒商、教授、公仆、关长、律师、乐师等等，都是社会名流、五品高手，枪挑各路英豪，一时风光无限。这正所谓：廉颇不老，最美夕阳红，老当益壮，再谱新篇章。

二

1983年，易帮主毕业离校，另一个在湘大围棋史上具有开拓之功的人——罗约克，大学毕业来到了湘大。

且说那罗少年，1878年，16岁进中国科技大学化学系。那里藏龙卧虎，像宁铂之类的神童，也是围棋高手。罗少年就此入道，1983年来到湘大，俨然已是高手。

这个时候的湘大围棋，虽然在老师和学生中不乏爱好者，也有一些好手，像学生中机械系83级的罗益民，教师中化工系的徐州益、子弟学校的老师超春辉，还有来自台湾的王廉伯教授，据说曾是台湾的职业棋手。但基本处于"无政府"状态。随着交流增多，1984年，教工围棋协会成立，在那棋界江湖，开宗立派，算是有了正式的湘大一门。

湘大门的"掌门"由罗约克担任，徐州益任秘书长，来自台湾的王廉伯教授任总教头。

这"湘大门"一立起来，便有隔壁的江麓机械厂上门挑战。有观战者描写当年的战况：

> 罗约克是湘大老师中第一，学生第一是卢益民。我记得湘伟的大哥湘军带着江麓厂队来湘大厮杀，湘军和罗约克单挑，结果罗老师被军哥一招挑下马来。
>
> 当时他们杀得那个哟，搞得我们在边上看得大气都不敢出……

这大约是罗掌门江湖生涯的一次重大的"滑铁卢"，前些时与罗掌门做访谈，他历数其生涯大大小小的"决斗"与"战果"，却未听他说起这事关"湘大门"荣誉的生涯一战。

1988年，海风劲吹，罗掌门辞去教职，闯荡海南。在那片曾经的荒岛上，在比武大会中一览众山小，就此像那桃花岛主黄药师，成了罗岛主。

后来，罗岛主不甘寂寞，又转战武汉、苏州、长沙，在商海中打下一片天地，最终在长沙扎根，做房地产，筑依星苑、树奥克，建观园，成为"大观园主"。他一边纵横商海，一边围棋一局。时不时邀棋友去罗公馆一聚，无意间便成了名人帮的副帮主。参加炎黄杯世界围棋华人名人围棋邀请赛，曾拿下炎帝组（企业家组）冠军，我们便纷纷祝贺，恭祝副帮主荣获"世界冠军"。参加深（深圳）、川（四川）、湘（湖南）企业家擂台赛，作为擂主，横刀立马，唯我罗大将军；他还赞助各种比赛，如江湖杀猪大会之类……

那天，名人队来湘大交流，为了做《围棋与湘潭》，还有《口述史：我的围棋往事》，我跟罗掌门做一访谈，听他海阔天空，在职场的打拼，本来就有很多故事，一谈到围棋，更是眉飞色舞。想当年，金戈铁马……

罗掌门曾经在朋友微信圈里发《职场30年有感》：

> 海南闯荡多艰辛，步步登高凭坚韧。
> 薪涨职升丰阅历，围棋桥牌省冠军。
> 转身长沙房地产，自嘲落叶当归根。
> 风云变换十一载，苛求智慧悟人生！

他说，过程复杂，跌宕起伏；道路曲折，不乏甜酸辣苦。而如今，年跨知天命，淡看江湖争，意求超自我，心重亲友情。这人生之"悟"中，大约便包含了一份围棋之"智"与"慧"。2017年，罗掌门退出职场，开始一心一意享受围棋之乐。有一年，我们一起去新加坡参加炎黄杯，他请我们湖南的一帮棋友吃饭，说去吃湘菜。我说，来到新加坡，为什么不品尝一下当地的美食呢。他说吃不惯，已经好几天没吃过饱饭了。想起曾听他说起，本来有一段时间已经定居那"加什么大"的番邦，去了又回来了。在苏州办厂，本来挺顺的，结果还是回到了长沙，问何故？答：主要是吃不惯。他说，人生其实非常简单，一盘辣椒炒肉，三五棋友，酒半盏，棋一局，就够了。

顺便说一句，罗岛主的公子在番邦学艺，也善棋，跟那蓉妹妹一般精灵古怪，下棋时，一边嘴上念念有词，不妙不妙，坏了坏了，一边出手如电，招招见血……哈哈！

三

八十年代中后期，中日围棋擂台赛战火弥漫，东风吹，战鼓擂，前几届擂台赛的胜利，引发一股全国性的围棋热潮。那时，也是湘大学生围棋活动的一个黄金时期。当年的一张照片，几个学生在宿舍走廊下棋、观棋的场景，从中可以想见当年围棋的盛况。

1987年，一位预考时位居全县文科榜首，高考时却遭遇"滑铁卢"的学生，被录取到连志愿也未填的湘潭大学。他说，在湘大北山那片荒凉的"黄土高坡"上，他不紧不慢、不喜不忧、不冷不热地读着"我的大学"，直到有一天，遇到了围棋。那是1987年冬，一次偶然的机会，住在隔壁寝室的两位学长，正在饶有兴致地对弈，这让他"一见钟情"，马上由"初恋"到"热恋"，从此大学生活像打了鸡血一样，重新焕发了激情和光彩。

可是，热情有余，功力不足，连战连败。为了尽快提高技艺，他到处搜罗武功秘籍，什么《定式大全》《布局大全》《手筋大全》《死活大全》，以及《吴清源名局精解》《坂田荣男名局细解》《小林光一名局详解》，还有"美学大师"大竹英雄、"天煞星"加藤正夫、"宇宙流"武宫正树的著作，等等，每本都研读了两三遍以上，棋力随之水涨船高，成了系里棋坛的佼佼者。到大学毕业时，箧中棋书竟有两米多高。

他后来在一篇题为《思维的力量》的文章中回忆：

> 大学的围棋时光，令人难忘。担任班长以及校（系）学生会宣传部（股）长之后，乘着擂台赛连胜余威，我与其他同学一道，把围棋爱好者召集起来，煞有介事地开展校园围棋相关活动。在完成正常学业的基础上，或组织死活题型问答，或组织学棋讲棋互动，或组织班系对

抗交流，徜徉在充满辩证思维和传统智慧的黑白世界里，找寻着所谓的真理以及些许的满足。在临近毕业的时候，我深有感触地写下一首诗，以此纪念大学四年快乐的围棋时光。其中两段是：秋天里来了/却从夏天里走/来时秋菊含苞/枫叶未红/走时龙舟竞渡/千里江风……曾记否/纹枰论道/赛场争雄/好歹也鏖斗了几个白昼/"燕山夜话"又已开头/那山那人那狗……

毕业后，他分到湘潭税务系统，又幸运地在单身宿舍遇到了几个湘大和其它学校毕业的棋友。后来，他在事业上蒸蒸日上，成了湘潭市地税局的领导，而围棋也伴随了他的一生，围棋也成了湘潭税务系统文化活动的一张名片。

他叫陈湘涛，棋友平时叫他陈局，与湘潭国税局的宾头（宾洪君副局长）一起，成了湘潭税务系统围棋的"双子星座"。

也是在1986年，一位名叫肖军的学生走进了湘大，后来成了学生中的诗人、围棋冠军，围棋协会的会长，他在看了我写湘大的一篇文章后留言：

> 好感人，勾起了许多温暖的回忆。我90年从湘大毕业，也近三十年了。当年湘大正是围棋热、诗歌热，社团活动非常活跃。我是88、89年两届校围棋冠军，也是校围棋协会的学生主席。我们组织了校围棋队赴长沙，举办了和几支长沙市甲级队的队际交流。记得一个是长沙市肉联厂队，一个是国防科大队，我校棋队都取得了不俗的成绩。我们曾邀请过易和平、易向凡、傅冰等省城名手来校指导交流比赛。您文中提到的旋梯诗社也一直在延续传承，在我们那届，前任社长是中文系的黎锦华，当任社长是郑长天（现湘大中文系任教），我当年是郑长天的副手，编辑过一期旋梯诗刊。当年诗社活动也挺多的，我记忆中曾到长沙去探望过您文中提到的彭燕郊老师。他是大家，当时有"北艾青南燕郊"之说，但我一直不知道是否是湘大文人自封的。

负责任地说，彭燕郊老师的诗，是实至名归。

而对一所大学、一个学子而言，有名师，有诗，有棋，真好！

还有90年代在湘大图书情报系就读的欧阳遏舟，人称"欧把子"，据说是因为喜欢给人装"刀把五"之类的套子。也可能是"欧耙子"，棋黏黏糊糊的，看起来滞重无奇，却韧性极强，常常后来居上。毕业后不务"正业"，做起了围棋培训教育，兼围棋裁判，还在棋类协会负责围棋事务，张罗各种赛事、活动，湘大学生围棋，也就在湘潭市开枝散叶，筑起一道道风景。

四

在湘大，有一段时间，提起围棋，人们首先就会想到物理系的唐翌教授。

1990年，在南京大学物理系读研的唐翌，毕业后在深圳闯荡了半年，然后来到了湘大。

1986年，在南大就读的唐翌本科毕业，选择了继续在南大读研。也就是在研究生期间，他学会了下棋。据说，在学棋的那段时间，他的棋艺进步神速，很快成了南大物理系"四大金刚"之外的"第五金刚"，后来又成了南京大学学生围棋协会的会长。他说，那时，南大物理系的围棋，就代表了南大的围棋。

刚到湘大，唐翌就获得了湘潭大学教工围棋赛的冠军。他还作为主将参加了湘大教工与学生围棋的擂台赛。据说学生队将主将放在先锋的位置上，一鼓作气，打到教工主将的账下。面对有可能被一杆清台的险境，唐翌潜心准备了半个月。那盘主将对先锋之战，从下午2点下到晚上7点，终于将来势汹汹的对手击退，之后又再胜四盘。虽然最终教工队败北，还是为老师们挣回了一些面子。

那段时间，据唐大侠说，他跟湘潭市的一流高手刘前斌、腾军等对战，开始竟也连战连捷。虽然最后后劲不足，显出差距，但毕竟曾经风光过。

2007年，我来到湘潭大学。何云老当年因为一篇写围棋的博士论文

《围棋与中国文艺精神》，虽然拿的是比较文学学位，却被冠以中国第一个"围棋博士"。于是，我所在的文学与新闻学院，与唐教授所在的物理与光电工程学院，开始了一年一届的"文物杯"（文新院与物理院）双边交流，交流既有围棋，也有象棋，还有桥牌、扑克牌等，以记总分的方式决定优胜方。我跟唐教授作为各自的围棋主将，从此开始了棋里棋外的交往。

为编《围棋与湘潭》，曾经想单独为唐教授"立传"，题目都想好了：《人生自是有棋痴》，后来见湘潭棋院唐述平院长写《湘潭棋友趣闻录》，第一个就是唐教授：

教授对局时态度非常认真，记谱复盘，探讨得失，胜则神采飞扬，像个孩子似的眉飞色舞，输了就闷声不乐，我劝他不必太在意，他可能认为我们对围棋不够执着。

一次他与人对局，对手中盘死了大龙，推杆认负，并随口说了句如果大龙不死应该是细棋，他不乐意了，觉得一定是大胜！而且颇为孩子气地坚持一个人收完单官数子，居然以250个子大胜，然后兴奋地大叫：我是二百五，我真的是二百五！满棋室笑喷！

又一次比赛，他对上一个业6，一个漏算大龙愤死，大好的局面被对手捡漏，可能他觉得虽败犹荣，见人就说这盘棋，宛如祥林嫂，那天我刚到棋室，见他又把这盘棋摆了出来，摆到大龙被屠处，招呼棋友们过去看："大家快来看，看我是怎么死的"！

唐教授就是这么可爱。身为湘大的二级教授，还曾担任物理院的副院长，本来在专业领域大有可为。后来，他却将许多精力投到棋上。作为湘大教工围棋协会会长，湘大教工围棋队的"主将"，他有极强的荣誉感，立志要潜心钻研，成为湘潭围棋高手，为棋队争光。之前他不断拜师，AI出现后，恨不得将AI的招数全部变成棋盘上的胜率。他将胜负看得极重，有一次，湘大与中南交流，我说，可以多去几个湘大的老师，他却坚持只去几个主力，再加两个湘大校友作外援。我说：不就是大家交流一下，权当训练嘛！他说，这是比赛，还是要郑重对待。无论什么比赛，唐教授赢了兴高采烈，输了，就会连连叹气：本来大优的棋……唉！我只好安慰，你把棋看得太重了，如果看淡一点，平常心反而容易发挥水平。他唯唯，但下次依然如故。

湘潭有个棋友聚集之地：闲云阁。为了长棋，唐教授成了那里的常客，来者不拒，与棋迷大众打成一片，其乐融融。并且为了有比赛气氛，每盘必带小彩，以示郑重。每年市里、省里的比赛，他也积极参与。湖南冒出个杀猪大会，后风靡江湖，大家"杀"得不亦乐乎。唐教授每届必到。"杀猪"分品，从一品到九品，一品最高，按品决定对局的棋份（贴子数）。有一次，教授本来被认定为"从6品"，他认为有低估其棋力之嫌，坚决要求升为"正6品"，哪怕这样一来，成为被杀之"猪"的可能性更大，他也宁折不屈，"猪"可杀不可辱，哈哈！

五

1988年，在中日围棋擂台赛的鼓舞之下，我学会了围棋。

那年，何云老已经是25岁的高龄。

作为看起来温柔其实好胜之人，也曾一度苦练功夫，立志在江湖扬名立万。奈何入道太晚，打败了老龚、罗弟子之流，又有谢哥、邱佬之属，好不容易超越了，成了5品棋士，又有易帮主、罗岛主、欧把子、唐门之类的"侠客"挡道（第一次挑战易帮主，眼看就要大功告成，可一招不慎，被他翻盘，从此再交手，气势上便落了下风）。想想，即使打败了他们，也成不了湘潭的顶尖高手，何况湖南，何况中国……一山总比一山高，何时是个头？

得，咱们改弦更张，"手谈"不行改"口谈"，君子动口不动手，从此潜心研究各门各派的路数、招式。那三十二般武艺：

> 有冲，有斡，有绰，有约，有飞，有关，有割，有粘，有顶，有尖，有觑，有门，有打，有断，有行，有立，有捺，有点，有聚，有

跷，有夹，有捞，有辟，有刺，有勒，有扑，有征，有劫，有持，有杀，有松，有盘……

还有各家路数的套路来历，比如那什么"双飞燕""金井栏""大压梁"始于何时？有多少变招？各派武功分分合合，有何渊源、如何演变，体现了什么样的思想理念，还有那番邦的武功如何……如此等等，集成围棋思想史、文化史、世界通史之类，还编各种"围棋宝典"，图文并茂，俨然武林秘籍之《道德经》《金刚经》一般，巍巍乎，森森然，玄之又玄，众妙之门。

从此，何云老独创一门，顶着"围棋博士"的头衔，行走江湖，据说因此成了"名人""大腕儿"，门下弟子众多。他们在"何门"学艺，最重内功修为，要出师门，须呈上研究报告，什么围棋之"气"、"虚实相生"，苏东坡"胜固欣然败亦可喜"，金大侠武侠与围棋，还有番邦之围棋等等之类。如有江湖中人上门挑战，遣门下弟子出马，为了不伤及无辜，只"口谈"比招式，不用内力。结果，对手一出招，这"倚盖"何人首创，有多少变招，那"相思断"何时可用，有何后续等等，一一道来，顿时"吓得人一滚"，让对手知难而退，从此，何门高枕无忧，独孤求败，妙哉妙哉！

"湘大门"也从此成为江湖的一个传说。

那官家，看这厢围棋弄得热闹，恩准成立校级"围棋文化研究中心"，中国围棋协会也批准挂牌"全国围棋师资培训试点单位"。从此江湖好汉云集，羊牯塘论道，这正所谓：

黑白无间道，原野正苍苍，来的都是客，铜壶煮湘江。

不服的，欢迎上门，以棋会友，咱们比划比划，哈哈！

（原载何云波《南山南北山北》，湘潭大学出版社，2022年版）

第九节　在黑白世界与你相遇
——《何云波围棋文集》自序

何云波

经常觉得，这辈子最幸运的一件事，就是邂逅了一样被称为黑白、木野狐、手谈、坐隐、忘忧的东西：围棋。并且，25岁才开始的初恋，那份惊喜、心悸、颤动、珍爱，如切如磋，如醉如魔，真的让人难以忘怀。

走进黑白世界，便仿佛打开了生活的一片新天地。棋行天下，棋人、棋事、棋缘、棋趣、棋思、棋悟，人生多了许多的体验与色彩。

曾经，一个人背着行囊，开始属于自己的棋文化之旅。后来，因为各种机缘，也去过很多地方。从杭州西湖，浙江绍兴、天台、衢州，到江苏南京、扬州，河南开封、洛阳，山西陵川棋子山，四川成都、眉山、自贡，西安华清池、华山，再沿丝绸之路一路西行，嘉峪关、敦煌、乌鲁木齐……每一处地方，就会有围棋的踪影。就像来到秦淮河边，你就会在王谢古居流连，想象当年谢安弈棋退敌的风范；在西湖，在钱塘江边，你会想起周懒予大战群雄，刘仲甫奉饶天下棋先；在古城开封，你会想去寻找《忘忧清乐集》中记载的北宋国手们的下棋之地：金明池、上清宫、长生宫、万寿观、南婆台寺……这些宫苑、寺院、道观，便包含了北宋汴京的一份围棋记忆。在成都杜甫草堂，"老妻画纸为棋局"。在古城西安，"长安别是一家棋"。直到你来到乌鲁木齐，在博物馆里，在那幅著名的《仕女弈棋图》前，陷入深深的沉思……围棋地理，发现之旅。文化就在一山一水、一楼一阁、一个人闲敲棋子的背影中。文化有赖阅读，也是需要体验的。

曾经去西藏雪域高原，跟下藏棋的孩子在一起。问他们为什么要下棋，他们说高兴、开心、快乐，可以增长智慧，陶冶情操，打发时间。曾经，走进监狱。高墙里的围棋，在艰难中生长，在负罪的心灵中，灿烂出一地的阳光。当我第二次来到黑龙江呼兰监狱，监狱"火凤凰"围棋社的一位服刑人员说，上一次，聂棋圣和何老师来到监狱，给了他们莫大的鼓舞，同时也使他们有了上进的动力。因为他们知道，如果不好好改造，下一次就可能会失去见何老师的机会。听了这话，我很感动。原来，围棋真的可以影响人、触动人的心灵啊。而我自己，也更多了一份围棋带来的使命感。

行行复行行。人说围棋可以让人得好友、得人和、得天寿、得教训、得心悟。走过很多地方，结识许多棋友，常常是相见恨晚，一见如故。在黑白世界里与你相遇，真的是人生一大快乐啊！

他们有的已经到了另外一个世界，就像中国棋院曾经的院长陈祖德老师，就像中南大学的武坤教授。跟他们交往的情景还历历在目，突然就天人相隔了。蓬莱多一棋仙，天堂里有棋，他们应该就不会寂寞了。

更多的，还是在这世上快乐地、自在地、辛苦地、有滋有味地活着。有的虽历尽劫难，但生命更显蓬勃顽强；有的人生可能有过不如意，但背一张棋盘走天涯，最终也无风雨也无晴。当然，更多的，是平淡地活着，有棋下就好。

不仅是现实世界，围棋还可以让你在虚拟的世界里玩得不亦乐乎。曾经在一个叫灯笼居的围棋论坛里，一边跟棋友下棋，一边说说围棋的那些事儿。江湖人称洪哥的洪洲兄做媒，在那里结识了妞妞、浪子一歌、天雨、冰凉、呆若木鸡、二十四郎等一大帮棋友。我用"黑白仙子"的名号，假扮仙女，写了不少嬉笑怒骂、幽默风趣的棋文，后来被收进我的散文集《棋行天下》中。心里暗自得意，自己原来还有这一手啊。"黑白仙子"和"何云老"，两种文字，两种人生，共同的围棋，不同的体验。灯笼居现在尽管已经烟消云散，但雁过有痕，回忆起来，还是恋恋难舍。而洪哥，老两口，加起来已经过了160岁，还在哼一支快乐歌儿，仗棋走天涯。看他们自驾出游，不断地在微信上发北漂记，南行记，西游记，探索黑白天地界，游来戏去四海家，真好！

而我自己，或坐卧，或行游，一边下棋，一边做围棋文化研究，写点与棋文化有关的文字，不小心就混成了"围棋博士"，写了十多本有关围棋文化的书。写《围棋与中国文化》，还不到不惑之年。撰博士论文《围棋与中国文艺精神》，在成都府南河边，留下与博士同学喝茶下棋口谈的许多记忆。散文随笔集《棋行天下》《黑白之旅》是围棋之行与思的记录。《围棋文化演讲录》是去学校、棋院、政府、企业、各种围棋论坛交流的成果。《图说中国围棋史》《棋经弈趣》力图去追踪围棋发展的来龙去脉。《围棋与东方管理智慧》与正大集团副董事长蔡绪锋先生合作，共论围棋智慧与管理之道。《中国围棋思想史》《中国历代围棋棋论选》是国家社科基金项目《中国围棋思想史研究》的成果。《中国围棋文化史》则是《围棋与中国文化》的修订本。能作为围棋研究之代表性著作，被武汉大学出版社收入《专门史文库》，也是一种荣幸。而不少散文、随笔、论文，首发于《围棋天地》《新民围棋》《围棋报》《围棋周报》《中国比较文学》《汉语言文学研究》《中国文学研究》《体育文化导刊》《体育学刊》等报刊。谢谢这些出版机构、报刊的编辑们对我围棋研究活动的支持。他们有的是棋界中人，有的并不懂棋，但共同的是对围棋文化的那份热忱。感谢他们，也感谢所有垂青、关心我的亲友、棋友、读者。是你们的支持，才有我的今天。

感谢中国围棋协会主席林建超将军为文集作序。林将军致力于围棋文化的推广，其对围棋文化研究的那份殷殷之情、切切之心，让人感佩。特别要感谢青岛出版社对我的眷顾。人生中充满了许多的机缘，与青岛出版集团的结缘也是这样。我与他们素昧平生，却因为偶然的机缘，一见如故。青岛出版社这几年在围棋出版中异军突起，成绩斐然。他们不仅致力于围棋的普及推广，也特别重视围棋文化的提升。在这样的背景下，才有了出版我个人围棋文集的动议。我把这看作不仅是对我个人的肯定、鼓励，更是出自对中华文化、对围棋的热忱。无以为谢，唯有更加努力。

这套文集为作者的围棋文化散文、随笔、论文专集。共四卷。内容包括已经出版的《棋行天下》《黑白之旅》及未结集出版过的《观棋者语》《黑白有道》，作了重新编排。第一卷《棋声流水》为作者的围棋文化游记及网游之文。陆游有诗云"诗思长桥蹇驴上，棋声流水古松间"，松下听棋，自有棋之乐，山水之乐。第二卷《竹林品弈》分四个部分。"天圆地方"为围棋文化电视片解说词；"诗路棋迹"为围棋诗词赏析；"爱棋者说"为作者围棋文化著作之前言后记。"游戏者说"为读棋书心得。白居易《池上》诗云："山僧对棋坐，局上竹阴清。映竹无人见，时闻下子声"，竹林围棋，自有风景，供你细细品味。第三卷《观棋者语》为棋人棋事、棋道感悟之文及专题对话、访谈。观棋而能如苏东坡，"胜固欣然，败亦可喜"，便庶几可以悟道了。第四卷《黑白有道》从文学史、思想史、文化史的多个视角讨论围棋，挖掘围棋的多重内涵和深厚底蕴。"黑白谁能用入玄，千回生死体方圆"（张允《咏棋子赠弈僧》），一阴一阳之谓道，玄之又玄，众妙之门，拈花微笑，会心处，自有妙谛。

松下听棋，竹林品弈，山中观棋，纹枰悟道……在这听、品、观、悟之间，自有人生无尽的妙味。文集也就成了我与围棋结缘与心悟的点点记录。翻检过去的旧文，发现写得最早的跟围棋有关的文字《围棋：菊花与刀》，竟还是在1988年。那时刚学会围棋，充满了八十年代独有的批判、反思的激情。而1998年，第一次在《围棋报》上发文《围棋的定位》，之后便一发而不可收。之后又在《围棋天地》开专栏，之后把围棋文化研究纳入到学术殿堂……文集便成了我的围棋之"思"与"行"的"记录"与"记忆"。那是我的"过去"，我也把它看作是一个新的起点。如今一边做围棋文化研究，一边还投身围棋教育，不仅在高校开围棋文化选修课，还念兹在兹大学围棋的专业教育。因为我

《何云波围棋文集》封套

知道，围棋只有真正地进入教育体制，才能获得长久的发展动力。

自从走进黑白世界，寻寻觅觅，遇散离合，棋缘人缘，心心念念。对我而言，围棋本来不过是一个业余爱好，无心插柳，现在却越来越像是成了一种事业。就像当年的初恋，如今仿佛要"婚"了也。这不知是否该值得庆幸。喜也罢，忧也罢，相遇了，就是一种宿命。

开窗见山色，闭门有棋声，真的是一件非常快乐的事情。

(《何云波围棋文集》四卷，青岛出版社，2018年版)

第十节　湘潭：弘扬围棋文化 打造"围棋名城"

成青

近日，在中国围棋协会组织的《围棋与名城》编写工作会议上，湘潭成为入选的77个城市之一，成为丛书的第一批编写城市。"围棋在湘潭，有深厚的名人渊源，有广泛的群众基础，也有一系列围棋研究成果，当仁不让地入选。"被誉为"围棋博士"、担任丛书顾问的湘潭大学文学与新闻学院教授何云波说。

棋者，弈也。下棋者，艺也。古人所说博弈，弈便指围棋。围棋是中华文化的优秀产物，有悠久的历史起源。作为传统文化琴、棋、书、画四艺之一，棋弈已不光是运用在竞技场上的兵法之道，其中蕴含的人生哲理，是中华民族几千年智慧的结晶，围棋文化与中国思维紧密相通，成为了一种典型的文化现象。而在湘潭，围棋爱好者不断增加，围棋进入百姓生活，已由竞技转换为一种生活，甚至形成一股浓厚的围棋文化氛围。

一、渊源：围棋与湘潭历史名人的关联

湘潭历史上，有不少军事家喜欢下棋。何云波介绍，晚清湘军统帅曾国藩自读书时学会围棋，就一发不可收，嗜棋如命。在曾国藩的日记里，提及的棋局细数下来有1300多局。他的棋友中有王公贵族、亲朋好友、官员大夫等。曾国藩不仅用下围棋排忧解难，还钟情于将围棋理论运用于战争，他曾命人"以棋子摆阵势"进行实战研究。据说，他的兵法和谋略多从围棋中悟出。

一代领袖毛泽东也爱好下棋。在《毛泽东选集》中，有多处拿围棋讲

军事的例子。在韶山毛泽东同志纪念馆里，陈列的一副围棋说明毛泽东与围棋有着不解之缘。毛泽东善于将围棋理念运用到军事政治上，如占角抢边、宜将剩勇追穷寇等，都能从围棋中找到依据。围棋的水平高低，以段位的高低相称，有人称毛泽东善于借鉴历史，从围棋中所借鉴的兵法可以推断出他的水平应达到十段。当然，这是无从考证的推测，而湘潭的围棋文化，却在历史渊源和名人影响中悄无声息地形成。

二、发展：围棋作为群众文艺活动一度火热

湘潭围棋作为群众活动开展，是在20世纪70年代。当时，湘潭首次举行围棋比赛，吴首元获得冠军。自此，湘潭不定期举行围棋比赛。1981年，湘潭人张建国进入省队，参加全国围棋团体赛，这是湘潭旗手首次在全国亮相。次年，湖南省第六届运动会围棋比赛在湘潭市工人文化宫举行。

随着20世纪80年代聂卫平（中国著名围棋职业运动员）在中国围棋擂台赛中取得十一连胜，国人的围棋热情被进一步激发，湘潭的围棋热也悄然成风。全国首届教师围棋赛冠军、湘潭棋院总教练欧阳遏舟说："一群热衷于围棋的爱好者推动湘潭围棋文化发展。1988年，湘潭棋类协会成立，全市第一次举行青年棋牌大赛，参赛选手多达600多人。"据他介绍，从20世纪80年代初至90年代末，市工人文化宫里，棋迷满座。高手对决时，观众里三层外三层，将活动现场围得水泄不通。

历史的车轮滚滚向前，城市的变迁日新月异，如今工人文化宫不复存在，但在雨湖区白石·古莲城小区附近的一家茶楼，我们看到一如往年的围棋火热景象。

从外表看，它和普通茶楼没有区别。进去之后，我们发现这里别有洞天，每张桌子前，一对对举着棋子运筹帷幄的棋友正在"筹划大局"，四周围满了观战的棋迷。"围棋是我们的国粹，我特别喜欢，有时也会将围棋的思维理念运用到工作中去。"围观的棋迷张波一有闲暇时间，便来这里下棋、看棋。而这家茶楼的老板张洋，更是一名十足的围棋爱好者。每天，众多围棋爱好者聚集在此，娱乐养性、讨论棋道，茶楼几乎每天都满座。

"每年,茶楼会不定期举办一些围棋赛事,棋迷都会积极参加。"对茶楼浓厚的围棋氛围,张洋很满足。

三、转变:从重竞技转向重文化

为推动湘潭围棋氛围的发展和围棋文化的形成,在少年儿童中培养和发展接班人成为了一批围棋人的事业,把孩子送去学习围棋也成为了很多家长的假期选择。

在雨湖区建设北路的一个深巷里,湘潭棋院作为一家主要培养青少年围棋的培训机构,已经被不少家长和学生熟知。这所2003年成立的围棋学校本部有800多名学生。"中间一子四口气,边上一子三口气……"刚满6岁的黄文玺一边念念有词,背着老师教的口诀,一边思索如何摆放棋子。他的母亲戴女士说:"因为得知湘潭的围棋培训很专业,我们特地从长沙过来学习。围棋能培养孩子的发散性思维以及全局思维,对他今后的学习方式和处理问题各方面有好处。"

湘潭棋院的创始人唐述平说,"随着很多家长开始重视对孩子思维能力的培训和性格修养的形成,学习围棋被越来越多的家长接受和认可。同时,很多家长送孩子学习的目的也不是为了围棋竞技,而更多的是学习中国传统文化,课堂上除了教授围棋技巧的运用,还会有文化、礼仪故事等有趣的知识。"

据不完全统计,湘潭拥有大大小小的围棋培训班近20家,培养了青少年爱好者数万人,其中不乏高段位学员以及职业棋手。

四、趋势:推动湘潭"围棋名城"建设

如今,湘潭成为入选《围棋与名城》丛书编写的77个城市之一。"丛书将从历史、文化、人物、现实发展等方面进行深挖,为推动围棋文化全面发展做好基础工作,将围棋文化发扬出去。"何云波说,《围棋与湘潭》的编写对推动湘潭围棋文化的发展有着重要意义。

从传统文化的角度,以学术研究的形式探讨围棋,也将推动围棋文化

研究。何云波著有《围棋与中国文化》《中国历代围棋棋论选》等十余部围棋相关著作,对围棋文化颇有研究,并曾与精通围棋的金庸先生同台论道"围棋与中国文化"。2003年,何云波的博士论文《围棋与中国文艺精神》,成为国内第一本关于围棋的博士论文,他由此被称为"围棋博士"。

"丛书的编写,既从人文角度,追溯湘潭文化渊源,讲好城市围棋故事,又符合国家大力发扬传统文化的时代背景,同时让围棋参与到经济、文化建设中来,使之发展成为一门产业,为城市建设发挥作用。"何云波说,这套丛书的编写为启动"围棋名城"建设打牢基础,相信不久的将来,围棋文化将成为湘潭市又一张响当当的城市文化名片。

(原载《湘潭日报》2019年7月29日)

附录：

当代湘潭围棋大事记

1959年，湘潭市首次举行围棋比赛，郭小石获个人冠军。

1962年，郭小石等棋手代表湘潭地区首次参加湖南省围棋比赛。

1971年，湘潭市十一中成为棋迷集中手谈的场所。

1975年，湘潭市围棋比赛在市工人文化宫举行，吴首念获个人冠军。

1976年，湘潭市围棋比赛在湘潭师范专科学校举行，黄稻元获冠军。

1977年，湘潭市围棋比赛在市工人文化宫举行，吴首元获冠军。

1978年，湘潭市围棋比赛在市工人文化宫举行，戴连其获冠军。

1979年，湘潭市围棋比赛在市工人文化宫举行，黄淮青获冠军。

1980年，张建国、黄淮青、黄稻元代表湘潭地区参加湖南省围棋比赛获团体亚军，张建国获个人第三名。

1981年，张建国代表湖南省围棋队赴洛阳参加全国围棋团体赛。

1982年，湘潭市围棋比赛在市工人文化宫举行，湘潭大学本科生易向凡获冠军。

1982年6月20至30日，湖南省围棋比赛在湘潭县韶山区银田镇举行。

1983年11月20至28日，湖南省围棋比赛在湘乡县举行，周建萍获女子亚军。

1984年11月20至28日，湖南省围棋比赛在湘潭市举行，湘潭地区代表队分获男女团体第三名，夏萍获女子季军。

1985年11月2至12日，湖南省围棋比赛在娄底市举行，湘潭市获女子团体季军。

1986年，湖南省第六届运动会围棋比赛在湘潭市工人文化宫举行。

1988年，湘潭市棋类协会在工人文化宫成立，范多富任主席，张铁平任秘书长。

1988年至1991年，湘潭市教育局连续四年组织湘潭市中学生围棋比赛。

1988年，湘潭市青年棋牌大奖赛在江麓机械厂俱乐部举行，文建宏、刘前斌、彭勇高获围棋比赛个人前三名。

1989年，湘潭市围棋比赛在工人文化宫举行，文建宏、卢益明、宾锋伟获个人前三名。

1990年，湖南省围棋比赛在怀化市举行，湘潭队获女子团体亚军，赵卫红获女子第二名。

1991年，湘潭市围棋比赛在工人文化宫举行，文建宏和曾慧勇并列冠军。

1991年，刘前斌获湖南省第六届九星杯围棋比赛个人季军。

1992年，王新宛获黄河杯全国业余围棋比赛季军，成为湖南省第一个获得业余6段的棋手。

1992年，由文建宏、刘前斌、滕军组成的湘潭队参加了在怀化市举行的全国千人百团大战围棋比赛，获团体第三名。

1992年，欧阳大伟、欧阳遇舟在风车坪巷开设少儿围棋培训班。

1993年8月，纪念毛泽东同志诞生100周年全国业余棋类大赛在韶山市省委党校举行，这是第一次在湘潭举行全国围棋赛事，由边舒威、朱岳汉、张立人组成的湘潭队获老年围棋比赛团体冠军。

1994年和1995年，王新宛连续两年获得湖南省九星杯围棋比赛个人冠军。

1997年，湘潭市围棋比赛在聊斋茶楼举行，胡晓春、曾慧勇、周粤洪分获个人前三名。

1999年，彭勇在湘潭体育馆成立湘潭市围棋俱乐部，并举行了湘潭市围棋精英赛、段位赛，同年在红叶宾馆举行了棋协换届选举大会，李厥崇被推选为主席，林丹等任副主席。

1999年，刘前斌获福建省围棋比赛个人冠军。

2000年，湘潭市八运会围棋比赛在体育中心举行，刘前斌获个人冠军，由刘前斌、胡晓春、周粤洪组成的雨湖区队获团体冠军。

2000年8月，欧阳遏舟赴西安参加全国第三届育苗杯围棋赛获得园丁组冠军。

2000年，刘前斌获得湖南省九星杯围棋比赛个人冠军。

2000年5月，湘潭市首届中小学生棋类锦标赛在青少年宫举行。

2002年上半年，欧阳遏舟赴广东考察学习围棋教育，回来后，率领市内一大批棋手开展围棋教学活动，唐述平创立湘潭业余围棋学校，围棋教育在我市蓬勃发展。

2003年，湖南省中小学生棋类夏令营在湘潭烟草中等专科学校举行。

2003年，湘潭市棋类协会在江麓机械厂宾馆举行换届选举大会，董仲明被推选为主席，张振德任秘书长。

2003年12月，何云波博士论文《围棋与中国文艺精神》通过答辩，成为中国第一篇研究围棋的博士论文。

2004年1月，湖南围棋精英赛在郑跃军主持的湘潭清风围棋道场举行。

2004年7月，湘潭市九运会围棋比赛在农博园举行，郑跃军获个人冠军。

2007年，湖南省老年运动会围棋比赛在龙腾宾馆举行。

2007年1月，何云波获湖南省体育局颁发的围棋文化成就奖。

2007年8月，何云波随中国围棋代表团访问蒙古。

2008年，湘潭市第十届运动会围棋比赛在岳塘区行政中心举行，刘前斌、罗湘锋、欧阳遏舟分获男子区市县组、企业组、机关组个人冠军，罗小玲、焦婕分获女子区市县组、机关组个人冠军。

2008年元月，湘潭棋院成立，唐述平任院长，欧阳遏舟任副院长。

2008年第12期，《新闻天地》刊载湖湘文化人物心路历程之《何云波的黑白人生》。

2009年，湘潭市围棋锦标赛在湘潭棋院举行，杨志良、郑跃军、宾锋伟分获个人前三名。

2010年6月，第三届海峡两岸围棋比赛在湘潭市盘龙山庄大酒店举行，这是我市首次举行国际围棋赛事,刘前斌、张洋斩获个人冠亚军,我市台湾工业园队获团体冠军。

2010年9月,湖南省第11届运动会围棋比赛在岳塘区行政中心举行,我市获团体、个人冠军。

2010年,何云波教授团队主持中国棋院杭州分院中国围棋博物馆的内容展陈设计、文字撰稿。

2011年,何云波教授主持的《中国围棋思想史研究》获国家社会科学基金项目立项,这是围棋首次被国家社科基金立项。

2011年,湘潭市恒利达杯围棋比赛在闲云阁茶楼举行,刘前斌获个人冠军。

2011年,张佩佩获得全国围棋定段赛女子个人冠军,成为我市第一个职业棋手。

2011年,由刘前斌、郑跃军、丁一舟、滕军、宾锋伟、张洋组成的湘潭队参加在张家界举行的湖南省围棋联赛,夺得团体冠军。

2012年至2014年连续三年,湖南省围棋联赛在湘潭闲云阁茶楼举行。

2012年,湘潭籍棋手张佩佩和陈耀烨搭档获得全国"理光杯"职业围棋赛混双冠军。

2012年7月27—29日,何云波参加在德国波恩举行的第56届欧洲围棋大会暨第十四届炎黄杯围棋赛,获炎黄杯围棋赛炎帝组第六名。

2012年9月,何云波在湘潭大学棋文化沙龙上作讲座,题为《文化视野中的围棋、中国象棋与国际象棋之比较》。

2013年,肖泽彬获得全国百灵杯少年儿童围棋锦标赛少年c组个人冠军。

2013年11月14日,何云波在湘潭大学素质教育系列讲座上作"金庸武侠小说与围棋文化"演讲。

2014年,张紫良获得全国围棋定段赛男子组亚军,成为我市第二个职业棋手。

2014年,丁一舟获得湖南省九星杯围棋锦标赛个人冠军。

2014年3月11日、18日,何云波在湘潭大学作"围棋与中国文化"文化素质系列讲座。

2014年8月,全国第二届女子围棋联赛北京中信对湖南友谊阿波罗专场比赛在韶山宾馆举行。

中国围棋协会副主席聂卫平与湘潭围棋界人士合影。

2014年8月5日,何云波在中国棋院围棋国家级裁判员培训班(潮汕)上讲授"围棋与中国文化"。

2014年8月,何云波《围棋文化演讲录》由湘潭大学出版社出版。

2015年1月1日至3日,湘潭市"卓越杯"第六届围棋锦标赛举行。

何云波在围棋国家级裁判员培训班讲学

2015年1月,何云波主持城市围棋联盟委托项目《城市围棋联赛的商业化传播研究》。

2015年7月5日,何云波在日本大阪商业大学中日围棋文化研讨会上作"现代日本围棋文化在中国的接受和传播"专题报告。

2015年,湘潭市机关运动会围棋比赛在锦源食府举行,欧阳遏舟、秦

"卓越杯"第六届围棋锦标赛颁奖仪式

杰、赵迎冰分获前三名。

2015年8月，湖南省第30届九星杯围棋锦标赛在长沙市举行，由刘前斌、丁一舟、曾泽润组成的湘潭队获团体亚军，刘前斌获个人亚军。

2015年10月，全国第二届老知青围棋比赛在韶山宾馆举行。

2015年11月，何云波主编的《围棋文化教程》由北京大学出版社出版。

2015年11月12日，何云波接受中央电视台"谁是棋王"节目组访谈。专题片"何云波：人生胜负手"在"谁是棋王"第一期节目中播出。

2015年12月15日，何云波在台湾佛光大学首届国际围棋学术研讨会上作《大学围棋文化教材建设理论与实践研究》专题报告。

2015年12月，何云波《围棋与中国文化》被纳入"中国专门史文库"，经修订，更名为《中国围棋文化史》，由武汉大学出版社出版。

2016年6月26日，何云波主持的《世界围棋通史》入选国家十三五重点图书出版规划，由湘潭大学出版社召集的编委会在湘潭大学召开。

2016年6月，湘潭市第12届运动会青少年围棋比赛在曙光学校举行，成人围棋比赛在金天鹅宾馆举行，刘前斌、汪巧慧分获男女个人冠军。

2016年9月20—25日，第十八届炎黄杯世界华人围棋邀请赛在湖南株洲举行。何云波主持开幕式、闭幕式、"围棋与教育"高峰论坛，并参加炎黄杯队际赛表演赛，代表湖南联队与中南大学谭青教授搭档首发，最终湖南联队中盘胜北京、新疆联队。

2016年11月，何云波国家社科基金项目成果《中国围棋思想史》被纳入"湖南省哲学社会科学文库",由湖南人民出版社出版。

2017年5月4至8日,第五届中信置业杯中国女子围棋甲级联赛在韶山举行开幕式和第一站比赛。

2017年8月24至28日,湖南省第32届九星杯围棋锦标赛在湘潭县鑫田大酒店举行,湘潭县胖哥队夺得团体冠军。

2017年10月,首届红色城市围棋邀请赛在贵州遵义市举行,湘潭市夺得团体冠军。

2017年10月,何云波《口述史:我的围棋往事》(一),由杭州出版社出版。《口述史:我的围棋往事》(二)(三)2019年、2020年出版。

2017年11月4—13日,何云波应马来西亚孔学研究会、马来西亚围棋协会邀请,参加马来西亚第二届"孔子杯"围棋赛,做围棋文化系列巡回讲座。先后在吉隆坡、马六甲、沙白安南、雪兰莪讲授"围棋与中国文化""天圆地方—围棋史什么""金庸武侠小说与围棋文化""中国围棋的历史与技艺的演进""《棋经十三篇》中的棋道"等,共八场。

2018年4月,《何云波围棋文集》(四卷)由青岛出版社出版,中国围棋协会主席林建超为之作序。2019年该书先后四次获出版行业图书大奖。

何云波2017年11月7日在马来西亚孔学研究会讲座合影

肖泽彬在比赛中。

2018年7月，在德国巴哈拉举行的第35届应氏杯世界青少年围棋锦标赛上，湘潭时年11岁肖泽彬6段荣获12岁以下（少儿组）冠军，为湘潭，为湖南，为中国争了光。

2018年10月20至21日，湖南省第三届小学围棋团体赛在湘潭市曙光学校举行。

2018年11月24—25日，第二届红色城市围棋邀请赛在四川石棉县安顺场举行，湘潭市夺得团体第三名。

2018年11月11至12日，首届健康湖南全民运动会围棋比赛总决赛在湘潭市华天大酒店举行，由刘前斌、曾泽润、吴鑫媛组成的湘潭队获成人组团体冠军，由肖泽彬、谢方为、周路遥组成的湘潭队获少年组团体冠军。

2018年11月5—12日，何云波第二次赴马来西亚开启棋文化之旅，参加第三届马来西亚"孔子杯"围棋赛。做了六场讲座，讲座的主题分别为《围棋与教育》《围棋与东方管理智慧》《围棋与提升人格》《围棋与中国文化》《围棋的境界》等。

何云波在马来西亚吉隆坡力行小学做围棋文化讲座

2019年7月15日，何云波、欧阳遏舟赴山西太原参加《围棋与名城》丛书编写工作会议。何云波被聘为丛书总顾问之一。

2019年11月16日，湖南名人队赴湘潭大学，与湘潭大学教工围棋队在旋梯书苑进行两轮友谊交流赛。

2019年11月3日，何云波赴辽宁葫芦岛，参加中国围棋协会主办的全国围棋教师培训工作会议。5日，被邀请作《关于围棋师资培训的思考》的大会主题发言。

2019年12月20日至23日，何云波随中国围棋协会代表团访问韩国，参加中韩业余围棋交流赛。代表团共28人，中国围棋协会副主席王谊任团长。

2020年1月3至7日，第四届汉朗杯围棋比赛在湘潭市故里居大酒店举行。

2019年12月，何云波主持的国家出版基金资助项目《世界围棋通史》（三卷）由湘潭大学出版社出版。

中国围棋代表团访问韩国合影

2020年3月，湘潭大学被中国围棋协会批准为全国师资培训试点单位。

2020年6月，湘潭大学围棋文化研究中心被批准为校级研究基地，何云波担任首席专家。基地主要成员有陈代湘、唐翌、雷磊、宋德发、吕斌、彭喻杰、袁娜等。

2020年7月，何云波、袁娜《围棋100问》，由人民教育出版社出版。

2020年10月，肖泽彬参加全国围棋定段赛，以个人第5名的成绩定为职业初段，这是我市第3位职业棋手。

2020年11月29日，中国围棋协会林建超主席来湘潭大学图书馆报告厅做《走向世界的中国围棋文化》报告，同时湘潭大学作为全国围棋师资培训试点单位授牌。林建超被聘为湘潭大学客座教授。

2021年4月26日，湘潭市围棋协会成立大会在湘潭市华银国际大酒店隆重举行，中国围棋协会林建超主席出席成立大会并做报告《围棋与红色文化》。经选举，湘潭大学何云波教授担任主席，文建伟任名誉主席，欧阳遏舟任副主席兼秘书长，赵德权、唐翌、唐文峰、成立超任副主席（2022年4月增补邓平任副主席），张洋和汪星光任副秘书长。

2021年4月，何云波、任晨论文《毛泽东的军事策略与围棋》在《湘潭大学学报》2021年第2期发表，开启湘潭红色围棋文化研究。

2021年6月27日，湘潭市第十三届运动会围棋比赛在华银国际大酒店举行，唐述平、曾泽润、唐紫薇分别获得各组个人冠军，岳塘区、雨湖区分别获得老年组和成年组团体冠军。

2022年5月，由曾泽润、丁一舟、张洋、唐翌和李紫微五人组成的湘潭市代表队（领队赵德权、教练欧阳遏舟）在"体总杯"中国城市全民围棋团体联赛湖南省预选赛中，以全胜战绩获得地市组冠军，并作为湖南省的唯一代表获得参加全国总决赛地市组比赛的资格。

2022年5月，何云波、袁娜《坐隐忘忧》作为国家出版基金资助项目"中华文化元素丛书第二辑"，由长春出版社出版。

2022年6月20日，由陈寅伯、丁一舟、刘前斌、唐翌和李紫微五人组成湘潭市围棋代表队（领队赵德权、教练欧阳遏舟）获得"体总杯"中国城市全民围棋团体联赛地市组决赛第5名。

2022年7月26日第2届健康湖南全民运动会围棋比赛湘潭赛区选拔赛在湘潭市体育中心举行，湘乡市、雨湖区、湘潭县分别获得团体前三名，唐翌、刘继宁、孙力获得个人前三名。

2022年8月27日，全国第4届红色城市围棋邀请赛在浙江嘉兴市举行，湘潭队4胜1负获团体第3名，丁一舟获个人全胜奖。代表团成员：领队张波，教练张洋，队员：何云波、唐翌、庞迎波、肖军、刘前斌、滕军、宾锋伟、丁一舟、曾泽润、陈寅伯、赵洁。

2022年12月，湘潭市汉郎杯围棋个人赛在闲云阁茶楼举行，宾锋伟、朱朝晖、吴正伟、贺禹觉、欧阳遏舟、张棋获个人前六名。

2023年4月15日，泸州老窖绿豆大曲杯湖南湘潭名人名企围棋邀请赛在湘潭市润丰国际酒店举行，祁阳湘园队申华、桂湘祁夺冠，湘潭闲云阁队唐塑、肖军获亚军，永州大华队何仲、唐卫国获得季军。代表湘潭县队参赛的庞迎波、刘立志获得第五名。

2023年7月19日，"烂柯杯"全国围棋定段赛结束，湘潭棋手曾泽润成功定段，成为湘潭第4位职业棋手。

（欧阳遏舟）

后　记

2001年，参加完贵阳国际围棋文化节，想着沿围棋文化的踪迹，来一个围棋之旅，然后有了浙江杭州、天台，江苏南京、扬州之行，有了第一本围棋散文集《棋行天下》。后来，应《足球·劲体育》之约，也写过一组"围棋地理·发现之旅"，涉及的城市包括西安、成都、南京、洛阳、开封、杭州、武汉、合肥、北京、上海、长沙等，这组文章后来被收进我的第二本围棋文化散文集《黑白之旅》中。本来想着借此东风，有机会做一本《中国城市围棋地理》，但由于种种原因，没能实施，一直引为憾事。

没想到，2019年，中国围棋协会高瞻远瞩，把我一直想做的事情轰轰烈烈地做了起来，并且不是一本，第一批就是77个城市，77本书，可谓金点子、大手笔、大工程。

《围棋与名城》系列丛书的编撰出版，作为中国围棋文化研究、传播的大型系统工程，可谓影响深远，意义重大。它系统梳理各个城市的围棋历史与现状，发掘其围棋文化底蕴，既为各个城市文化的发展、精神的建构提供一些新的元素，也夯实了中国围棋的基础，对全面深入总结中国围棋的历史，提升围棋的社会影响力，对围棋文化的广泛传播，对中国传统文化的弘扬，均具有重要的意义。

我自己有幸被聘为丛书的总顾问之一，现在工作所在的城市——湘潭也有幸被纳入"围棋名城"，自然责无旁贷，当尽其所能。与代表湘潭棋协的欧阳遏舟一起，参加完2019年在太原举行的《围棋与名城》编写工作会议，回来便马上跟湘潭市体育局有关领导汇报，得到大力支持。湘潭的文史工作者、围棋爱好者也深受鼓舞，马上行动起来，集思广益，分工合作，所谓众人拾柴火焰高，一篇篇稿子汇聚而来，经我修订、统稿，使书稿得以顺利完成。

感谢中国围棋协会对湘潭围棋的信任与鼓励；感谢山西人民出版社为书的出版提供保障；感谢湘潭市有关部门，湖南省、湘潭市围棋协会对《围棋与湘潭》编撰工作的大力支持；感谢湘潭棋界各位领导、企业家、棋友一直以来为湘潭围棋的付出；感谢《围棋与湘潭》的各位作者，他们中有知名的湘潭文史专家何歌劲、刘安定先生，有一直热心支持湘潭围棋活动的领导徐意诚、宾洪君、陈湘涛等，有长期从事围棋教育的围棋工作者，有各行各业的棋友……书稿每篇后面已将作者注明，这里不再一一列举。因为你们，才有书中的美丽风景、无限精彩。特别要感谢湖南棋友、现居广东清远的企业家童修竹（童威）先生为本书的出版提供经费保障。与童总一见如故，因为一份共同的乡情，一份对围棋的拳拳之心。

大美湘潭，人文胜地。希望借《围棋与湘潭》出版的东风，使湘潭围棋更上一个台阶，也为湘潭创建"围棋名城"，为湘潭的精神文化建设助一臂之力。

何云波

2023年7月5日于湘潭大学